U0487519

# 法律中的
# 语言游戏与权力分配

THE LANGUAGE GAME
AND POWER DISTRIBUTION IN LAW

周少华　著

社会科学文献出版社
SOCIAL SCIENCES ACADEMIC PRESS (CHINA)

目录

## 书斋里的法学家     001
    一 法学家：从缺席到入场     001
    二 法学：从学问到实践     004
    三 法学如何实践     008
    四 推开书斋的窗户     014

## 法律的理性之维     015
    一 法律与理性的一般关系     016
    二 法律是一种制度     024
    三 法律是一种技术     042
    四 法律的目的性     052
    五 法律：人类自我控制的技术     059
    六 结语     072

## 法律之道：在确定性与灵活性之间     074
    一 法律之治：确定性的追求     075
    二 正义观念：创造性的冲动     091
    三 法律之确定性与灵活性的观念纠缠     105
    四 法律的成长：一种妥协的智慧     111

## 适应性：变动社会中的法律命题　　123
一　人类法律发展的基本逻辑　　123
二　法律之适应性：一个理论概念的提出　　127
三　法律之适应性概念的理论内涵　　132
四　法律之适应性观念的理论价值　　138
五　法律之适应性问题发生的原因　　142
六　适应性机制：法律生命力的源泉　　156

## 法律语言的规范机能　　164
一　语言对法律发展的影响　　169
二　语言在法律中的技术意义　　175
三　语言作为一种权力：规范机能的生成　　181
四　语言的短板：法律中的"理性不及"　　190
五　权力的再分配：司法中的语言工具和语言权力　　199
六　结语　　217

## 法律解释的观念与方法　　219
一　法律解释的形态问题　　219
二　法律解释的必要性　　226
三　法律解释的基本观念　　231
四　法律解释的方法与规则　　237
五　判例制度：法律解释的规范化模式　　249

## 从同案同判到差异化判决　　273
一　"同案"解析　　277
二　"同案"判定的实践难题　　285
三　"同案同判"正当性理据之批判　　298

| 四 差异化判决之理性审视 | 310 |
| 五 如何理性看待"同案不同判" | 320 |
| 六 结语 | 328 |

## 法学的自主性与反思性     331
| 一 法学：面对"社会效益"之问的羞愧 | 332 |
| 二 法学家的社会角色与公众形象 | 339 |
| 三 反思性：法学知识的内在品格 | 347 |
| 四 结语 | 355 |

**后　记**     357

# 书斋里的法学家[*]

## 一 法学家：从缺席到入场

在五四新文化运动的历史震荡中，哲学家、文学家、历史学家充当了时代的英雄，却看不出多少法学家的影响。

在那样一个伟大的历史时刻，法学家何以会缺席？大概是因为：其一是当时中国近代型的法律制度尚处在模仿阶段，我们还没有真正的法学知识传统。在我们的古典知识格局中，法律算不上专门知识，更非精深高雅之学问，法学在当时是一个没有多大吸引力的领域。其二是摆脱司法方面的外国控制和向西方学习的矛盾需求，让我们时而感觉到西方法律制度在文化上的优越性，时而又因为变革法律中的西方压力而对变革本身产生仇视。我们失去了从容的心态，变得急躁、无奈、麻木和自暴自弃。其三是当时的思想家们对如何通过具体制度建立良好的法律秩序用心极少，三大主流思想——民族主义、自由主义和共产主义，都未能重视法治之于民主社会的价值。[①]

---

[*] 本章内容曾发表于《华东政法学院学报》2006年第4期，有修改。由于中国法学研究的状况已经发生很大变化，本章当中的部分观点已不适用当下，但总体论述仍有现实意义。

[①] 贺卫方：《法学家的缺席》，《法制日报》1999年9月2日，第7版。

今天，我们的法学知识传统仍然相对匮乏，但法学早已不是"五四"时期的"丑小鸭"了。进入 20 世纪 90 年代之后，中国开始以前所未有的努力试图走出"前法治国家"的阴影，对法治理想国的神往以及由此引发的法律的"造山运动"，使得法学俨然成为一门显学，也为法学直接对社会生活产生影响提供了难得的契机。"被请进中南海"，进而被"上行下效"地请进各地的省委大院，成为法学家们在这个时代里最大的荣耀。参与立法活动，倡导司法改革，担任兼职法律顾问或者律师，到法院、检察院、司法厅（局）挂职，甚至上书最高权力机关而对立法活动直接产生影响，法学教授和法律学者们似乎以前所未有的满腔热情参与到法治社会的构建行动之中。

那么，法学家是否真的已经走到了中国伟大实践的前台？法学家投身社会实践是否就一定意味着法学自身的实践？对于这个问题，似乎还要暂且存疑。因为，这主要取决于这些法律人是否还在继续以法学家的人格行动，而不是取决于他们是否"站在前台"。比如，在服务于立法机关时，你表达的是一个法学家的独立立场，还是一个"政治人"的理性选择？你担任兼职律师是为了促进社会公正的有效实现和法律运行环境的整体改善，还是仅仅为了提高自己小家庭的物质生活水平？你到实务部门挂职是为了"让法律成为这个国家的政治信仰"（林肯语），还是仅仅为了寻求个人在"体制内"的前途？应当承认，在任何一种场合，对后者的追求都有一定程度的正当性。但是，当后者与前者发生冲突的时候，对一个法律人的考验就会出现。此时，如果这个法律人"本能的"选择和"理智的"选择都归于前者，我们才能从茫茫人海中，辨识出这个时代里真正的法学家。

不过，法学家们对社会的贡献主要不是通过自己投身于法律的实践，而是通过法律教育和法学著作来对法律实践产生影响——自从19世纪欧洲大陆的"法典化运动"大功告成之后，法学家的位置就被定格"在法律教育而不是立法实践中"了。[①]经历了革命，经历了法律的历史断裂之后，中国真正的法典化时代才刚刚开始，今天中国的法学家们恰逢其时。但是，他们中的大多数却和法典化之后的欧洲同行一样，"不是作为立法者或者社会改革家走在行动的前列，而是作为一个档案管理员蛰居在学院里"；只不过，今天中国的法学家不只是在"小心翼翼分门别类地整理法条和案例"，他们也在不亦乐乎地忙着清点别人的遗产或"现产"。

今天，中国的法学——无论是探求形而上的命题的那一类，抑或讨论形而下的现象的那一类——主要是作为一种"学问"而存在的；它和其他的学问一样，成为大学或者研究机构里的教授、学者们借以谋生的饭碗，成为法科研究生们借以谋取学位的目的或者手段。虽然，中国法治进步的丰碑上不能不镌刻法学家们的历史功绩，但是，法学研究"脱离实践"的抱怨声在法律实务界从来都没有停止过。

法学家们的感受是，法律实践的真实状况距离他们的理想蓝图还十分遥远，因而，一旦"理论联系实际"，他们就免不了做居高临下状。而笔者的一位法官朋友在一次高级别的业务培训中听了某位法学家的讲授，却惊奇于"有些法学家是如此幼稚"。因为那位法学家主张，应当将抽象行政行为纳入行政诉讼

---

① 参见强世功《法律的现代性剧场：哈特与富勒论战》，法律出版社2006年版，第14—19页。

的受案范围，以便与现代法治观念"接轨"。这位法官朋友说，如果违宪审查还没有进入司法权力的范围，那么将抽象行政行为纳入行政诉讼受案范围的做法本身就可能违宪，法院对具有普遍拘束力的行政命令、规章甚至法规进行司法审查，将导致司法权与行政权之间发生经常性的冲突，且找不到宪法和政治体制上的解决之道。不能不承认，这位法官朋友的看法不无道理，也确实比那位法学家更具政治常识，更明了中国司法的现实情境。而如果将那位法学家的主张放在中国法学的大语境中进行解读，我们读出的或许是在追求法治理想的过程中，法学家们太过急切的心情。由于急切，他们忘了路是需要一步一步走的。

## 二 法学：从学问到实践

只要翻一翻目前国内主要的法学期刊，我们就不难发现法学研究对法律实践的巨大疏离。越是被学界推崇的刊物，就越是令法律实务界的人感到望而生畏。在这些刊物上，多的是"法律理论的理论"以及西方法治观念的批发零售，却绝少对司法实践中具体法律适用问题的回应。学者们的研究成果源源不断地输往这些所谓的"法律类核心期刊"，而直接运用法律解决纠纷的法官们，则往往以在《人民司法》《法律适用》这样的刊物上发表自己的法律见解为荣。今天，一种"想象的法学"带来了我们这个时代法学的繁荣。但是，法律实践者的困惑仍然与日俱增。遇到疑难案件时，法官们宁愿到最高法院业务庭编辑出版的审判参考书籍中搜寻相似案例，采用类似于英美普通法司法过程中的"区别技术"①加以解决，也不愿意到法学家们的著作中寻求学理支持。只有在无先例可资参照的情况下，才会冒险接纳学者的观点。说"冒险"是因为，学者们的观点往往很不一致，当你接受一种观点解决了一桩疑难案件之后，在不久的将来，你很可能会发现另一种与之相左的观点同样很有道理。最要命的是，你无从知晓数个有道理的观点当中哪一个是通说。

台湾地区著名法学家王泽鉴先生在谈到大陆法学家的任务时说：最重要的是形成通说。王泽鉴先生之所以有此主张，首先当然是针对大陆法学理论通说之匮乏——这基本上可以被看作一个国家的法律理论不够成熟的表现；另一重要的原因则在于，作为法律学说中的权威性观点，通说对于法律实践而言具有重要的意义。在欧洲大陆法系国家，法律学说虽然不是法律的正式渊源，但是却有着巨大的权威性。以通说形式存在的法律教义学和法律评注，对法官判决有着事实上的约束作用。因为"它缩小了可能的判决选择的圈子，刻画了问题的特征，并使之系统化，确定了相关性，提供了论证模式。只有利用法律教义学的帮助工具，法官才能坚实地处理法律，才能觉察不同，并将案件分门别类"。②虽然法律要求法官只能"司法"不能

---

① 判例法中的"区别技术"是指，对含有先例的判决中的事实和法律问题和现在审理案件中的事实和法律问题加以比较，通过这种方法，了解待决案件和先例之间有何异同，这种异同达到什么程度，以决定是否应遵循先例。判例在我国不是正式的法律渊源，但中国法官通过研究相似案例解决疑难案件的普遍做法，使得判例在司法过程中具有了潜在的规范效力。笔者访谈过的多位法官都表示，《最高人民法院公报》和最高法院业务庭编辑的《审判参考》中的案例，对他们的审判工作具有很大的"指导"作用。

② 〔德〕阿图尔·考夫曼、温弗里德·哈斯默尔主编《当代法哲学和法律理论导论》，郑永流译，法律出版社2002年版，第285页。

"造法",但是法学家建立的法律解释、法律续造的理论,使法典原本封闭的体系变得开放,在维护整体法秩序的前提下,法官对法律漏洞的填补成为可能。在大陆法系国家,学说还常常通过对立法和司法判决进行阐释和评论来促进法律的发展。法学家对法典所作的注释书,在司法中起着非常重要的作用;一个重要判决的公布,也常常导致法学刊物对该判决的理论根据加以评论。法官们本身也认识到这方面的建设性作用,因而不管这些不同意见如何强烈,他们也不会认为它们是对法官权威的冒犯。相反地,他们认为这是对司法活动的一个不可缺少的支持,法院事实上经常采纳评论者所建议的理论。[1]法学家在大陆法系法律发展中所发挥的重要作用,使得大陆法成了名副其实的"法学家的法"。[2]

对于中国的法学家们来说,自己的学说能否在司法判决中留下一星半点儿的痕迹,他们并不在意;他们在意的只是自己著作的被引用率,而且,他们在意的主要是同样以法学研究或法律教学为职业的同行们的引用。于是,法学著作可以在书斋里被制造出来,并需要在书斋里保持其影响和地位。较少有人关心法律在现实生活中的命运,也难得有谁把"贡献一个通说"作为自己的学术追求,法律实践中的"雕虫小技"难登大雅之堂。

牟宗三先生认为,中国传统文化,特别是儒家思想,虽然已经产生和充分发扬了"理性"的"内容"上的表现,但是却

---

[1] 参见沈宗灵《比较法总论》,北京大学出版社1987年版,第146页。
[2] 〔美〕约翰·亨利·梅利曼:《大陆法系》,顾培东、禄正平译,法律出版社2004年版,第58—62页。

欠缺"理性"在"外延"上的表现；虽有民主思想，却因不知如何实现之，而未能达致"理性之架构运用"。①这一现象今天或许依然存在。对于法律的技术层面，中国的法律学者普遍未予重视。虽然"法学最终不仅是科学，也是一种技术"，②但是，我们法学研究的主流倾向却是：不提供解决现实法律问题的可操作性的方法，不解答法律实践提出的细节问题，也不试图通过对法院判例的评析来促进"具体的法治"。近些年，我国法学界虽然已经开始重视对法律解释、法律方法、法律推理等技术层面的法律问题的研究，但是，这种"重视"仍然只是对此类问题的"理论"的重视，而不是对中国的司法实践所提出的有关此类问题的理论解答需求的重视，这导致了法律技术理论的形而上学化。

19世纪之后，法学在西方终于摆脱哲学、政治学、宗教和伦理学的控制而成为一门独立的科学。短暂的自豪和欣喜过后，法学家们却不无遗憾地发现，建立在实在法基础上的法学虽然获得了学科地位上的自主和自尊，但是也不得不接受这样的宿命：

> 实证法最终是无意志的，随时准备好武器，不仅为了对付立法者的智慧，也为了对付独裁者的激情……所有注释书、注解、专论、问题、论文与法律案件的内容是什么呢？……十分之九以上都是在处理漏洞、模糊不清、矛盾，处理实证法的不真实、过时与恣意的情形……因此，法学以偶然性为研究客体，自己却成了偶然性；立法者修正三

---

① 牟宗三：《政道与治道》，台湾学生书店1996年版，新版序第21页。
② 〔德〕考夫曼：《法律哲学》，刘幸义等译，法律出版社2004年版，第89页。

个字，整个图书馆都变成了废纸堆。①

从此，法学的这种形而下的"速朽"品质，就成为法学家心中永远的隐痛。中国文化传统向来重价值而轻技术，因此，这种隐痛在中国法学家心中显得更为强烈。而在图书馆里，我们也确实有一种悲凉的感受：十年前出版的法学著作，如今十之八九已经变成了废纸。检视西方历史亦可发现，伟大的思想家中对法律有深刻洞见者不乏其人，而法律家又可享有"思想家"之誉的，却并不多见。还有学术梦想的法律学者，谁甘心"身与名，一起臭"（启功先生诗句）呢？一般而言，法学学术层次愈高，抽象性也相对提高。许多人也错误地相信，这句大体正确的话"反之亦然"。出于对实用法学短命的恐惧，出于对学术永恒性的追求，很多法学家难以掩饰对法的形而上的迷恋。他们常常从抽象的理念出发，对已经被人类反复思考过的那些古老命题继续进行思考。表面看来，这种追问"正义"（在此只是作为法律终极价值的代名词）的法学似乎是一种普适性的法学，但是，真的存在一种真理一样的普适性的法学吗？

## 三 法学如何实践

在人文社会科学的所有门类中，法学是最具实践性的，它最不应该成为纯粹的书斋里的学问。正如德国法学家伯恩·魏

---

① J. H. v. Kirchmann，《法学作为科学的无价值性》，H. Klenner 版，1990 年。转引自〔德〕考夫曼《法律哲学》，刘幸义等译，法律出版社 2004 年版，第 84 页。

德士指出的那样:"在法学与法理学中,除非出现严重的功能与歧途现象,否则不可能存在无实践基础的理论或者无理论基础的实践。如果一个实践者,如法官或律师缺乏基本的理论知识,就不能称为优秀的实践者。理论和实践必须彼此引导、丰富和修正。"[1]法学自身的研究对象决定了它与当下的法律实践之间具有某种必然的关联,即使是法学学科中最为抽象的法理学,也不能切断这种关联。

反观我们的法学理论,尤其是法理学(包括法理学教科书),讨论的则大多是抽象的"法"或"法律",其理论赖以产生的基础不是特定社会的法律制度,而是别人的法律理论,其研究对象不是作为社会现象的法律及其运作状态,而是作为理论形态的法学,它是对一切可接受的或者中庸的法理学观点的勾兑与拼装。这样的法理学,切断了自身与当下社会生活之间的血脉,在其中,我们看不见具体法律制度的影子,我们找不到这棵知识之树扎根的土壤。似乎法律不是一种制度性的实践,似乎法学可以忽略法律赖以存在的社会政治现实。对普适性的追求,让理论失去了故乡。这种没有时代面孔、没有接受实践的"引导、丰富和修正"从而与现实法律制度的运作没有关系的法律理论,不能为我们提供对自身生存境遇的思考力,用它去"引导、丰富和修正"实践,最终我们只会发现,那不过是一场唐·吉诃德面对风车的战争。

我们经常可以听到,一些法理学者不无遗憾地坦言自己没有部门法的知识背景,但是,这并不会对他们构成妨碍——相

---

[1] 〔德〕伯恩·魏德士:《法理学》,丁小春、吴越译,法律出版社2003年版,第13页。

反，正是这些生产抽象性法学知识的人，更接近法律人心目中的法学家。而从事应用法学研究的部门法学者，则通常被定位为"××法专家"。基于这种差异，不仅法理学者倾心于形而上的游弋，就连部门法学者也有一种对抽象性理论的无限神往——能写出一两本部门法学著作而不引用一个法条，成为不少学者的最高学术理想。如果说19世纪西方法学家创建法学独立学科的努力，是为了在科学阵营中找到自己的位置，那么今天中国的法学家们有意远离实在法，则不过是为了重新在哲学家那里争得一席之地。尽管离开规范人的行为的社会生活实践，法律条文就毫无意义；但是，你却可以不必关心法律的现实运作、不必研究任何一个法律条文而成为一名法学家。

当然，注重法的现实基础并不意味着只能坚持实用主义的哲学路线，更不意味着庸俗的"服务于实践"；理论的抽象性程度，也绝不是判断这种理论与实践之间距离的真理性尺度。法学的病症在于：我们已经习惯并且陶醉于"以理论生产理论"，而不加入社会生活事实的原料。我们变成了"摩登时代"的产业工人，守候在流水线旁，法学概念是生产线上的零件，辩证思维和逻辑推理是我们手中的电烙铁和螺丝刀。我们来不及思考，只是不停地组装，法学的"自主知识产权"就此丧失。最重要的是，我们生产的产品并不合用，因为我们不在乎产品的功能和用途。对"法"与"法律"的刻意区分，对"应然"与"实然"的津津乐道，抚慰了法学家们回归哲学之乡的返祖情结，并有了与实在法保持距离的正当理由。于是，法学家们谈论的要么不是中国的事情，要么不是人间的事情，身在法律实践第一线的法律人常常听不懂法学界主流的言说。法学变成了喃喃自语，倾听者只剩下了那些言说者。

美国社会法学创始人庞德在《通过法律的社会控制》的开篇所描绘的那种情况也许正在我们的身边发生：教授们根据那些靠不住的事实，建立起一套顽强的、违反生活事实的和非常固执的教义，并企图使生活符合他的理论模型。当法律科学一产生实际影响时，它就起阻碍作用。[1]实际上，仅就"理论"本身而言，中国的法学今天已经相当深刻和发达。而且，法学家们也绝不是不关心社会现实和法律实践，只不过，他们为法制建设和法律实践所提供的是一个又一个美好的远景，至于抵达这些远景的每一步该怎么走，似乎没有人多想。而法律实践者们每天都在这一步一步前进的路上，他们无论如何是无法忽略这个问题的。所以，准确地说，不是法学家们不关心实践，而是法学理论和法律实践有着不同的话语系统。问题在于，如果法学只是追思无限遥远的过去和预言无限遥远的未来，而不提供现实生活的答案，不提供有针对性的现实批判，我们有什么理由认为一定是法律实践落后于法学，而不是相反？

法学研究向书斋的退隐使得法学家更像知识分子了，而法律教育描画出来的却是一幅虚线条的法律乌托邦版图。法律教育的职能在于培养能够独立思考并具有判断能力的法学家，培养能够深入理解法律的精神、能够以有助于正义实现的方式处理法律问题的法官、检察官、律师。由大学法学院系的授课内容所体现的法学知识体系在其中发挥着主要作用，它为司法实践解释和适用法律提供理论依据。因此，法学教科书提供的应当是一种法学的思考方式和对法律精义的深刻阐释，而不仅仅

---

[1] 〔美〕罗·庞德：《通过法律的社会控制　法律的任务》，沈宗灵、董世忠译，商务印书馆1984年版，第1页。

是碎片化的法律知识。但是现在，最具学术挑战性的教科书写作早已变成了一件最简单不过的事情，只要几个人稍作分工，一个暑假就能制造出厚厚的一本大书。千篇一律的法学教科书，里面没有编写者的个人智慧，也不承担法律思维能力的训练任务，它们与法律教育的目标无关，与学术无关。

案例教学法被认为是培养符合实践需要的法律人才的一种有效方法，而在大学的法学院系开始流行，但是目前的法学著作以及案例教学中所使用的案例，要么是为了对某一理论问题进行解说而设计出来的，要么是被高度抽象、简化的真实案例。现实生活中发生的案件往往比这些教学案例复杂得多，在法官那里，几乎每一个案件都是复杂案件，每一个案件中都有事实与法律的纠缠。而眼下的法律教育包括案例教学，并不能给未来的法律工作者提供法律生活的真实经验，法学院的功能就是造就这样的法律工作者：他们只知道书本中的法律，而不懂得社会生活中的法律。法学为他们提供了从事法律工作的机会，却并没有为他们架起通向法律世界的桥梁。他们只有在漫长的职业生涯中才能看清法律的真实面孔，并感叹法学理论的几多虚妄。

当然，将法学理论不能满足实践需要的状况完全归咎于法学家，似乎并不公平。制度上的某些障碍，也是导致理论与实践之间产生隔膜的原因。虽然遇到疑难案件时，法院也常常请法学专家进行论证，但是大多数情况下，真实的审判过程对包括法学家在内的社会公众而言仍然十分神秘。法律案件可以公开的部分，往往很难说明法律运作的真实状况，这让法学家们感到，法律实践的事实不能为他们的研究提供有效的帮助，从而丧失关注法律实践的兴趣。国外的法学期刊，相当多的内容是对法院判例的评论，对司法过程的关注使得法学研究具有了一种附加功能，即通过评论法院判例来行使对司法的社会监督功能。而我们法院的判决书被学者们称为"不讲理的判决"，因为里面大多没有详细的判决理由，没有从事实到法律再到判决结果的法律推理过程。虽然现在裁判文书大多会在网上公开，但是裁判文书其实只是案件事实材料的一小部分，并不能反映一个案件的全貌和在司法过程中究竟是如何被加工的。因此，法院判决也确实很难成为学者们研究法律运作真实状况的有价值的样本。现在，许多法学教授和博士到司法实践部门挂职，这似乎为法学家们亲历原生态的法律实践提供了机会。但是，这种形式的人员流动基本上是一种政治安排，而不是法律共同体成员制度化的日常流动。比如教授们到法院挂职副院长，大多并不参与具体的审判活动，一般也不是审判委员会的成员，而且挂职是有期限的，所以他们对司法实践的影响极为有限。何况，法学家们一旦投身法律实践，不再只是单纯的法学研究者，他们也许会遇到比以前更多的话语禁忌，从而变得失语。

实际上，中国社会的法律共同体并没有真正形成。法律学者和法律实践者之间的那种隔膜，也同样存在于学者和学者之间。法学学科的细密化，已经导致了法学家群体的高度分化，不同法学学科的学者很少有机会出现在共同的学术会议上——偶尔坐在一起开会，通常也是无话可说，或者各说各话，他们相互之间一般也不认为对方是自己的同行。法学家以二级学科为纽带的交往方式使得不同法学学科之间壁垒森严，缺乏对话的兴趣，法学界难以形成对法律的共同信仰，而且也导致法学与整个学术界的对话能力的低下。今天，一个法学家可以理直气壮地批评另一个法学家不懂法。这就构成了一种奇异的景象：

在法学繁荣的背后,"法盲法学家"是完全可能存在的。

## 四　推开书斋的窗户

无论是作为一种高度专门化的知识体系,还是作为一种重要的社会控制手段,法律及法律之治都是我们这个时代最引人注目的话语。今天,我们可以抱着无比从容的心态审视西方的法律文化,我们也有条件专心于对法律秩序的具体建构,以达致法治理想的"理性之架构运用"。但是,如果法学的"应然"来自天堂,法学的"实然"来自想象,那么法学家很有可能身在时代的剧场而仍然缺席。数十年后,当我们进入历史,而后人回顾前尘,他们也许会发现:这个时代法学的繁荣不过是法学家们的自娱自乐。

所以,在建设法治国家的新征程中,我们仍然有必要追问:今后,法学家能够走向时代的前台吗?我们这些从事法律教育和法律学习的人要为此做怎样的准备呢?

法学家可以坐在书斋里,但是,书斋里的法学家需要时常看一看窗外,在聆听天籁的同时,也要观照一下街上喧闹的市声。

## 法律的理性之维[*]

自从"国家"的幽灵出现于洪荒历史的地平线，法律就成为人类用来管理社会的一种手段。回顾人类文明的脚步，"在每一个政治上有组织的社会里面，都存在着我们称之为法律秩序的东西，即一种高度专门化的社会控制形式"。[①]当它由先民的氏族习惯中脱胎而出，并与道德准则、宗教戒律相伴而行，历经岁月洗礼，犹如一块粗砺的石头被艰难地雕凿，渐次显露出人工和智慧的痕迹。从此，法律就始终与人类的理性观念缠绕在一起。在人类社会历史的长河中，法律逐渐从最初的暴力工具，发展成为一种包含着诸多价值判断、国家借以实现社会控制的理性技术。

17、18世纪，受数学、力学等发展的影响而兴起于欧洲大陆的唯理论只承认理性的实在性，不承认感性的实在性，认为只有人性靠得住，而人性的本质在于人的理性，理性对于道德的内容和标准起着决定性的作用。[②]于是，一种普遍的观点认为，法律是人类理性的创造，或者说，法律本身就代表着理性。在"科学"主义的名义下，社会的统治术逐渐技巧化、隐蔽化、有

---

[*] 本章部分内容曾发表于《法学论坛》2012年第3期。
[①] 〔美〕罗·庞德：《通过法律的社会控制 法律的任务》，沈宗灵、董世忠译，商务印书馆1984年版，第75页。
[②] 吕世伦主编《西方法律思潮源流论》，中国人民公安大学出版社1993年版，第115页。

效化。①进入20世纪以后,在经验主义、非理性主义以及后现代主义思潮的反复冲刷下,人们开始对理性抱持审慎甚至怀疑的态度。但是无论如何,在法典化时代的理性神话灰飞烟灭之后,仍然没有人能够从根本上否认法律所具有的理性特征。

在此,笔者无意对理性概念本身进行过多纠缠。这并不是说,"理性"是一个不证自明的概念。恰恰相反,正是因为这一概念非常复杂,有限篇幅内的讨论或许只能制造出对它的误解。毕竟,在西方哲学史上,对于"什么是理性",从来就没有过公认的、终局性的解答。何况,"理性"本身也是一个历史性的概念,不同时代的人具有不同的理性;同一时代的人,也会因个体、群体、地域等的差异,而有不同的理性。为了避免陷入复杂论争的泥潭,也为了直接进入论题,在"理性"问题上,笔者宁愿接受一些有价值的既定的观点和结论,并将个人对理性的理解,消化在对具体问题的讨论过程之中。对于后文使用到的其他概念,除非有辨析的必要,笔者也将采取相同的策略。尽管如此,我们的讨论仍然不得不从法律与理性的一般关系开始。

## 一 法律与理性的一般关系

从某种意义上说,西方哲学史根本上就是一个关于如何理解和使用理性的相互冲突的解释史。②而"理性"的含义,恰恰

---

① 周光权:《法治视野中的刑法客观主义》,清华大学出版社2002年版,第124页。

② Calvin O. Schrag, *The Resources of Rationality*, Indiana University Press, 1992, p. 1.

就是在人们试图更加清楚地说明它时，才变成一个谜团的——哲学、社会科学领域的其他概念也莫不如此。①如果我们放弃这种耗费心力的企图，或许就可以接受某个大而化之的说法。比如：理性（reason）是所谓辨明、认识、阐述和评论真理能力的名称；②或者，理性是指"能够鉴别、判断、评价、认识真理以及能使人的行为适合于特殊目的的能力"。③这种大而化之的说法或许不能满足"当下情境"的需要，但它至少可以将理性的基本内涵直接展示给我们。

"理性"在不同的学者那里，常常被赋予不同的意义，但是从总体上看，对理性的各种看法都是以若干一致的观念为基础的。英国社会学家里克曼认为，理性哲学的基本观念是由以下四个原则构成的：第一，人们只应接受建立在经过彻底地、批判地考察的证据和正当的推理之上的真理；第二，现实是可知的，因为它具有一种理性的因而从理智上说是可以理解的结构；第三，强调自我认识的重要性，即批判性地研究思维的认识能力；第四，人类在选择手段和目的方面合理地指导自身行为的能力。④由于理性本身的复杂，学者们关于理性的不同解说与其说是在揭示理性的含义，还不如说是在某一个层次上表达对理

---

① 对某个词的含义产生争议，通常并不是在语言的日常使用中，而是在理论研究中。当一个常识性的概念成为一个学科概念时，使用者常常根据其需要对同一概念作出不同的界定，以增强概念在特定情形下的解释力。这样，在理论的发展过程中，同一概念往往就呈现出众说纷纭的含义。
② 〔英〕亚当·库珀、杰西卡·库珀主编《社会科学百科全书》，上海译文出版社1989年版，第635页。
③ 〔英〕戴维·M·沃克：《牛津法律大辞典》，北京社会与科技发展研究所组织翻译，光明日报出版社1988年版，第750页。
④ 〔英〕H. P. 里克曼：《理性的探险》，姚休等译，岳长龄校，商务印书馆1996年版，第11页。

性的理解，或者说，他们揭示的是不同形式的理性。

### （一）理性与法律

对理性含义的解说迄今未有定论，似乎并不影响人们对于法律理性的确信。尽管霍姆斯法官"法的生命不在于逻辑而在于经验"的名言一再地被断章取义滥加引用，但是，即便是霍姆斯本人，亦无意完全否定法律的理性特征——他要强调的是普通法的法律发现及其运用方法中的经验主义，而不是要着力否认法律本身与人类理性的关系。正如美国社会学法学创始人庞德所说的那样："十八世纪那些把法律设想为条理化了的理性的哲学派法学家们，以及十九世纪那些认为法是条理化了的经验的历史派法学家们，他们的错误就在于没有看到问题的全部。法既是理性，也是经验。它是经过理性发展了的经验，又是经过经验检验了的理性。除非造法者的意志受到理性和经验的支配，否则我们就没有理由期待他制定的东西能得到实行。"[①] 我们丝毫也不怀疑经验在法律实践中的重要意义，但与此同时，理性对于法律的重要意义也仍然需要重申。葛洪义教授就认为："基于法律是讲理的，法律和理性的关系实际上是不可颠覆的，而且，巩固这种关系，不仅有助于法治建设，而且有益于我们的生活境况及意义。拆毁法律的理性基础，不仅将从根本上解构法律和法治，而且也是挑战我们的生存信念和存在价值。"[②]

马克斯·韦伯在他的政府和社会模式中认为，官僚国家就是

---

[①] 〔美〕罗·庞德：《通过法律的社会控制 法律的任务》，沈宗灵、董世忠译，商务印书馆1984年版，第131页。

[②] 葛洪义：《法与实践理性》，中国政法大学出版社2002年版，第8页。

"理性"规则的一种法律秩序。法律进化的标志是一种从形式上和实质上的非理性到理性的运动,即"从原始法律过程中的受魔法制约的形式主义和受默示制约的非理性的结合体发展起来,可能是经由受神权政治或者世袭制度制约的、实质的和无形式的目的理性的曲折道路,发展为愈来愈专业化的、法学的即逻辑的理性和系统性,而这样一来——首先纯粹从外表观察——就发展为法的日益合乎逻辑的升华和归纳的严谨,以及法律过程的愈来愈合理的技术"。在此意义上,理性意味着一种合乎逻辑的、前后一贯的原则和规则体系,即马克斯·韦伯所说的"法的形式的品质"。①

那么,理性对于法律的意义究竟何在呢?有学者从哲学和法哲学的角度,将理性的形式归纳为本体理性、认知理性、实践理性、价值理性和工具理性。该学者认为,如果说理性就是不同形式的理性的统一,那么理性的意义或许可以在它们的共性中得到理解:(1)它是人类特有的一种价值标准和评价尺度,体现着人对外部世界的合理性、哲理性、完善性以及平等、正义、人权等要求。(2)它又是一种理性方法。作为一种认识方法,它与逻辑化、规范化、条理化、系统化等相联系;作为一种评价方法,它与合理化、完善化、理想化相联系。运用理性方法去认识对象,则意味着从人的内在本性要求出发,运用人类所特有的思维能力去认识和评价对象。②理性根源于人类特有的抽象思维能力,并与人的自我意识有关;它是人类认识转向

---

① 〔德〕马克斯·韦伯:《经济与社会》下卷,林荣远译,商务印书馆1997年版,第201页。
② 周世中:《法的合理性研究》,山东人民出版社2004年版,第9—13页。

自身的成果，由于这一成果的形成，人的行为成为有目的、有计划、有技术手段的行为，从而也成为理性的行为。[1]

法律理性被认为是一种实践理性，这是因为，理性作为人的特性，它就如人的本质一样总是在人的实践中开放性地生成着的，虽然人类实践也必然受一定理性的支配，但是归根结底，是实践产生和决定着理性，实践的特性决定着理性的特性。在这一意义上，理性就是人在实践中形成的，试图且可能使自己的行动既合乎规则又合乎目的的能力。[2] "法律是人的实践行为的规则，法律话语是一种实践话语。……法律主体首先是实践主体，而非纯粹的认识主体；法律认识是法律主体作为实践主体的认识法律的活动，它的出发点和归宿点都是实践，即有生命、有历史的现实的人的实际行动"；因而，"法律既是实践理性的体现，又是实践理性的要素"。[3] 对于实践理性，西方思想家有过各种各样的理解，但总体上，它涉及人的行为的发生、控制机制问题，亦即，实践理性乃是人对自身行为加以控制的能力，或者说，实践理性是人为了一定的目的而选择自身行为的能力。

### （二）法律的合理性

既然理性是人所具有的一种能力，那么所谓"法律理性"实际上是指"法律的合理性"，也就是作为人造之物并用以满足人的需要的法律，它也有或者应当有一种符合人的理性的特征。

---

[1] 司汉武：《价值与工具》，中国科学文化出版社、香港教科文出版有限公司2003年版，序第2页。
[2] 沈湘平：《理性与秩序——在人学的视野中》，北京师范大学出版社2003年版，第87—89页。
[3] 葛洪义：《法与实践理性》，中国政法大学出版社2002年版，第8页。

理性是人的一种特性，而按照马克思的理解，实践是人类的存在方式，是属于人的"总体性活动"；因而，理性也可以被理解为人的一种总体性的实践能力，而合理性就是内在于人类实践的一种品性。

对于"合理性"，西方学者也有着不同的界说。总体上，合理性被看作一种个人或集体在其思想、行为或社会制度中展示的特质。它具有以下特色：（1）一种与冲动行事或盲动相反，只是在深思熟虑后行动的倾向；（2）倾向于按周密计划行事；（3）行为受制于抽象的和普遍的法则；（4）按其在实现一个明确指定目标中的效力去选择工具；（5）倾向于选择行为、制度等时着眼于它们对简单明了地说明准则的贡献，而不是用烦冗含糊的准则去评价它们，或凭其惯例去接受它们；（6）倾向于将信念和价值观系统化于一个严密的体系；（7）倾向于认为人是在理性功能的发挥或满足中，而不是在情感或肉欲中得到实现的。[①]哈贝马斯把合理性理解为"具有语言能力和行动能力的主体的一种素质"，并认为合理性体现在总是具有充分论据的行动方式中。在此意义上，他将合理性的特点简要地概括为：认识的真实性、计划的目的性、行动的有效性，以及价值系统的普遍性。[②]

在法学家那里，法的合理性也被作过不同的描绘，合乎理性、合规律性、合目的性、可计算性、可预测性及符合人类终极的善等等，都曾被认为是法的合理性的特征。我国学者周世中认为，这些从某一方面界定法的合理性的观点各有长短，可

---

① 〔英〕亚当·库珀、杰西卡·库珀主编《社会科学百科全书》，上海译文出版社1989年版，第635页。
② 〔德〕哈贝马斯：《交往行动理论》第1卷，洪佩郁、蔺青译，重庆出版社1994年版，第40页。

以批判地加以整合。他从决定法的合理性存在的几个主要因素出发，对法的合理性的内涵进行了分析。他认为，与法的合理性内涵相关的主要因素有四个：价值需要、客观必然、自身规律（可行程度）、主观意志。这四个因素相结合，就形成了判断法的合理性的两条标准，即法的合乎需要性与法的合乎规律性。首先，法是实现人的价值需要的工具。法对主体需要的满足，最突出地表现为人对自由和秩序的需要；法律确定了人们有什么自由，同时也就维护了社会秩序。因此，法律能否协调自由与秩序的矛盾，即同时满足主体对自由和秩序的需求，是决定法的合理性的首要因素。其次，法是客观必然的写照。从表象看，法律规范或者源于人类的经验或者源于人类的理性算计，但实质上，只有当其反映自然或社会的客观规律时，才能真正规范人的行为。在这一意义上，法的合理性在于其合乎客观必然性，背离客观必然性的法不可能是合理的法。再次，法的合理性还取决于法的可行程度。法的可行性主要表现在法的可预见性、可计算性和可操作性上，它们是法自身的运行规律，合理的法律不应违反这一规律。最后，法的合理性还取决于人的主观意志。法律是统治阶级意志的体现，无论是立法过程，还是执法和司法实践，都贯穿着主体一定的主观意志。以上四个方面，决定了法的合理性应该是法的价值性与真理性的统一；法的合理性，就是法满足人的需要和法符合社会发展的客观规律及其自身发展规律的属性。[①]

"合理性"当然是与"理性"相关的概念，但是，如果仅仅把"合理性"理解为"合乎理性"，那么它的意义就会完全

---

[①] 参见周世中《法的合理性研究》，山东人民出版社2004年版，第20—23页。

取决于人们对理性的不同理解。实际上,人们的思考并未满足于"合理性是什么",过去,"理性的"与"合理的"可以互换使用,但是现在这两个词已经分化了。现在,人们更执着于对"什么是合理的"这一问题的追问,而"合理性"更多地被视为一种社会美德。[1]在法律领域,合理性问题就是要研究什么样的法律可以被认为是合理的,或者说,合理性的法律应该具有怎样的特征。

法律理性是一种实践理性,而所谓"实践"乃是人的实践,法律自己不会实践自己;因此,在谈论法律理性时,主体不能缺位。法律是人所制定的用来满足自身需要的东西,它是一种被实践的东西。按照笔者的理解,"法是实践理性的体现"意味着:从实质方面说,法的合理性在于它能否满足主体自我实现的需要;而从形式方面说,法的合理性则在于它能否满足主体对法律实践活动的需要。前者从法律的价值合理性体现出来,而后者从法律的工具合理性体现出来。"实践的特点决定了理性必然是工具理性和价值理性的统一。目的性是理性的根本特性之一,工具理性和价值理性其实都是一种目的理性,区别只在于:工具理性所旨归的目的是短期的、直接的和往往是功利的;而价值理性所旨归的目的是长远的、终极的和往往是精神的。"[2]法律是人类追求一定生活目的的手段,手段虽然不是目的本身,但是手段当中却包含着主体的主观愿望,这就是法律的目的。目的是表示在人的有意识的活动中,按照自己的需要和对象本

---

[1] 〔英〕戴维·米勒、韦农·波格丹诺编《布莱克维尔政治学百科全书》,邓正来译,中国政法大学出版社1992年版,第630页。

[2] 沈湘平:《理性与秩序——在人学的视野中》,北京师范大学出版社2003年版,第89页。

身固有的属性预先设计,并以观念形式预先存在于人们头脑之中的活动结果,是人对自身需要同客观对象之间的内在联系的主观映像。正是人类行为的目的性,表明了人的理性的存在。在这一意义上,可以说法律的目的性就是法律理性最实质性的表现。法律理性当然也是工具理性和价值理性的统一,这是由法律目的的多样性和层次性所决定的。

由于理性所具有的种种特征,由于法律包含着诸多合理性的因素,在近代世界,法律成了主要的社会控制手段。在现代法治国家,法律的理性精神最终被抽象为"法治"观念,而法律的合理性则相应地表现在,如何通过各种制度设计,将法治的一系列原则转变为国家的行动逻辑。由此,我们认为,法律实际上从三个方面体现了理性,即:制度化、技术化和目的性。也正是这三个方面的特征,满足了法律作为社会控制手段所应具有的功能。

## 二 法律是一种制度

当人们使用"法律"这个词的时候,有一种几乎是约定俗成的习惯,就是把它与"制度"结合在一起。"法律制度"与"法律",就像一个物体和它在镜子里的影像,已经不分彼此。这意味着,法律首先是一种制度。那么,制度又是什么呢?

### (一)理解"制度"

在社会科学领域,"制度"一词有着斯芬克斯般的神秘面孔。不同学派和不同时代的社会科学家们赋予这个词以非常之多可供选择的含义,以至于除了将它笼统地与行为规则联系在一起外,已不可能给出一个普适的定义来。①

根据《辞海》的解释,"制度"一词有两层含义:一是指"要求成员共同遵守的、按一定程序办事的规程或行动准则",二是指"在一定的历史条件下形成的政治、经济、文化等各方面的体系"。可见,"规程"、"准则"和"体系",构成了汉语"制度"一词的基本意义。

在英语中,system、institution、regime 三个词都经常被翻译为汉语的"制度",而实际上,这三个词的含义有很大的差别。虽然它们都含有汉语中"制度"的某些意思,但是,system 强调的是"系统、体系"这层含义,institution 侧重于"规则、条文"和"组织"这两层含义,而 regime 更多的是指涉宏观性的制度形态,强调其中的社会性、强制性特征。

一般来说,学者们所讨论的"制度"都是指 institution。在社会学、政治学中,这个概念既包含"组织""机构"的含义,也表示规范化、定型化的行为方式,且往往这两个方面交织在一起。②最通常的情况是,用它指各种容纳人们的组织。这些组织具有一系列的共同特征,包括通过使用制服、限制个人所有物和外表打扮、严格管理作息活动时间,以及共同服从机构管理人员,来剥夺个人先前的认同的支持。这一概念的第二种常识性用法涉及广泛的或大范围的实体——家庭、法律、国家和

---

① 〔德〕柯武刚、史漫飞:《制度经济学:社会秩序与公共政策》,韩朝华译,商务印书馆2000年版,第32页。
② 〔英〕戴维·米勒、韦农·波格丹诺编《布莱克维尔政治学百科全书》,邓正来译,中国政法大学出版社1992年版,第359页。

教会，它们处置社会关注的主要利益和问题。①

英国社会学家吉登斯把社会总体中"时空延伸最大的那些实践活动"称为制度（institution），他把制度看成社会系统与人的互动过程中形成的一种有机的社会体系和社会宏观结构。在吉登斯的观念里，制度就是社会结构与个人行动之间的联结物，因而他特别强调在人与社会相互作用过程中所体现出来的能动性和制约性。②

作为政治哲学家，罗尔斯把制度定义为"一种确定职务和地位及其权利与义务、权力和免责的公开的规范体系"，并认为可以以两种方式理解制度：一是作为一种抽象的目标，它是由一个规范体系所表达的可能的行为方式；二是这一规范体系在一定的时间和地点，在特定人的思想和行为中的实现。③而马克斯·韦伯认为："只有当行为（一般地和接近地）以可以标明的'准则'为取向，我们才想把一种社会关系的意向内容称之为一种'制度'。"④ 这虽然不是关于"制度"的定义，但是在这一说明中，我们其实可以了解到韦伯对于制度的看法：制度是一种具有意向内容的、调整社会关系的行为准则。在此，韦伯要说明的其实是制度的"适用"，他认为，当人们认为有合法的制度存在，并以制度的意向为行为取向时，才谈得上制

---

① 〔英〕亚当·库珀、杰西卡·库珀主编《社会科学百科全书》，上海译文出版社1989年版，第367页。
② 〔英〕安东尼·吉登斯：《社会的构成》，李康、李猛译，生活·读书·新知三联书店1998年版，第80页。
③ John Rawls, *A Theory of Justice*, the Belknap Press of Harvard University Press, revised edition (1999), Cambridge, Massachusetts. Fourth printing, 2001, pp. 47–48.
④ 〔德〕马克斯·韦伯：《经济与社会》上卷，林荣远译，商务印书馆1997年版，第62页。

度的"适用"。这毋宁也是在谈论人的行为与制度效力的关系问题。

在西方经济学家那里，institution 这个概念也常常在两种含义上被使用。康芒斯以"集体行动控制个体行动"来解释制度概念，在他的解释框架里，"集体行动"的种类和范围很广，从无组织的习俗到许多有组织的所谓"运行中的机构"，例如家庭、公司、工会、同业协会，直到国家本身，都被他称为"制度"。他认为，之所以产生这些"运行中的机构"或者说"制度"，是因为人们为了生活或成功而达成的协议不是完全可能自愿地做到，这就需要某种形式的集体强制（法律的、同行业的和伦理的）来判断纠纷。[1]康芒斯所理解的制度，主要是一种"组织形态"。而后来的制度经济学家则与之不同，他们更多的是将 institution 定义为一种行为规则或者规则体系。

自 15 世纪以来，西方学者往往把惯例（usage）、习俗（custom）、传统（tradition）、社会规范（norm）等内容都包含在 institution 这个词当中，[2]所以，禁忌、习俗、传统等非正式的约束形式都被认为是制度的一部分。T. 凡勃仑就把制度理解为"思想习惯"，这种在某一时期或社会发展的某一阶段通行的制度的综合，构成人们的生活方式。一种自然习俗，由于被习惯化和被人规范接受，而成为一种公理化和必不可少的东西，凡勃仑将它概括地称为"一种流行的精神状态"或者"一种流行

---

[1] 〔美〕康芒斯：《制度经济学》，于树生译，商务印书馆1962年版，第86—87、144页。
[2] 韦森：《社会制序的经济分析导论》，上海三联书店2001年版，第10页。

的生活理论"。①就此,我国学者张宇燕概括说,制度的本质内涵不外乎两项,即习惯和规则。②

美国经济学家 J. W. 舒尔茨就把制度定义为一种行为规则,并认为这些规则涉及社会、政治及经济行为。③ 道格拉斯·C. 诺斯(又译为"道格拉斯·C. 诺思")也在不同的场合,将制度定义为规则:"制度是一个社会的游戏规则,更规范地说,它们是为决定人们的相互关系而人为设定的一些契约。"④"制度是一系列被制定出来的规则、守法程序和行为道德、伦理规范,它旨在约束追求主体福利或效用最大化利益的个人行为。"⑤ 在诺斯的定义中,制度从根本上是由非正式的约束、正式规则和这两者的实施特征组成的。后来,诺斯在他更新的制度观点中,还特意对规则和执行规则的组织进行了区分,他说:"制度是社会博弈的规则,是人所创造的用以限制人们相互交往行为的框架。如果说制度是社会博弈的规则,组织就是社会博弈的玩者。"⑥ 显然,他是将"组织"从制度概念中分离出来,这符合我们对于"制度"概念的一般想象。在我们的观念里,作为制

---

① 〔美〕T. 凡勃仑:《有闲阶级论——关于制度的经济研究》,蔡受百译,商务印书馆1997年版,第138—139页。
② 张宇燕:《经济发展与制度选择:对制度的经济分析》,中国人民大学出版社1992年版,第120页。
③ 参见〔美〕R. 科斯、A. 阿尔钦、D. 诺斯等《财产权利与制度变迁——产权学派与新制度学派译文集》,刘守英等译,上海三联书店、上海人民出版社1994年版,第253页。
④ 〔美〕道格拉斯·C. 诺斯:《制度、制度变迁与经济绩效》,刘守英译,上海三联书店1994年版,第3页。
⑤ 〔美〕道格拉斯·C. 诺思:《经济史中的结构与变迁》,陈郁、罗华平等译,上海三联书店、上海人民出版社1994年版,第225页。
⑥ 〔美〕Douglass North:《制度变迁理论纲要》,载北京大学中国经济研究中心《经济学与中国经济改革》,上海人民出版社1995年版,第1—10页。

度架构中的实体的"组织""机构",与构成制度本身的规则是有区别的。①我国学者大多都在"规则"意义上接受制度概念。例如,林毅夫认为:"从最一般的意义上讲,制度可以被理解为社会中个人遵循的一套行为规则。"②黄少安认为:"制度是至少在特定社会范围内统一的、对单个社会成员的各种行为起约束作用的一系列规则。"③盛洪认为:"制度是在多人、多次重复的情境中人与人之间的细微规范;或者按照博弈论的说法,制度是 n 人的均衡解。"④

20 世纪前半叶,在社会科学中占主导地位的是描述性的制度研究;而到了 20 世纪末,当不同学派的政治学家和经济学家对制度在社会中的作用再次产生兴趣时,制度研究更多地带有了强烈的分析色彩。其中,两种不同的制度形式对个人行为和集体决策结果的影响是新一轮研究的核心问题之一。而大多数试图比较两种制度安排的研究,都将制度看作十分稳定的、公认的正式和非正式规则的组合,它们协调或约束社会关系中的个人行为。⑤制度经济学研究的是建立在由法律或习俗确立的约

---

① 在古代汉语中,"制"有"制止""规定、制定""法式、式样""制度""帝王的命令"等用法;"度"是一种计量长短的标准和一种计量单位,也有"程度、限度""制度、法度"的意思。"制度",则是"法令礼俗的总称"。可见,从辞源学上看,"组织""机构"并不包含在汉语"制度"一词的意义范围之内。现代汉语"制度"一词的内涵,亦有别于英语的 institution。
② 林毅夫:《关于制度变迁的经济理论:诱导性变迁与强制性变迁》,载〔美〕R. 科斯、A. 阿尔钦、D. 诺斯等《财产权利与制度变迁——产权学派与新制度学派译文集》,刘守英等译,上海三联书店、上海人民出版社1994年版,第375、377页。
③ 黄少安:《产权经济学导论》,山东人民出版社1995年版,第90页。
④ 盛洪:《新制度经济学在中国的应用》,《天津社会科学》1993年第2期。
⑤ 〔美〕戴维·L. 韦默主编《制度设计》,费方域、朱宝钦译,上海财经大学出版社2004年版,第3页。

束力的基础上的保障，因此，制度被理解为与具体行为集有关的规范体系。①凡是对经济行为有意义、有影响的规范性力量，都被看作制度的一部分：正式的规范是制度，非正式的规范也是制度；单个的规范是制度，一系列的规范体系更是制度。

在不同的解释领域，人们对制度范围宽窄的不同界定都可能具有一定的合理性，但是，一种过于全面的视野，可能使制度概念本身失效。因为，"如果所有的一切都是制度，那么制度可能什么都不是"。②所以，对制度进行本体论研究的学者，一般都倾向于对制度概念作较为严格的限定。

高兆明从政治－伦理学的角度，将"制度"理解为"规范化、定型化了的正式行为方式与交往关系结构"，这种规范化、定型化了的正式行为方式与交往结构，受到一定权力机构的强力保障，它体现为具有管束、支配、调节作用的行为规则、程序。制度首先提醒的是一种权利－义务关系。③这种对制度概念所作的严格、狭义的理解，与前述罗尔斯的立场基本相同，它重视的是制度的客观内容而不是外在形式。

辛鸣给出的制度定义是："制度，就是这样一些具有规范意味的——实体的或非实体的——历史存在物，它作为人与人、人与社会之间的中介，调整着相互之间的关系，以一种强制性

---

① 〔美〕埃瑞克·G. 菲吕博顿、〔德〕鲁道夫·瑞切特编《新制度经济学》，孙经纬译，上海财经大学出版社1998年版，第2页。
② Aaron Wildavsky, "If Planning is Everything, Maybe It's Nothing," *Policy Sciences* 4 (2): 127–153.
③ 高兆明：《制度公正论——变革时期道德失范研究》，上海文艺出版社2001年版，第27—28页。

的方式影响着人与社会的发展。"①它包含着这样几层含义：首先，规范是制度的本质特征，只有具有规范意义的社会关系，才能构成制度。其次，人与人、人与社会之间的诸多联系并不是直接发生的，而是必须通过一定的中介，才能成为现实，这一中介就是制度。再次，制度是一种有约束力的规范，因而具有客观性、强制性的特点。

邹吉忠认为，从最广泛的意义上讲，制度一定是作为人们交往或互动的规则发生作用的东西，那种不表现为规则、不规范行为的东西，不能被称为制度。而且，作为社会性的规则体系，制度对于生活于该社会中的人们，都不同程度地具有某种权威性或强制性。在此基础上，他将制度定义为"用以调整个体行动者之间以及特定组织内部行动者之间关系的权威性行为规则（体系）"。②

另一位学者施惠玲认为，从内涵看，制度是一种关于权利义务分配的规则体系，它规定了人们在现实生活中的实际活动范围以及基本的行为方式或模式；从外延看，制度作为社会的规范形态，是通过某种强制性力量来制约主体行为和主体间关系的特定规范。所以，她对制度的定义是："制度是通过权利与义务来规范主体行为和调整主体间关系的规则体系。"③ 在此定义下，制度的实质内容是权利义务分配关系，其逻辑表现形式则是具有普遍性、中立性的规则体系，制度就是内容结构与逻

---

① 辛鸣：《制度论——关于制度哲学的理论建构》，人民出版社 2005 年版，第 51 页。
② 邹吉忠：《自由与秩序——制度价值研究》，北京师范大学出版社 2003 年版，第 68 页。
③ 施惠玲：《制度伦理研究论纲》，北京师范大学出版社 2003 年版，第 10 页。

辑形式的统一。

在此，笔者无意对上述各种关于制度的观点进行任何很可能是极不恰当的评价；笔者的目的仅仅是，试图通过对制度概念的考察，从中体悟人们对于制度这一社会现象的一些基本看法。通过以上的考察，我们不难发现，制度是为了管制个人的社会行为，因而各种制度定义的共同特征可以并且只能归结到"规范"或"规范体系"这一外在特征上。而法律通常就表现为一整套的行为规则，因此，我们不难理解，"法律"和"制度"为什么会如影随形，以至于当我们说"法律制度"时，意指的也就是"法律"。

### （二）法律的制度特征

就像"制度"概念一样，"法律"概念在理论上也是众说纷纭。学者们对于"法律"意义的界定，"有的注重习化的成因，有的注重制定的成因"；[1]有的注重法的形式特征，有的注重法的实质内容；有的注重静态的法（即规则），有的注重动态的法（即裁判）。正如德国法学家考夫曼指出的：人们想要发现"法律"这个概念的各种探寻都将是徒劳无功的，因为一个逻辑严谨、以明确完整要素构成的法律定义是不可能存在的。人们只能够大略精确地说明，什么是我们所理解的法律，而且在此，这也必然取决于人们观察法律的观点。这个意义下的法律概念是不少，而且这一切概念均陈述了某些正确的部分，但是没有任何一个概念能够涵盖法律的整体。[2]

这种状况提示我们：在理解"法律是什么"时，尤其是当

---

[1] 韩忠谟：《法学绪论》，中国政法大学出版社2002年版，第15页。
[2] 〔德〕考夫曼：《法律哲学》，刘幸义等译，法律出版社2004年版，第203页。

我们想要将它和"制度"加以比较的时候，我们首先必须将它限定在实在法的意义上，否则我们很可能陷入非常复杂的思想历史迷阵，在概念疑云的围困下难以"自救"。

在西方法学史上，法学家们关于法律的界定，很大程度上是为建立一个完美的法哲学体系服务的，因而具有强烈的形而上色彩。对实在法而言，今天人们一般强调应在形式化的意义上使用法律这个概念，比如德国当代法学家魏德士在他的《法理学》教科书中，就采用了这样一个制定法的概念："法是现行规范的总和，即是由立法者颁布并（或）由适合法院适用的规范的总和。"[1]马克斯·韦伯曾经所描述的合法型（法理型）统治中的"法"，"按其本质都是一些抽象的、一般是有意制订成章程的规则的总体"。在司法行政中，这些规则被应用于具体的个案，并通过这样的实施，在法律规则限制之内，有意识地促进团体制度所设定的利益。[2]韦伯认为，区别于神权政治和专制主义司法的实质法取向，现代法律从立法到司法和行政都是以形式法为取向的。[3]

在法律理论上，通常习惯于将法的概念在不同的层面分别加以定义。在俄罗斯学者拉扎列夫主编的《法与国家的一般理论》一书中，"法"被区分为主观意义上的法和客观意义上的法。在前一种意义上，"法是属于个体的，并可在国家的保护下

---

[1] 〔德〕伯恩·魏德士：《法理学》，丁小春、吴越译，法律出版社2003年版，第31页。
[2] 〔德〕马克斯·韦伯：《经济与社会》上卷，林荣远译，商务印书馆1997年版，第243页。
[3] 〔德〕马克斯·韦伯：《经济与社会》下卷，林荣远译，商务印书馆1997年版，第723页。

不受干涉的、自由处置的某种东西",这种法实际上就是权利;在后一种意义上,"法是由国家派生出来的或者被国家认可的解决法律事务手段的行为规则的总和"。他认为,对法的理论的(科学的)理解需要有一个综合的(统一)定义,该定义就是:"法是该社会中得到承认的并受到官方保护的平等和重要标准的总和,它们调节自由意志在彼此的相互关系中的对抗和协调。"该书还区分了"法"与"法律"的不同,拉扎列夫对"法律"的定义是:"法律为法的外部表现形式之一。法律是依特别程序制定的并拥有最高法律效力的规范性法律文件,在调整社会和国家生活重大问题方面,体现国家意志。"[①]

"制度告诉人能够、应该、必须做什么,或者相反。"这大概是所有对制度的判断中最没有争议的一个判断,它说出了制度作为一个规范范畴的本质。[②]我们说法律是一种制度,很大程度上就是因为法律同样是一个规范范畴。[③]尽管法学家们对于法律是什么存在各种不同的看法,但是,似乎没有人否认法律是一种规范或行为规则;在对实证法的看法上,都承认法的强制性。

英国当代著名法哲学家约瑟夫·拉兹认为,法律体系确认与存在的检验包括三个基本要素:功效、制度特性和渊源。其中,制度特性是最重要也是最有争议的一个。人们普遍认为,如果一种规范体系没有设立审判机构来负责调整在适用该法律体系的规则时产生的争议,那么它就不能被称作法律体系。而

---

[①] 〔俄〕B.B.拉扎列夫主编《法与国家的一般理论》,王哲等译,法律出版社1999年版,第31—32页。

[②] 辛鸣:《制度论——关于制度哲学的理论建构》,人民出版社2005年版,第59页。

[③] 当然,如同制度一样,法律还是一个历史范畴和关系范畴。

且，只有当它具有权威性并且在社会中占据至高无上的地位时，即它拥有使其他制度合法化的权利时，才能被认为是法律体系。法律的制度化特征表明：法律是一种社会制度。概括地说，在某一特定社会中，法律是拥有最高权威的指引系统和审判系统，在它具有功效的地方，它拥有有效的权威。很明显，法律被理解为一种重要的社会制度，这种社会制度对所有生活在社会中并受法律规制的人具有重要意义。法律作为特殊制度类型有助于塑造公众的法律良知。[1]

那么，法律究竟是凭借什么将自己从极其宽泛的"制度"中标示出来，而成为一种独立的并且在今天是最为重要的制度形态的？换言之，法律是怎样的一种制度？

在制度类型的划分上，人们主要提出了这样的观点：（1）正式制度和非正式制度。正式制度主要是指人们有意识创造的一系列法律法规等制度形态，一般是有形的、成文的，并在国家或组织强制力下实施；非正式制度是在人们长期交往中无意识形成的，具有持久的生命力，成为构成代代相传的文化的一部分，主要包括价值信念、伦理规范、道德观念、风俗习惯、意识形态等。[2]（2）内在制度和外在制度。内在制度是从人类经验演化而来的，体现着过去曾最有益于人类的各种解决办法，包括习惯、伦理规范、礼节习俗等；外在制度是设计出来的，并通过一个政治过程获得权威、被迫自上而下地强加和执行的制

---

[1] 〔英〕约瑟夫·拉兹：《法律的权威》，朱峰译，法律出版社2005年版，第38页。
[2] 辛鸣：《制度论——关于制度哲学的理论建构》，人民出版社2005年版，第102页。

度，比如司法制度。[①]如果按照上面的划分，法律既是典型的正式制度，又是典型的外在制度。

从制度的历史演化看，习俗是制度的一种初级形态，道德是更高一级的制度形态，法律则是迄今为止最高级的制度形态。习俗、道德、法律是制度历史演化的不同形式，在不同的历史阶段，它们都曾在社会中占据主导地位。因而，它们之间的关系问题也常常成为人们讨论的话题。哈特就曾指出，在企图规定明确的法律领域并使之有别于其他领域时，经常重复发生三个麻烦的问题：（1）法律和强制命令的关系；（2）法律义务与道德义务的关系；（3）法律是否应被理解为一整套义务和规则。在奥斯丁那里，习惯法是"法律是一种命令"的例外。他认为，从来源上看，习惯是一种行为规则，它似乎由被统治者自然地服从，或者说不是由有政治优势者设立法律来实施的。但是，当习惯由法庭采用时，当司法判决由国家强制力实施时，习惯就变成了实在法。今天，习惯法仍然时常进入法学家们的研究视野，法律与道德的关系也仍然充满了争论，但是总体上，人们仍然将三者加以明确的区分。

马克思指出："道德的基础是人类精神的自律。"[②]这一论断深刻地揭示出，道德所具有的规范性使得它成为制度的一种形态。当然，"道德的规范性不仅仅体现于自律这一方面，固然这是道德最重要的一个方面和最本质的一个方面，道德约束机制中还有传统习惯、社会风俗、道德舆论等他律因素"。正因为如

---

[①] 〔德〕柯武刚、史漫飞：《制度经济学：社会秩序与公共政策》，韩朝华译，商务印书馆2000年版，第36—37页。

[②] 《马克思恩格斯全集》第1卷，人民出版社1956年版，第15页。

此，在社会发展的某一阶段，道德就可能主要体现为强制性的他律和规范，扮演制度的角色，具备制度的功能，进而成为制度的一种形态。①

制度的法律化是现代制度的基本标志。作为古代社会制度否定形式出现的现代法律，在双重意义上体现了对传统制度的形态的否定：一方面，作为形式合理性的完美体现，它是对体现了实质合理性的道德和宗教的否定，从而使现代制度理性化了；另一方面，就其作为一种自由平等的主体之间的契约而言，它是对基于等级权力和先赋性身份的刑律否定，从而使行动者之间的关联和互动获得了形式上平等的相互性。在现代社会，社会制度的一切内容只有取得法律的形式，才能真正运行和生效；因此，人们从制度层面上将现代社会称为"法治"社会，以便与以前的"人治"社会区别开来。法律制度成为制度的最主要形态，以至于有学者在狭义上使用"制度"概念时，指称的就是"法律制度"。②

在谈到法律的制度性观念与道德的关系时，拉兹指出，法律的制度性观念与某些自然法主张不相符合。有两点原因：首先，法律制度特性的第一个逻辑结论是，它具有限制性。法律体系所包含的行为标准都以某种方式与相关审判制度的运行相联系，这正是法律制度特性的含义。由此可见，法律的限制性表现在，它既不包含所有的正当性标准（道德或其他），也没有必要包含所有的社会规则和习俗，而是仅包含其中的一部

---

① 辛鸣：《制度论——关于制度哲学的理论建构》，人民出版社2005年版，第65—67页。
② 邹吉忠：《自由与秩序——制度价值研究》，北京师范大学出版社2003年版，第105—108页。

分，即那些具有制度关联性的标准。这与下述观点不相容：法律不能形成分离的标准体系，尤其是法律和道德之间没有区别。其次，法律制度特性的第二个逻辑结论是，不能以道德因素为判断某一体系或规则是不是法律规则体系的条件。法律的制度特性也不包含这些条件。如果法律是一种特殊的社会制度，那么所有属于这种社会制度的规则都是法律规则，不管它们在道德上多么令人反感。法律可能拥有某些必要的道德属性，这仅缘于所有或某些具有制度关联性的规则必然具有道德属性。将道德因素作为法律确认的条件必然意味着：某些构成重要社会制度的规则或许不会成为法律，而某些不是社会制度组成部分的规则却可能成为法律。这样，法律不再是一种社会制度。①

在《法律体系的概念》一书中，拉兹认为："法律的三个一般的和重要的特点是，法律是规范的、制度化的、强制性的。它是规范性的，因为它服务于，或者意味着服务于，作为一种人类行为的指导。法律是制度化的，因为它的适用和法典化在很多程度上通过特定制度来实现或规定。法律是强制性的，因为服从法律，以及法律的适用，最终是由国家强力提供内在保障。"②从这些基本特征的描述上，我们似乎很难将法律与其他制度形态明确地区分开来。

从静态的角度看，制度具有这样的特征：（1）制度是具有强制性与权威性的社会规范形式；（2）制度是具有公共性

---

① 〔英〕约瑟夫·拉兹：《法律的权威》，朱峰译，法律出版社2005年版，第39—40页。
② 〔英〕约瑟夫·拉兹：《法律体系的概念》，吴玉章译，中国法制出版社2003年版，第4页。

与普遍性的社会规则体系；（3）制度是具有实质合理性与形式合理性的逻辑规则体系；（4）制度是具有长期性与确定性的有效规则体系。① 作为制度的不同形态，习俗、道德、法律共同体现着上述基本特征。那么，法律与其他制度形式的主要分野究竟何在呢？

对此，我们似乎可以归纳为以下几点：

第一，法律拥有高度正式化的规范形式，它是人们有意识创造的结果；在正式化程度方面，法律高于其他制度形态。这不仅表现在法律的成文化、体系化上，而且表现在法律的制定、修改、运作活动的规范化上。从本质上讲，作为现代社会制度核心的法律制度，就是"在逻辑上没有任何矛盾的制度"。② 习俗、道德等非正式制度则不是人们有意识创造的结果，而是人们在社会交往中无意识形成的，并以同样的方式变迁；而且，非正式制度通常只是以隐性规范的形式存在。

第二，与其他的制度形态相比，法律体现国家的意志，因而具有最高的权威性，并且得到国家强制力的保证。习俗作为对人们的行为有约束力的隐含性规范，基本上不需要外在的强制，而是主要依靠自愿的遵守，因而其强制性和权威性较弱，但是，这并不意味着它的规范效果一定也弱。至于道德，虽然其规范性较习俗强，但它也是主要依靠人的自律发挥作用的；虽然，道德具有伦理上的评价性质，因而也包含了他律的因素，但是，这种他律仍然不是一种外在的强制。凯尔森就认为，道

---

① 施惠玲：《制度伦理研究论纲》，北京师范大学出版社2003年版，第13—15页。
② 〔德〕马克斯·韦伯：《经济与社会》上卷，林荣远译，商务印书馆1997年版，第346页。

德是一个这样的社会秩序，即其制裁仅仅表现为对符合道德规范的行为的赞许和对违反道德规范的行为的非难。而法律则总是试图通过有组织的压迫行为，产生出一个特殊的人类行为的强制秩序，即规范秩序。只有在这一点上，才能基本上把法律同道德分开。[1]也正是因为如此，哈特强烈反对对道德行为实施法律强制。[2]当然，即使在现代社会，习俗和道德仍然可能是在起实际作用的制度形态，但是除非它们以某种合法的方式进入法律体系，否则不可能获得法律那样的权威。就如拉兹认为的那样，只有当某种规范体系具有权威性并且在社会中占据至高无上的地位时，即当它拥有使其他制度合法化的权利时，才能被认为是法律体系。[3]

第三，与上述第二点相适应，法律的实施由一系列的专门机构负责，这是法律之为制度的一个重要特征。国家不仅有专门的立法机关，而且为了法律的实施，还设有司法、检察、行政等专门机构，并赋予其国家强制力。马克斯·韦伯认为，"法律"这个概念，有一个强制班子的存在是决定性的。他将"法律"概念限定为"依靠实施官员的秩序（制度）"，也就是：一种制度，"如果在外在方面，它的适用能通过（有形的和心理的）强制机会保证的话，即通过一个专门为此设立的人的班子采取行动强制遵守，或者在违反时加以惩罚，实现这种强制"，

---

[1] H. Kelsen, *Essays in Legal and Moral Philosophy* (ed. by Weinberger), Reidel, 1974, p. 87.
[2] H. L. A. Hart, *Law, Liberty, and Morality*, Oxford University Press, 1963, p. 17.
[3] 〔英〕约瑟夫·拉兹：《法律的权威》，朱峰译，法律出版社2005年版，第38页。

这种制度就可以称为法律。①而习俗和道德通常并不依靠这样的强制班子加以推行。

法律由最初与习俗、道德、宗教不分的混沌状态中渐渐分离出来，成为一种独立的和高度专门化的形式，表明了文明的进步和社会的复杂化。在现代社会，由市场经济所造成的社会组织形式和社会基本结构的变化，使法律制度不得不成为社会秩序产生的主要方式，社会秩序不再仅仅依赖于个体的道德而存在。人类的社会实践证明，如果不以法律制度为社会秩序的主要产生方式，现代社会秩序就难以建立，或者即使建立也难以维持。②因此，法律理所当然成为现代社会中制度的最高和最主要的形态。而法律社会控制作用的发挥，是建立在法律理性的制度化基础之上的，法律理性的制度化是构建良好社会秩序的前提。

法律理性的制度化是指将现代法治所蕴含的基本精神、价值和原则融入制度的建构和创新中去，以形成对特权的制约和对基本人权的保护，从而为现代法治社会的建成奠定坚实的制度基础。比如，一部反映宪政精神的宪法必须确立人民主权原则；确立权力的分工和制约原则；确立违宪审查制度，以确保宪法的最高权威和法律的统一性；尊重和保障人权，规定公民的基本权利和义务，以及权利被侵害时的救济途径；确立独立的司法制度、严格的行政执法制度和正当程序制度以制约权力；确立诉讼制度、国家赔偿制度等完备的权利救济制度以保障人

---

① 〔德〕马克斯·韦伯：《经济与社会》上卷，林荣远译，商务印书馆1997年版，第64页。
② 辛鸣：《制度论——关于制度哲学的理论建构》，人民出版社2005年版，第67—68页。

权。这就是法律理性的制度化。①法律理性的制度化必须借助于一系列的技术手段,才能完成;因此,明确的、可操作性的法律,又是制度的技术化。

## 三 法律是一种技术

19 世纪,实证主义思维和研究方法一直主导着社会科学的发展,并在 20 世纪继续保持着重要地位。立法者作为"社会工程师"和国家发展计划的制订者、管理者,据此可以创造出相应的法律和规则,从而对社会实施"科学化"管理。② 20 世纪,社会问题或社会工程的研究方法成为现代法学研究的主流之一。其理论倾向于认为,法律是有意识构成的控制工具,它具有塑造社会、解决问题的能力,是一个可以为了这个目的而改进和完善自身的工具。

作为普通法世界最著名的社会学法学家,罗斯科·庞德在以往人们关于法律是什么的争论的基础上,得出了自己关于法律的看法,提出了影响巨大的社会工程法学。他认为,自公元前 6 世纪以来,什么是法律这个问题一直是一个存在争议的问题。这主要是因为,三个完全不同的东西都曾用着法律的名称,它们是:(1)法律秩序,即通过有系统地、有秩序地使用政治组织社会的强力来调整关系和安排行为的制度;(2)一批据以

---

① 李建华:《法治社会中的伦理秩序》,中国社会科学出版社 2004 年版,第 42 页。
② 李猛编《韦伯:法律与价值》,上海人民出版社 2001 年版,第 24 页。

作出司法或行政决定的权威性资料、根据或指示；(3) 司法过程和行政过程。庞德认为，上述几种关于法律的不同的理解，可以用社会控制的观念加以统一。法律在庞德的构想中是这样的一种制度："它是依照一批在司法和行政过程中使用的权威性法令来实施的高度专门形式的社会控制。"在此，"权威性法令"包括各种法令、技术和理想。以往的争论都集中在法律的律令成分，实际上，法律的技术成分和理想成分同样具有权威性。庞德认为，法律的技术成分，比如发展和适用法令的技术、法律工作者的业务艺术，与法令制度具有同样的重要性，它们足以用来区别近代世界中的两大法系。[①]

技术的概念由来已久。亚里士多德最先将科学和技术加以区分，并将技术定义为人类活动的技能。后来，狄德罗把技术定义为为完成特定目标而协调动作的方法、手段和规则体系。随着机器工业的发展和在生产中的运用，技术一词有了两个含义：一个是活动方式本身（技能），另一个是代替人类活动的装置。德国的贝克曼（John Beckmann）最早（1777年）把技术定义为"指导物质生产过程的科学或工艺知识"，这种知识"清楚明白地解释了全部操作及其原因和结果"。他的这个定义对后来人们认识技术的本质产生了很多影响。著名技术哲学家F.拉普认为，技术就是技能、工程科学、生产过程和手段。在技术哲学家中，许多人从技术活动的方法论特点探讨技术的本质，认为它表现在两方面：在主观上是使人达到目的的正确途径的艺

---

[①]〔美〕罗·庞德：《通过法律的社会控制　法律的任务》，沈宗灵、董世忠译，商务印书馆1984年版，第21—22页。

术，在客观上是人类在特定活动领域中所用的手段。[①]

起初，人们基本上都是在"自然技术"的意义上来理解技术的含义及其本质的。后来，哲学家们发展出了"社会技术"的概念，并认为社会技术与自然技术一样，都是技术的特殊形式，具有技术的基本特点：技术表现为操作性的手段和方法；技术是技术发明者、使用者、接受者之间的中介。而社会技术被定义为：社会主体改造社会世界、调整社会关系、控制社会运行的实践性知识体系。[②]

加拿大技术哲学家邦格把"技术"和"应用科学"当作同义词来使用，他认为，技术是关于实践技巧的学问。他将社会技术作为应用科学的一种，并对规则这种社会技术专门进行了讨论："规则就是一种要求按一定顺序采取一系列行动以达到既定目标的说明，规则是行动的规范——是只对人类有效。只有人类才能遵守或违反规则、制定和修改规则。定律是描述性和解释性的，而规则是规范性的。所以定律有正确程度之分，而规则只有有效与否之分。"邦格认为，规则有行动规则、前科学劳动规则、符号规则、科学和技术规则之分，其中，社会的、道德的、法律的规范属于行动规则。他指出："行动规则使社会生活得以进行或难以进行，规则是对行为方式的规定，它说明要实现预定的目标应当如何去做。"[③]

大哲学家杜威认为："社会哲学都不是纯粹的哲学，而是应用科学。如经济学目的是帮助人类经济活动，向哪一方向走，

---

① 参见田鹏颖《社会技术哲学》，人民出版社2005年版，第121—124页。
② 田鹏颖：《社会技术哲学》，人民出版社2005年版，第7页。
③ 邹珊刚主编《技术与技术哲学》，知识出版社1987年版，第57—59页。

才能得到最大最多的生活。政治学也是如此。政治要怎样组织，才能得到最大最多的人生幸福。"因此，杜威认为，社会学是一种技术，政治学也是一种技术。①由此，我们其实也可以类推出这样的结论：法律也是一种社会技术。法学研究的重要任务之一，就是要开发和完善法律及其运作的各种技术。

在20世纪初，这种社会技术的观点确实影响到了法学。庞德把法律类比为一种社会工程，把法学类比为一门社会工程学。这意味着，要像衡量工程师的工作那样衡量立法者、法官和法学家的工作。作为一种社会工程，法律的目的是尽可能合理地建筑社会结构，以有效地控制由于人的本性而不可避免地出现的社会矛盾和冲突，以最小的阻力和浪费最大限度地满足社会中人类的利益。②

其实，凯尔森就曾认为："法律问题，作为一个科学问题，是社会技术问题，并不是一个道德问题。"纯粹法理论通过把先验的正义从它的特定领域中排除出去，来坚持明确区别经验的法和先验的正义。它并不认为法是超人的权威体现，而是认为它只不过是以人类经验为基础的一种特定的社会技术（social technique）。③这种技术实质上是：（1）通过系统地使用制裁来运用的强制方法；（2）被法律秩序授权去适用制裁的代理人或官员适用。这两个条件体现了法律的独特之处，表达了"法律"

---

① 〔美〕杜威：《杜威五大讲演》，胡适口译，安徽教育出版社1999年版，第9页。
② 张文显：《二十世纪西方法哲学思潮研究》，法律出版社1996年版，第123页。
③ 〔奥〕凯尔森：《法与国家的一般理论》，沈宗灵译，中国大百科全书出版社1996年版，作者序。

一词的所有用法的共同之处，使得"法律"这个词成为一个含有极为重要的社会意义的概念。①

现代法律中显然包含着许多技术因素，甚至，作为一种制度，法律本身就是一种社会技术。韩忠谟先生认为："人类社会生活本是极端错综复杂的生活，在这个生活圈子内要能维持秩序，并促进其健全发展，必然需要周密的设计，以建立组织与制度，方可达到目的。组织与制度，既须经过设计，而后成立，当然他的本身就是一个社会技术。就法治国家而言，一切国策均依赖实定法之力而为推行，奠定所谓法律的秩序，所以从这一角度来看，我们认为法律是社会生活所不可或缺的技术，殆不为过。"② 一切法制和法律规定都因目的与手段的关系而互相牵连，从而他们的本身恒受"合目的性"的限制，在此意义上，无非是一种技术作用。立法者之制定法律，正与科学技师之发明"物的技术"颇相类似，而且立法技术所须考虑之因素远较"物的技术"复杂多多，举凡社会的及个人的利益，无论其为精神的及物质的，均须慎重权衡，并须顾及时代思想、主义潮流，期能得其调和，合理达成社会目的。

本书认为，法律的技术性主要表现在以下几个方面：

第一，在宏观意义上，法律是社会关系的调节器。作为一种社会控制手段，它分配利益、调整利益关系，在此过程中，法律必须以正义的方式，以最小的成本满足最大多数人的利益。法律以行为规范和强制性的制裁手段为其调整方法，就其作为

---

① 〔奥〕凯尔森：《法与国家的一般理论》，沈宗灵译，中国大百科全书出版社1996年版，第5、19页。
② 韩忠谟：《法学绪论》，中国政法大学出版社2002年版，第125页。

社会关系的调整手段而言，实为一种特殊的社会技术。

第二，从一个社会的法律秩序的整体看，通常都存在一个由各种实定法和制度构成的法律体系，它们之间相互协调、互为补充，彼此互为手段和目的。"在现行法制之下，各种法律立于目的与手段之关系者，触目皆是，从这一意义上看来，立于手段的法，不失其技术性质。他们的价值，一部分取决于他们的'合目的性'。"① 因此，就法律体系的构成而言，包含着人为"设计"的技术特征。

第三，作为规范性文件，法律表现出更强的技术性色彩。在这方面，语言为法律的技术提供了支持。从技术角度考察，语言首先帮助法律形成了法律特有的概念，这些概念进一步通过法律特有的逻辑形成了法律规范，法律规范体系化，进而形成法律制度。川岛武宜认为，法律技术之所以要建立法律特有的概念和逻辑，是因为这些概念和逻辑具有如下两个方面的功能：（1）它们是法律特有的思考手段。法律价值判断是一个特殊的思考过程，因此就要求有特殊的概念和逻辑作为思考的手段。词语本身就是思考的产物，同时它又是思考的工具。在现代社会中，法律越来越重要的地位对法律技术提出了更高的要求，最终导致法律技术概念与日常生活概念的分解。而法律特有的逻辑构成了各种法律价值判断及其相互之间的关系，它是一种词语技术，在这一技术的作用下，法律体系之中形成了井然的秩序，从而使法律价值判断中的思考实现了合理化。（2）它们是法律特有的传递手段，将法律价值判断的结果以可传递的形式（词语）表现出来。作为传递手段，法律中的词语的目的在于保障法律价值的实现。为达到

---

① 韩忠谟：《法学绪论》，中国政法大学出版社2002年版，第126页。

此目的，立法语句中的概念含义必须十分精确，这是衡量立法水平高低的一个最重要的依据。因此，法律语言必须具备一种适合于缔造规范意义的特殊形式，以便人们能够透过语言表象，了解规范的文本意义。作为语言形式的高级形态，立法中的逻辑构成也是向法官、一般行政官员及一般社会成员传递法律内容的手段，因此需要考虑它的技术性，以便于法律的适用。[1]总之，对立法者而言，语言是表达意图、传递价值的手段；对守法者而言，语言是理解法律并据以划定行为边界的准据。

在近代欧洲的法典化运动中，语言对法律的贡献几乎可以和理性主义思潮的影响等量齐观。艾伦·沃森认为，法典化的后果之一就是增强了民法的概念化倾向。[2]而概念化则代表着理性与技术的进步，可以说，正是通过语言的媒介作用，理性主义才得以在法律中彰显自己。19世纪，自然科学的发展对欧洲大陆的法典化运动产生了深远的影响。从《法国民法典》定义繁多、条理分明、逻辑严密的行文方式中，我们可以看到几何学的痕迹。只不过，几何学的要素是线条、符号和数学公式，而法典中的要素是以文字形式存在的概念、原则和规范。法国的法典编纂者的观念，准确地反映了法国革命的思想。革命的目标之一是使法律专家丧失其作用，把自由、财产、生命等自然权利还给个人。而"实现这个目标的方法之一，就是用清楚、明确、直截了当的方式表述法律，以使公民无需求教律师和法

---

[1] 〔日〕川岛武宜：《现代化与法》，王志安等译，中国政法大学出版社1994年版，第256—261页。
[2] 〔美〕艾伦·沃森：《民法法系的演变及形成》，李静冰、姚新华译，中国政法大学出版社1992年版，第195页。

院就能读懂法律，知悉他们的权利和义务"。①至于《德国民法典》，更是以其概念的细密精致、用语的严格准确著称。人们虽然需要忍受那令人望而生畏的官牍文体，却又不能不赞叹它确是"优良的法律计算机""不寻常的精巧的金缕玉衣"，"或许任何时候都是具有最精确、最富有法律逻辑语言的司法典"。②《法国民法典》和《德国民法典》的语言风格迥异：前者简单明了、文字优雅，堪与文学作品媲美，却在一定程度上牺牲了法律的准确性和可操作性；后者理性、精准，富有逻辑性，而放弃了通俗易懂和对民众的教育作用。但是，它们却都不失为近代法典的精良之作，并垂范久远。这表明，作为制度规范，法律在技术上存在着可选择性。

其实在某些方面，英国的普通法也相当的理性化，尤其是具有许多法律技术。韦伯认为，英国法早在中世纪就在技术上高度发展，具有相对发达的"形式"技术，只不过这些技术没有被"逻辑理性整合为一个完整的规则体系"而已。③

第四，由于现代科技对社会生活的影响，某些技术规范常常进入法律而成为法律规范，但仍保有技术规范的特征。"技术的规范和法律规范原属各不相谋，技术规范之中并不含有法律规范的内容，只因技术受到法律的价值判断，认为具有某种'合目的性'，然后始被吸收到法律之中"；法律采用技术规范，完全是基于社会生活之需要，认为某种技术在某一生活事项中对

---

① 〔美〕约翰·亨利·梅利曼：《大陆法系》，顾培东、禄正平译，法律出版社2004年版，第28页。
② 〔德〕K·茨威格特、H·克茨：《比较法总论》，潘汉典等译，法律出版社2003年版，第220页。
③ 李猛编《韦伯：法律与价值》，上海人民出版社2001年版，第144—145页。

秩序之维持和公共福祉之增进有一定裨益，而赋予其强制性。①

第五，现代法律的运作过程，也表现出很强的技术性。首先，从法律机构的设置上，立法、司法、执法活动由不同的机关进行，形成法律权力的分配和制约机制，这不能不说是一种技术的实践。韦伯甚至认为，国家也不过是"实现完全不同的其它各种价值的一个纯粹的技术性辅助手段"。②其次，在立法、司法、执法等不同的环节，都存在着各自特有的技术、方法和手段，比如立法中的词语和逻辑技术、司法中的法律推理及法律解释技术等，这些技术、方法服务于法律运行不同阶段的不同目标，并共同成为法律实践的技术支撑。再次，现代法律运作的重要特点之一就是十分强调程序的意义，程序实际上就是立法、司法、执法活动的技术规范。因为"自由是一件脆弱的东西，一件非常脆弱的东西。它需要那些看起来琐碎冷漠的程序'技术'来保障"。③另外，作为政治上的一种策略，"法律规范应该实现政治的秩序观和价值判断，这反映在所有生活领域中。法律的创建目的反复地转化为形式主义极强的程序规则，并以此为外部的掩饰"。④最后，法律的实施，有一系列相互配合的制度加以保障。每项制度都有与一定的目的相适应的功能，而就其功能的制度构造而言，则不失为一种技术手段。以刑事法的实施为例，现代国家基本上都设立了与刑事审判制度相协调的侦查制度、检察制度、律师辩护制度、行刑（监狱）制度

---

① 韩忠谟：《法学绪论》，中国政法大学出版社2002年版，第125页。
② 李猛编《韦伯：法律与价值》，上海人民出版社2001年版，第161页。
③ 李猛编《韦伯：法律与价值》，上海人民出版社2001年版，第240页。
④ 〔德〕伯恩·魏德士：《法理学》，丁小春、吴越译，法律出版社2003年版，第41页。

等，以充分实现刑法的各种功能。

第六，法律职业群体的存在，也是法律作为一种社会技术的一个表现。当然，这绝不是说人成了技术的一种要素，而是说，法律的职业化意味着法律是一种专业性极强的技术；只有法律职业者将这种技术运用于实践，法律中的人类的意志才能转向世界。马克斯·韦伯认为，法律是法学的技术化。在西方历史上，法学一直是作为一种"理论性"的法律实践活动而存在的，而法学家，想来都是法律职业群体的一员，之所以要强调法学的"职业"属性，乃是因为这在很大程度上决定了西方法学的技术化和它与法律实践经验之间难以割舍的关系。在马克斯·韦伯所描述的法律的理性化过程中，不仅法的逻辑严密性逐渐增强，诉讼的技术合理性也日益丰富。但是，保障自由的程序技术需要人的艰苦努力，才能建立、维持和发展。离开蕴含在每个人的伦理理性化中的自由技术，法律即使像机器一样，也并不一定靠得住。[1] 庞德也认为，在美国的法律中，存在着一种通过法律工作者的技术使之适应于各种不断变化着的时间和地点条件的传统，这就使法律成为人类最有持久性的制度之一。[2]

若论及技术和理性的关系，可以说，技术就是理性的具体实践形式，它是人类以合理性的手段、方法、步骤改造自然和社会的知识体系。法律作为一种社会技术，并不是人类用于改造自然世界的工具，而是用于调整人与人之间关系的手段，是人类自身实现自我控制、自我完善和自我教育的规范形态。法

---

[1] 李猛编《韦伯：法律与价值》，上海人民出版社2001年版，第14、240页。
[2] 〔美〕罗·庞德：《通过法律的社会控制 法律的任务》，沈宗灵、董世忠译，商务印书馆1984年版，第27页。

律技术铸成了法律的确定性，使法律规范系统化；它划定了行为自由的边界，确立了法与不法的标准，使人们对自己的行为后果更有预期。因此，法律技术是法律理性的表现，而法学则为法律理性的制度化提供了基础。

## 四 法律的目的性

法律是国家意志的表达，而国家意志并不是空洞的东西，它是有实在内容的权威意向，意在对人的行为施加影响，将社会生活导向秩序状态。在这一意义上，法律是贯彻国家意志的工具和手段，而手段总是为一定的目的服务的，因此，世上不存在无目的的法律。

耶林认为，目的是全部法律的创造者。每条法律规则的产生都源于一种目的，即一种实际的动机。他宣称，法律是根据人们欲实现某些可欲的结果的意志而有意识地制定的，从最广义的角度来看，法律乃是国家通过外部强制手段而加以保护的社会生活条件的总和。根据耶林的观点，法律在很大程度上是国家为了有意识地达到某个特定目的而制定的，保护社会生活条件乃是法律的实质性目的。[1]针对耶林的目的法学说，博登海默评论说，如果目的是法律的创造者，那么有目的地用制定法的形式制定规则就是产生符合时代要求的法律体系的最佳方法。他认为，虽然耶林对《德国民法典》的制定本身没有起决定作

---

[1] Rudolf Von Jhering, "Law as a Means to an End," selected from *The Great Legal Philosophers*, University of Pennsylvania Press, 1958, p. 380.

用（该法典是在他去世四年后制定的），但他对法律所持的一般态度以及他坚持的"目的"是法律控制的驱动力的观点，却为相关立法工作奠定了基础并创造了氛围。[1]

不过，也有人对法律是否有目的提出质疑。英国法学家阿蒂亚认为，法有目的这一想法有些难以解释，而且根据假定的法的目的得出的结论可能是危险的。他认为，法是一个抽象观念，包含一套规则、原则和概念。法具有目的这一想法含有法的目的论观点，其背后存在着为一定目的服务的思想，但法本身并无思想。制定法律的人当然可能怀有他们希望法律达到的目的，而且有时这些目的体现得非常明显。当出现这种情况时，相对来说比较容易将立法者的目的转移到法本身，并可以假定法的目的是达到这一或那一目的。然而，在很多情况下，法的目的是什么是很难说清楚的。如果在"法是一种工具，一种实现社会目的的工具"的意义上说法有目的，则这种目的不是就法本身而论的目的，而是制定和实施法的人的目的。何况，法律还可以被制定出来服务于截然相反的目的，比如法律可以被用来检查新闻界或者维护言论自由的权利，法律可以被用来禁止歧视甚至承认奴隶制度，等等。因此，阿蒂亚得出结论说：法不是一个具有自身目的的、独立存在的制度，相反，法只不过是一个工具——制定和实施法律的人可以通过它实现在其他方面确定的政策和目标的工具。[2]

德国法学家魏德士也有同样的观点：规范和法律没有自己

---

[1] 〔美〕E·博登海默：《法理学：法律哲学与法律方法》，邓正来译，中国政法大学出版社1999年版，第109页。

[2] 〔英〕P·S·阿蒂亚：《法律与现代社会》，范悦等译，辽宁教育出版社、牛津大学出版社1998年版，第125—127页。

的"意志",它们表达的是立法机关的形成意志。法律的颁布就是为了实现其(立法机关的)形成意志。他认为,"法律的意志"这种说法其实具有误导性和神秘性。①

阿蒂亚和魏德士的观点可以说是道出了一定的真相,那就是,法律的确不存在所谓的"自主目的";但是,他们在质疑法的自主目的的时候,是将制定法律的主体(即国家)的意志与法律的目的分割开来的,因而理所当然会得出法律没有目的的结论。其实,正如拉德布鲁赫所说的,"因为法律是国家意志的重要组成部分,而国家是法律组织机构的重要组成部分,所有关于法律目的的问题和国家的目的问题是不可分割的",②法律不是自生自发的东西,而是政治上有组织的社会有目的、有计划制定的。"政治上有组织的社会"的代表者通常是国家,国家表达在法律中的意志就变成了法律的目的,或者说,所谓法律的目的就是国家意志的法律化,所以,法律的目的与法律制定者的目的原本就是一回事。我们说法律的目的性,不是说法律自身具有意志并可以产生自主性的目的,而是说,法律是国家意志的体现,并反映人的需要,因而"目的性"是法律被赋予的一个特征,而不是法律的一种本质。

如果我们把法律看成一种特殊的社会政策,那么也可以引用一种社会政策的计划的观点来说明法律的目的性:"任何具体地实施权力和统治的形式,不仅以某种相应的构造意志和执行意志为前提,而且以那种计划意义上的根本性观念为前提。……无

---

① 〔德〕伯恩·魏德士:《法理学》,丁小春、吴越译,法律出版社2003年版,第319页。
② 〔德〕G·拉德布鲁赫:《法哲学》,王朴译,法律出版社2005年版,第52页。

论如何，政策的计划观明显地反映在两种特殊的表现形式上：一方面是立法，就法不仅调整地而且法定地影响未来这种意义上说；另一方面是在对专门的组织任务的管理中，这种在秩序意义计划意义上的管理，由于综合性程度的增加，从对既定关系的调节中显而易见地朝着某种目标计划的方向发展。"[1]马克斯·韦伯也认为，法律等社会规则既不是一种存在的形式，也不是一种知识的形式原则；因果命题无法规定社会行动的因果逻辑，只有法律等社会规则的目的性与社会运行中的客观因果性相符合时，这些规则才是有效的。韦伯试图向人们表明，法律等社会规则是社会主体通过其行动创立起来的，既体现规律性，又体现社会主体的主观意志和价值选择。

按照马克思主义的观点，人是有意识的存在，"有意识的生命活动把人同动物的生命活动直接区别开来"。[2]人的意识性使人成为能思维、有理性的人，使人的活动具有了目的性。人的目的就是人意识到了人的需要，即人的意识能够反映人的需要——它不仅反映人的自然需要和社会需要，还直接产生了人的精神需要，并且把它们有机地统一于人自身。人的意识性的这种特点使人的实践活动具有了价值定向性。[3]人类的活动，无论是认识或实践，都是追求价值、实现价值的过程。不能取得或实现价值，人类根本不会给自己提出认识世界和改造世界的任务，人类也就不成其为人类了。追求价值作为人类活动的一般目的，直接决定着主体活动的指向性，影响主体对客体的选

---

[1] 〔德〕伊蕾娜·迪克森：《社会政策的计划观点——目标的产生及转换》，李路路等译，浙江人民出版社1989年版，第20—21页。
[2] 《马克思恩格斯全集》第42卷，人民出版社1979年版，第96页。
[3] 施惠玲：《制度伦理研究论纲》，北京师范大学出版社2003年版，第116页。

择。人的全部激情、意向和活动过程,无不服从经过选择了的价值目标。①

法律是产生于人的实践活动的"人的造物",人把自身基于意识而产生的需要表达在法律中,这样,法律制度的一切建构都是服务于人的需要,人们在法律中所设定的每一个目的,就构成法律的价值。"说目的构成价值,是由于任何目的,总是由某种特定的需要引发的。……所有对价值主体的生存与发展有益的存在与因素,都对主体产生正价值,相反,则构成负价值。"②人是最主要的价值主体,法律就是人追求价值目标、实现一定目的的制度性手段。

法律是有目的的,且正因其服务于一定的目的,它对人类的社会生活才是有意义的。正如法律学者黄茂荣所说,法律是"社会生活的行为规范"。但"规范"并不是制定法律之"目的",而只是以"和平的方法"获致人间之"公平"的一种"手段"。促成公平之和平的实现才是法律的最终目的之所在。法律之"手段"的"地位",使它应受"目的"的节制,以避免为达"目的"而不择手段,甚至将法律自其最终目的上剥离,专为"规范"而"规范"。③

法律对每一种价值的确认与选择都体现了法律的目的性,这种目的性体现在法律整体以及它的各种要素之中。这样,法律的目的就呈现出层次性。

首先,一个社会的法律作为一个整体,其根本的目的在于

---

① 袁贵仁:《人的哲学》,工人出版社1988年版,第61页。
② 司汉武:《价值与工具》,中国科学文化出版社、香港教科文出版有限公司2003年版,序第239—240页。
③ 黄茂荣:《法学方法与现代民法》,中国政法大学出版社2001年版,第45页。

维护社会生活的正常运转,秩序就是其基本的价值目标。构成法律体系的每一种具体的法律制度,也都各有其规范某一社会生活领域的任务,其制度设计莫不是围绕各自的规范目的而进行。

其次,为了保证法律根本目的的实现,法律采取的方式是确认和保护某些利益。在这方面,法律规范发挥了重要作用。"规范语句要追求特定目的或目标,这是规范制定者的最终要求。以应然的形式力求达到目的,这是规范语句的重要标志。对法律规范而言尤其如此";"在任何法律规范后面都隐藏着服从特定规范目的与目标的、立法者的、法政策学的形成意志。规范中确定的规范目的因为有效的(符合宪法的)立法而具有约束力"。[①]一般来说,法律规范是通过以下方式保护利益的:一是以明确的方式直接承认某种利益,即确立一个授权性规范,将该种利益上升为法律上的权利;二是以默许的方式承认某种利益,即这种利益虽然没有被上升为法律上的权利,但是法律允许或者至少是不禁止人们享有该利益,这属于超规范的利益,法律既不以授权规范加以确认,也不以禁止性规范加以否定;三是通过对侵害某种利益的行为实施惩罚,来保护该利益,为此,法律通常要设立一个禁止性规范,虽然这类规范不直接表达对利益的保护,但也仍然是以利益保护为最终目的的。比如刑法规范,其直接的目的虽然好像在于禁止不法行为,实际上却是以一定的法益保护为根本目标的。因为,"所有刑法规范均是以对重要法益的积极评价为基础的,它们是人类社会在共同生活中必不

---

[①] 〔德〕伯恩·魏德士:《法理学》,丁小春、吴越译,法律出版社2003年版,第59、319页。

可少的，因此，要通过国家强制力，借助刑罚来加以保护"。[1]

再次，法律概念作为"法律规范和法律制度的建筑材料"（魏德士语），同样"自不是毫无目的而诞生，也不是毫无目的地被凑在一起。对之，我们必须念念不忘"；作为人类行为规范，法律的制定或接受既然本来便是带着"有所为"的抱负，那么在法律之制定、接受或探讨时，人们对之莫不"有所期待"，希望借助着法律，能够达到"所为"的目的：促成公平之和平的实现。因此，在法律概念的构成上必须考虑到拟借助该法律概念来达到的目的，或实现的价值，亦即必须考虑所构成之法律概念是否具备实现所期待之目的或价值的"功能"。[2]拉德布鲁赫指出，法律是人类的作品，并且像其他的人类作品一样，人们只有从它的理念出发，才可能理解它。法律的概念也只有在有意识地去实现法律理念的现实情况下才能够被确定。[3] 法律规范和法律制度不是为了自身的存在而被创制的，它们必须服务于特定的规范目的，并按照立法者的"社会理想"对国家和社会进行调整。因此，作为法律规范和法律制度基础的法律概念，也需要承担法的调控任务，也要受制于目的论。正是由于负载着某些价值，日常用语中的描述性的"观念概念"就演变成了规范性的制度形成工具。[4]

总之，在法律的每一个建构性的要素中，都包含着它所欲

---

[1] 〔德〕汉斯·海因里希·耶赛克、托马斯·魏根特：《德国刑法教科书（总论）》，徐久生译，中国法制出版社2001年版，第10页。
[2] 黄茂荣：《法学方法与现代民法》，中国政法大学出版社2001年版，第45—46页。
[3] 〔德〕G·拉德布鲁赫：《法哲学》，王朴译，法律出版社2005年版，第3页。
[4] 〔德〕伯恩·魏德士：《法理学》，丁小春、吴越译，法律出版社2003年版，第95页。

实现的目的。在法律的实践中，无论是立法者的技术手段（体系形成、规范表达、概念设立）还是司法者的技术手段（法律适用、法律解释、法律推理），都必须受制于法律的规范目的，这不仅是人类理性的要求，也是对"法治"的一种表达。

## 五 法律：人类自我控制的技术

人类法律的进步，在一定程度上也反映了"人类理性进化史"。我们今天的法律，可以被看作用以满足人类生存需要、服务于人的某种目的的制度技术。而从其功能看，法律则可以被看作一种实现一定范围的社会控制的手段。所谓手段，是与目的相对称的概念，它是指目的赖以实现的那些条件或方法。某种目的的实现需要具备哪些条件和借助于哪些方法，是人类理性所要回答的问题；而利用这些条件及方法达到目的，则是技术所要承担的任务。因此，在实践的意义上，理性就是人对目标控制条件的选择、创造和运用能力；相应地，所谓法律理性也就体现在，法律的制度技术所包含的要素及其结构是否能够促进法律目的的有效实现。所以在本质上，法律就是人类自我控制的一种社会技术。

### （一）控制的观念及其向社会领域的扩展

控制的观念是由人类的技术经验发展而来的。在古希腊的文献，如柏拉图的《高尔吉亚》篇中使用的"控制"概念，通常是指驾船术、操舵术或掌舵人，有时还用来表示对人的管理艺术。现在，"控制"术语的应用已经泛化，包括调节、操纵、管理、指挥等含义。

在古代，人类的技术经验还十分有限，控制技术尚处在人工控制阶段，因此，控制活动也就表现为：人们利用自己的感觉器官，了解受控对象和控制过程的状态，运用自己的头脑进行分析判断，作出某种选择和决策，对受控对象实施调节和控制。随着生产的发展和技术水平的提高，有些受控对象的构造日益复杂，发展速度加快，或者精度提高，以往人工控制的局限性日益暴露，迫使人们把控制的职能转交给某种控制装置去执行。人们利用现代科学技术制造出的各种自动控制装置，克服了古代技术条件落后情况下的人工控制的局限性；与此同时，技术发展和技术实践也带来了哲学与方法论上的革命。这样，人类的技术经验、技术实践和技术哲学，在20世纪中叶共同催生了一门全新的技术科学——控制论。

1943年，美国数学家维纳等人在美国《科学的哲学》杂志上发表了《行为·目的和目的论》一文，解决了自古以来一直悬而未决的哲学难题——因果性与目的性的关系问题，亦即无机界的因果决定性与有机界的目的性之间的矛盾。在生物世界，生物系统的结构、活动和功能是有目的性的；在物理世界，技术系统的结构、运动和功能没有目的性，而是服从于因果决定性。控制论的基本任务，就是要在理论上找到技术系统与生物系统之间在某些观念上的相似性、统一性，以便在技术上研制出模拟动物的行为和功能的技术装置。[①]

在控制论中，"控制"是指"对系统进行调节以克服系统的

---

① 参见〔美〕维纳、罗森勃吕斯、毕格罗《行为·目的和目的论》，载《控制论哲学问题译文集》第一辑，商务印书馆1965年版。

不确定性,使其达到所需要状态的活动和过程"。①通俗地说,控制就是指人们根据给定的条件和预定的目的,改变和创造条件,使事物沿着可能性空间内确定的方向(或状态)发展。因此,控制归根结底是一个在事物可能性空间中进行有方向的选择的过程,是实现事物有目的的变化的活动。所谓"可能性空间",是指事物在发展变化中所面临的各种可能性的集合。在现实生活中,控制活动的存在非常广泛。汽车、飞机、轮船的驾驶以及机器的操作是一种控制;生产的调度、战争的指挥也是一种控制;法律、道德规范的约束,目的在于调节人们的社会行为,是一种内容更为复杂的控制。

要实现对事物的控制,必须具备相应的条件。事物的发展过程不同,预期的目标状态不同,其实施控制的方式和条件也不同。但是,对于一般的控制过程来说,必须具备两个条件:首先,受控对象必须存在多种发展的可能性。如果事物没有状态的变化,即事物的未来只有一种可能性,就无所谓控制。其次,目标状态在各种可能性中是可以选择的。这就要求,所确定的目标状态必须包括在受控对象的可能性空间之中,并且,具备相应的手段和条件能把目标状态从可能性空间中选出来。否则,就无法实现控制的目的。

合目的性是控制的前提和本质。在控制活动中,人们总是为了达到某种目标状态,而有目的地作用或影响对象和过程,使系统按预期的方向变化。在控制论中,目的是广义的。它不仅表现为同人的思维有关的愿望,而且表现为生物机体、机器装置、人类群体通过调节所维持的某种属性和功能。在这一意

---

① 《自然辩证法百科全书》,中国大百科全书出版社1994年版,第322页。

义上，目的可以理解为人们预期的结果，这种预期结果作为控制目标，又必须是事物可能性空间中的某种状态。任何一个特定的系统，按其性质和环境的不同，可能有多种状态，控制就是要使系统按照某种确定的方向运行。在这一意义上，控制也就意味着选择。如果事物的现状不符合我们的需要或愿望，在给定的条件下，我们选择事物可能性空间中的某一种状态作为理想的状态，通过某种手段或采取一系列措施，把这种理想状态变为现实，也就完成了选择，从而实现了控制。因此，控制活动在本质上就是保持事物的稳定状态，或者促使事物由一种状态向另一种状态转换。人类就是通过选择来实现对事物的控制，并通过控制达到认识和改造事物的目的。

直观地说，控制活动就是施控者对受控对象的一种能动作用。这种作用能够使受控对象根据施控者的预定目标而动作，并最终达到这一目标。控制作为一种作用，至少要有作用者（即施控者）与被作用者（即受控对象）以及作用的传递者三个要素。由这三个要素组成一个整体，对于某种环境而言，才能具有控制的功能和行为。因此，由施控者、受控对象和控制作用的传递者三个部分所组成的，对于某种环境而言具有控制功能与行为的系统，被称为控制系统。

在一个控制系统内，不仅施控者作用于受控对象，而且受控对象也可以反作用于施控者。前一种作用是控制作用，后一种作用存在时则是反馈作用。此外，特定的控制系统总是处在一定的环境中，控制系统与环境之间也是相互作用的。控制论着眼于从控制系统与环境的关系来考虑系统的控制功能。也就是说，控制系统的功能是在系统与环境之间的相互作用中实现的。因此，控制系统必然是一个动态系统，控制过程必然是一个动态过程。当控制所要达到的目的是某种稳态时，这种稳态不过是一种动态平衡。所以，控制系统具有动态特性，控制过程是一个过渡过程。

控制论的另一个重要观点是信息，可以说，信息是控制赖以实现的基础。系统要排除不确定性以实现控制，必须有感受机构来获取关于周围环境和内部状态变化以及行为结果的信息；有中枢机构来对信息进行比较分析，并作出选择和决策，形成指令信息；还要有执行机构来依据信息产生相应的控制作用。控制就是信息的获取、加工处理和使用的能动过程。

我们知道，任何系统都是处在特定的环境下，又都是由若干要素按一定结构组成的有机整体。系统作为统一的整体，对外界环境而言必然具有相对封闭的边界，否则，系统与系统的环境不能区分，这样的系统也就不能控制。但是，任何现实的系统都不是绝对封闭的，而是开放的。系统的开放性集中体现在系统与环境之间的相互影响和相互作用上。我们可以把环境对系统的影响和作用称为系统的输入，而把系统对环境的影响和反向作用称为系统的输出。由系统的输入引起的系统的输出，又称为系统行为。控制的目的说到底，就是要找出怎样通过输入得到符合我们愿望的输出。为此必须弄清输入和输出之间的关系，也就是当输入改变时输出变化的规律是什么。一般来说，我们可以把输入和输出关系归纳为因果关系，输出作为结果，必然要求有与之相应的输入作为原因。通过研究输入和输出之间的关系，可以加深对控制过程的理解。即通过输出来观察系统相对于控制目标而言的运行状态，通过调节输入来实现控制目标。

20世纪，控制论经过40年代末到50年代的经典控制论时期、60年代的现代控制论时期的发展,到70年代,进入第三个发展阶段,即大系统控制理论时期。作为一门迅速崛起的新兴学科,控制论开始向社会、经济领域渗透,从工程领域向非工程领域扩散,在更宽广的范围内得到应用和发展,产生了巨大的影响。它横跨技术科学、基础科学、社会科学和思维科学,形成了以理论控制论为中心,包括工程控制论、生物控制论、社会控制论和智能控制论四大分支的庞大的学科体系。如今,控制论的思想已经上升为一种具有普遍意义的方法论,它为人类的目的行为提供了一种可计算的技术指南。在社会政治、经济、法律领域,尤其是在现代管理科学领域,控制论的概念、原理、方法得到了广泛的运用。[①]

**(二)法律作为一种社会控制的技术系统**

虽然社会控制的思想产生于近代,社会控制的技术实践却已经历了上千年。而法律的技艺,就是人类社会控制经验中最重要的部分。

作为社会学上的重要概念,社会控制通常是指通过国家法律、社会规范、风俗习惯等影响和管制社会成员的行为,以此带来和维持正常社会生活的方法和过程。也有人从技术哲学的角度认为,社会控制是指一定社会的人们,运用社会规范以及与之相应的手段和方式,对人们的价值观念,特别是社会行为,进行指导和约束,对各类社会关系进行调解和制约。[②]社会控制

---

[①] 本小节主要参考了张文焕、刘光霞、苏连义编著的《信息论·控制论·系统论与现代管理》,北京出版社1990年版;《自然辩证法百科全书》,中国大百科全书出版社1994年版,第322页。

[②] 田鹏颖:《社会技术哲学》,人民出版社2005年版,第154页。

一般与社会秩序紧密联系在一起,以社会成员对社会规则的遵守和对社会秩序的服从为主要目标。[1]因此,法律毫无疑问是社会控制的一种形式。

社会控制主要是通过社会规范实现的,其中,有些规范因为对社会非常重要,所以被形式化为法律,以对人们的社会性行为实施更加有力的控制。因为法律规范是由国家强制力保证实施的,所以在社会学家那里,法律被定义为"政府的社会控制"。[2]

社会是由人或人的团体组成的,因此,社会控制实际上就是人类的自我控制。"对人的集体的管理,人们所生活的社会机制的结构,社会的合理组织,这一切问题成为哲学家们思考的对象和实践家们——管理者、大臣、军事长官们操劳的客体,已经不止一千年了。"[3]正是在人类进行自我管理、自我控制的历史过程中,发展出了法律这一最为重要的手段。在法律的诸多价值表现中,它首先具有工具性的价值,即法可以成为国家管理社会的有力工具。因此,"自十六世纪以来,法律已经成为社会控制的最高手段了。……我们依靠法律秩序,不仅是为了一般安全,也是为了几乎所有社会控制的任务"。[4]因为人们相信,表面上限制人的自由的法律,其最终目的恰恰是保障和扩大人的自由。自由代表着人性的尊严,因而,致力于维护和增加人的自由的法律就是正义的。基于这个理由,人类的自我控制既

---

[1] 胡水君:《法律的政治分析》,北京大学出版社2005年版,第92页。
[2] 〔美〕理查德·谢弗:《社会学与生活》,马戎、杨文山审阅,刘鹤群、房智慧译,赵旭东译校,世界图书出版公司2006年版,第210页。
[3] 〔苏〕莫伊谢耶夫:《人和控制论》,吴仕康等译,生活·读书·新知三联书店1987年版,第1页。
[4] 〔美〕罗·庞德:《通过法律的社会控制 法律的任务》,沈宗灵、董世忠译,商务印书馆1984年版,第131页。

是人类生存的需要，也是人类理性的一种表达。

社会控制是维护社会秩序必不可少的手段，任何社会都存在着社会控制。如庞德所说："我们今天所了解的人以及整个文明史上所知道的人，无论在现在和过去都一直是处在各种群体、集团或相互关系当中的，这些群体、集团或相互关系实质上包含着一种它们赖以存在的内部秩序。这种内部秩序是靠社会控制来维护的，也就是依靠其他人对每一个人施加压力来迫使其在维护文明社会方面履行义务，同时制止其反社会行为，即与社会秩序的基本原则相背离的行为。"① 庞德认为，社会控制的任务就是要在人的合作本能与利己本能之间，建立和保持一种均衡。在人类早期社会，由于生产力水平低下，社会关系和社会结构比较简单，承担社会控制任务的主要是情感、习俗等。随着生产力的发展，社会关系和社会结构趋于复杂，社会控制的手段也趋于多元化和复杂化，道德、宗教、法律相继成为社会控制的手段，而且，它们在社会生活中常常共同发挥作用。

社会控制何以可能？德国法学家施塔姆勒认为，社会生活是受到外部约束的人类集体生活，而构成这种约束的就是某些客观的社会规则。法是根据社会合作的要求排除或调整个人目的与社会合作的矛盾之手段。他认为，人类社会生活受外部规则约束，这些规则（包括法律在内）是使社会生活成为可能的条件，因而法律规则具有"最高性"，且包含着"不可违反性"；人与人之间的关系是根据这种关系的制约规则来定义的；

---

① 〔美〕罗·庞德：《通过法律的社会控制　法律的任务》，沈宗灵、董世忠译，商务印书馆1984年版，第73—74、89页。

规则本身不受它所制约的生活和关系的影响。在法律秩序中，个人与社会获得了形式的统一。① 庞德认为，人类文明的进步为社会控制提供了可能，"文明是人类力量不断地更加完善的发展，是人类对外在的或物质自然界和对人类目前能加以控制的内在的或人类本性的最大限度的控制。……人们对内在本性的控制，使得人们得以继承这个世界并保有和增加他们所继承的东西"。我们不难看出，庞德提出"通过法律的社会控制"，其实是充满了对人类文明由衷的赞叹。在他看来，法律不仅是文明的产物，也是维护和推进文明的手段。庞德认为，如果不利用现有的文明手段对人的内在本性加以控制，人们就难以征服外在的自然；而对人类本性进行控制的支配力是通过社会控制、通过人们对每个人所施加的压力来保持的；"施加这种压力是为了迫使他尽自己的本份来维护文明社会，并阻止他从事反社会的行为，即不符合社会秩序假定的行为"。②

从约束性力量的来源看，社会控制一般划分为内在控制和外在控制。内在控制指涉这样一种过程：人们遵从社会规范和秩序是因为他们信服它们，当他们按照规范行事时，他们就觉得好、对、自豪，而当他们不按照规范行事时，他们就觉得不好、错、有罪。这一过程近来大多被人们表述为"社会化"，以与"社会控制"相区别。外在控制指涉这样一种过程：人们遵从社会规范和秩序是因为，当他们按照规范行事时，他们就会在身份、特权、金钱、自由等方面得到回报，而当他们不按照

---

① 张文显：《二十世纪西方法哲学思潮研究》，法律出版社1996年版，第160—161页。
② 〔美〕罗·庞德：《通过法律的社会控制 法律的任务》，沈宗灵、董世忠译，商务印书馆1984年版，第9页。

规范行事时，他们就会受到惩罚，在身份、特权、金钱、自由等方面遭受损失。这一过程被表述为外在控制，也被表述为强制控制。现在，社会控制多在这一意义上而言。从具体的控制实体的角度看，存在两种形式的社会控制：一是国家对社会或公民的控制，如通过刑事司法、精神治疗、社会福利等对公民实施的控制；二是社会的自我管制，如宗教团体、自治民族、行业组织等共同体对其成员的控制。[1]在现代社会，一个社会控制的完整体系已经形成，其主体是不同的机构或团体，如家庭、乡镇、学校、教会、社区、企业、联盟和协会。但是，仅仅依靠由习惯、道德等社会规范所形成的社会秩序，是不能保障人们在社会中的共同生活的，还必须通过法秩序来加以补充、完善和加强。因此，法律制度是社会控制完整体系中不可或缺的一部分。法秩序尤其必须保证所有作为法律的规范的普遍约束力，并对违法行为予以打击。规范的社会秩序的主体是社会，而有计划地制定的法秩序的主体是国家。在多元的社会生活条件下，鉴于在现代社会人的生存所面临的危险性，后者的保护任务要比前者重要。[2]

布莱克则将社会控制归纳为四种类型：刑事控制、赔偿控制、治疗控制、和解控制。其中刑事控制在各种社会控制方式中是作用最大的控制，它禁止某种行为，并以惩罚保证禁令的实施。布莱克把法律看作社会生活中的一个变量，并提出如下命题：法律的变化与其他社会控制成反比。该命题的意思是，

---

[1] 胡水君：《法律的政治分析》，北京大学出版社2005年版，第93—94页。
[2] 〔德〕汉斯·海因里希·耶赛克、托马斯·魏根特：《德国刑法教科书（总论）》，徐久生译，中国法制出版社2001年版，第2页。

当其他社会控制的量减少时,法律的量就增加,反之亦然。[1]

德国法学家魏德士指出:"在最一般的表述中,法首先是政治共同体用以安排、调整和形成(重构)人类共同生活的必要的组织和统治工具。……任何政府都必须颁布法律规范以保障其政治活动,这表明,法是政治权力拥有者必不可少的形式工具。"[2]在这一意义上,法律可以被理解为社会政治理想的制度化和技术化;法律的一切形式要素,都服从于社会组织者一定的目的。

社会控制本质上是对社会主体的思想和行为的规范,是对社会运行中出现的各种关系、矛盾的协调。在布莱克那里,社会控制被看成社会生活的规范方面,它是对不轨行为的界定和反应,如禁止、谴责、惩罚和赔偿。而法律是政府的社会控制,或者说它是国家和公民的规范生活,如立法、诉讼和审判。[3]在现代社会中,法律具有至高无上的权威,所以庞德认为:"所有其它社会控制的手段被认为只能行使从属于法律并在法律确定范围内的纪律性权力。……家庭、教会和各种团体在一定程度上起着在现代社会组织道德的作用,他们都是在法律规定的限度内活动并服从法院的审查。今天,社会控制首先是国家的职能,并通过法律来行使。"基于有效性的考虑,"社会控制是需要权力的——它需要用其它人的压力来影响人们行为的那种权

---

[1] 〔美〕布莱克:《法律的运作行为》,唐越、苏力译,中国政法大学出版社2004年修订版,第5—7、124—130页。
[2] 〔德〕伯恩·魏德士:《法理学》,丁小春、吴越译,法律出版社2003年版,第40页。
[3] 〔美〕布莱克:《法律的运作行为》,唐越、苏力译,中国政法大学出版社2004年修订版,第2页。

力。作为社会控制的一种高度专门形式的法律秩序，是建筑在政治组织社会的权力或强力之上的。但是法律决不是权力，它只是把权力的行使加以组织和系统化起来，并使权力有效地维护和促进文明的一种东西"。①

德国法学家比勒斯巴赫认为："法律规范作为秩序的组成部分，行使着社会控制的职责，其有效性效力取决于外部的抗拒或外在的强制。因此，作为法哲学及法社会学问题的法的有效性范围引人注目。这不取决于内心的确信，而在于存在着一个保证外部尊重规范的贯彻机制。这个机制一方面不影响内心的思想自由，但另一方面能导致社会的控制程序走向仪式化和顺势应时。"他指出，法律规范与其他社会规范的主要区别在于，一是法律规范在国家法律秩序的统治范围内具有普遍的效力，二是法律规范高程度地形式化。"它与社会规范的区别不在于'强制'，而在于形式化的制裁和形式化的社会控制。法律规范形式化的重要载体是贯彻规范的职业化法律班子，对规范行为和在违反规范时制裁的命令，有明确的、公开的、可控的定义，以及控制程序的设置。"②这表明，法律是一种制度化的、非常正式的社会控制形式，正因为如此，法律具有显著的社会技术的特征。

通过法律的社会控制依赖于国家强力，并且因为这个原因，法律与个人权利之间的关系变得复杂。在实现社会控制的过程中，保护和增进个体的权利当然会成为法律的主要目标之一，

---

① 〔美〕罗·庞德:《通过法律的社会控制　法律的任务》，沈宗灵、董世忠译，商务印书馆1984年版，第12—13、26页。
② 〔德〕阿图尔·考夫曼、温弗里德·哈斯默尔主编《当代法哲学和法律理论导论》，郑永流译，法律出版社2002年版，第469—470页。

但这显然不是它唯一的目标。在理想的法治图景中，国家权力和社会权力的行使依循国家法律的明确规定，政治屈从于法律的统治，法律因脱离了政治的干扰而显得独立、自主。但"实际上，现实生活中存在着各种各样的社会问题，解决这些现实问题，个体权利有时并不一定是必须考虑的唯一目标。这不仅表现为实际生活中各种具体权利之间的冲突，更表现为个体权利与公共利益在特定条件下的矛盾。而且，就个体权利和形式法治向来是自由主义政治哲学的重要内容这一点而言，权利以及'法律统治'并不如人们所想象的那样独立于政治，相反，它们同样是政治策略的一部分"。[1]因此，如何处理个体权利与社会秩序、共同体文化及组织生活利益之间的关系，是通过法律进行社会控制时所要解决的重要问题，这是个与法律的正义性相关的问题。

庞德认为，正义并不意味着个人的德行和人们之间的理想关系，而是意味着一种制度，意味着这样一种关系的调整和行为的安排。"它使生活物资和满足人类对享有这些东西和做某些事情的各种要求的手段，能在最少阻碍和浪费的条件下尽可能多地给予满足。"法律秩序的这个目的，可以由法律制度通过一系列办法达到：（1）承认某些利益；（2）由司法过程按照一种权威性技术所发展和适用的各种法令来确定在什么限度内承认与实现那些利益；（3）努力保障在确定限度内被承认的利益。庞德将值得由法律保护的利益分为个人利益、公共利益和社会利益，并就利益的评价、选择以及利益冲突的解决等带有根本性的问题进行了讨论。他寄希望于一个理性与经验相结合的法

---

[1] 胡水君：《法律的政治分析》，北京大学出版社2005年版，第91页。

律制度，并认为，这种经由政治组织社会进行社会控制的一个重要特点就是，"谋求在理性的基础上并以人们所设想的正义作为目标来实现社会控制"；"在文明史中，当我们对内在本性的控制有了进展时，我们就越来越能控制各种背离理想的现象，而使其更加接近理想"。[①] 法律是文明发达的社会的控制手段，它虽然必须依靠政治组织的强力加以推行，但是就规范方式而言，它实现控制的基本方式却是对多元利益的理性调整。

从法律发展的历史看，人类法律文明的进步不只是法律观念上的进步，同样也是法律技术上的进步；而法律技术的进步则是法律观念进步的必然要求和反映。作为行为评价标准和行为指引规范的法律，只有通过语言、概念、逻辑等技术要素的支持才能成为可行的制度规范。法律的种种目的，以及内含于目的之中的法律的正当性，都必须通过一定的技术手段才能实现。在此意义上，法律其实就是立法者将统治阶级的道德原则和政治理想在制度上加以体现的一种技术。

## 六　结语

本书将法律看作一个制度化、目的性的技术系统，来理解法律理性这一命题，并认为法律价值之表达和实现，离不开法律技术之支撑。这并不是说，在笔者的观念里，技术被放在了

---

[①] 参见〔美〕罗·庞德《通过法律的社会控制　法律的任务》，沈宗灵、董世忠译，商务印书馆1984年版，第34页。

比价值更加重要的位置。笔者之所以从技术的角度来讨论法律理性问题，主要是基于以下感触：中国传统文化及知识分子向来十分关注价值问题，但是，制度的技术层面却是传统儒士的一片盲区。

虽然"法学最终不仅是科学，也是一种技术"，[①]但是只求问"道"而不琢其"器"，或者相反，只知"器"之所用而不知"器"之如何善用，再或者，观念上人为地对"道"与"器"实施隔离，似乎仍然是当今法学研究中未能完全避开的误区。

在笔者看来，对法律价值的理解必须渗透到对法律制度技术的理解之中；在对法的形而上作出深刻理解的同时，还必须"返回法的形而下"。[②]

---

① 〔德〕考夫曼：《法律哲学》，刘幸义等译，法律出版社2004年版，第89页。
② 孙笑侠教授主编的一本书的书名就叫《返回法的形而下》（法律出版社2003年版）。在该书前面的宣言性文字"我们的'返回'之路"中，编者提出了"返回法的形而下"的学科建设理念，主张确立和适用具有开放结构的"实践的问题思考"模式，这一理念的核心内容包括关注实定法、以问题为中心（而不以宏大的理论构造和创新为中心）、关注对具体法律现象的研究等几个方面。

# 法律之道：在确定性与灵活性之间[*]

在人类社会法律实践的历史中，确定性始终是维护法律之社会价值的一种力量。但是，在法律机制内部，又始终存在着另一种相反的力量，这就是法律的灵活性。正是法律的灵活性，使得法律能够满足复杂与多变的社会生活的需要，不断推动法律向前发展。因为确定性和灵活性对于法律实践来说都具有重要的意义，而它们又是两种相互矛盾的要求，所以在法律发展的全部历史中，"法律思想家所致力于解决的首要问题，就是如何将法律固定化的思想（不允许留有个人任意的空间）与变化、发展和制定新法的思想相协调，如何将法律理论与立法理论相统一，以及如何将司法制度与司法人员执法的事实相统一"。[①]于是，在稳定中求变化、在确定性的前提下寻求灵活性，就构成了人类法律实践的基本图式。无论是大陆法系法律发展的历史，还是英美法系法律发展的历史，都反映出了人们试图调和法律确定性与灵活性之间的关系的种种努力。法律的全部智慧，也蕴含在如何处理法律的确定性与灵活性之间的关系上。

---

[*] 本章内容曾发表于《法律科学》2011年第4期。
[①] 〔美〕罗斯科·庞德：《法律史解释》，曹玉堂、杨知译，邓正来校，华夏出版社1989年版，第1页。

## 一 法律之治：确定性的追求

寻求确定性是西方哲学的主要目标，[1]而对于从来都没有摆脱过哲学影响的西方法律思想来说，其显著的倾向同样是寻求确定性。法律不仅需要关注与心灵有关的形而上的命题（价值），而且需要关注与世俗生活有关的形而下的命题（事实），它的确定性问题直接关乎社会中的每一个人，因而自亚里士多德开始，法律的确定性问题就成为思想家们思考的重要问题。从"法律是为秩序的目的而生"这一基本共识看，我们也可以认为，法律本身就是人类追求确定性的结果。一方面，法律保证着生活的确定性，反过来，人们又通过对法律自身的确定性的维护，来巩固法律的这种社会价值。如此，人类的社会生活才可以在持续的有秩序状态下不断进步。

### （一）法律之确定性的意义

法律的确定性指的是构成法律的概念和命题结构的稳定性。[2] 两大法系法律传统上的差异，决定了人们探究法律确定性问题的方向有所不同。在普通法系法律理论中，法律的确定性问题常常与法律问题上的客观性以及正确答案有关；而在大陆法系法律理论中，法律的确定性问题则常常与法律的形式化有

---

[1] 参见张世英《天人之际——中西哲学的困惑与选择》，人民出版社1995年版，第168页。
[2] 参见郑成良《论法律形式合理性的十个问题》，《法制与社会发展》2005年第6期。

关。我们不难看出，前者是以司法为中心的理解，而后者则是以立法为中心的理解。

在英美分析法学的传统中，法律的确定性问题大体上是这样一个问题：在法律问题上是否存在"正解"，即是否存在唯一正确答案。主张法律具有确定性的人认为，在法律问题上存在正解，比如德沃金就坚持认为，"在大多数案件中可以通过推理和想象的方法去求得正确答案"。[①]而主张法律具有不确定性的人则认为，在法律问题上没有正解，至少没有唯一正解，比如法律现实主义者的观点。[②]由于法律的确定性被理解为"在法律问题上是否存在唯一正确答案"，而法律问题上的正确答案一方面与法律本身的客观性有关，另一方面与人们寻求正确答案过程中在方法及态度上的客观性有关，在探讨法律确定性问题时，不能不涉及法律的客观性问题。

美国学者布赖恩·莱特认为，在法律领域，客观性问题所引起的争议具有多维性。例如：（1）我们期望法律的内容是客观的，以此能一视同仁，除非它们之间彼此不相关联；（2）我

---

① 〔美〕德沃金：《法律帝国》，李常青译，中国大百科全书出版社1996年版，第2页。
② 法律现实主义的代表人物之一弗兰克认为，人们所相信的法律的确定性完全是一种幻想和神话，真实的情况是，法律在很大程度上曾经是、现在是，而且将来也是充满含混性和不确定性的。关于法律确定性的幻想，不过是渴望安宁、稳定、和谐的儿童期心理的一种表现。弗兰克认为，法律之所以具有不确定性，是因为法律所要处理的是人类关系最复杂的方面，摆在它面前的是纷至沓来、变化莫测的全部混乱人生，而在我们这个万花筒般的时代里，这些情况比以往任何时候都更为混乱。因此，现代社会需要的是一种动态的、弹性的和有限程度确定性的法律制度。如果说过去比较静止的社会未能创造出事先预料到一切可能发生的法律纠纷，并预先加以解决的一套包罗万象、永恒不移的规则，那么现代社会就更不可能了（参见 Jerome Frank, *Law and the Modern Mind*, Gloucester: Peter Smith, 1970, p.17）。

们期望法官能够客观地审理案件,而不会对任何一方当事人存有偏见;(3)我们期望司法判决是客观的,不会受到偏见或成见的影响,以满足法律的真正要求;(4)在某些法律领域,我们期望法律能够为人们的行为提供"客观性"标准(如"理性人"标准),不允许行为人利用当下的主观判断作为托词。① 或许,鉴于普通法重视司法过程和以法官为中心的传统,普通法系的法学家们一般是在上述第三种意义上来思考法律的客观性问题的。由于客观性与非个人化以及确定性是相联系的,波斯纳自称,有时他"把这三个词作为同义词来使用"。② 实际上,法律的客观性问题虽然常与法律的确定性问题相关,但是二者并不同一。③ 两者之间的关系是一个非常复杂的理论问题,我们无意作过多的讨论。不过,从布赖恩·莱特的论述中,我们也能大致理解法律的确定性与客观性之间的关系。他说,如果法律具有"合理的确定性",则意味着"法律理由群"④ 可使唯一答案正当化,即人们常说的法律上存在唯一正确的答案,此时我们可以在两个维度上来讨论具有客观性的法律:(1)只要法律上存在着唯一正确的答案,那么法律就具有形而上的客观性;(2)只要发现正确答案的机制(如司法审判、法律推理等)不会受到遮蔽正确答案的歪曲因素影响,那么法律就具备了认识论上

---

① 参见〔美〕布赖恩·莱特编《法律和道德领域的客观性》,高中等译,中国政法大学出版社2007年版,第3页。
② 参见〔美〕理查德·A·波斯纳《法理学问题》,苏力译,中国政法大学出版社2002年版,第9页。
③ 参见〔美〕布赖恩·H.比克斯《牛津法律理论词典》,邱昭继等译,法律出版社2007年版,第164页。
④ "法律理由群"在此是指,法官决断法律问题时所依法考虑的一系列理由。

的客观性。①我们可以看到，在第一个维度，法律的确定性与客观性是一致的，如果法律具有确定性，则它也就同时具有客观性。在第二个维度，客观性成了法律确定性的前提，即只有具备了认识论上的客观性，正确答案才不至于被偏见所遮蔽，法律才能获得最后的确定性。

认识论上的客观性主要是对法官判断法律问题所提出的要求，因此，普通法系的法学家们对法律的确定性和不确定性问题的关注，往往也是在司法判决是否具有可预测性这一意义上来说的。"确定性意味着准确预料某一特定诉讼过程的法律结果和后果的可能性，法律越是确定就越容易对行动制定计划或提出建议。"②即使是规则怀疑论者所说的规则本身的不确定性，也往往被认为是由规则之外的人的因素引起的。比如邓肯·肯尼迪就认为："确定性或不确定性并不是法律材料之内或者其自身的现象，而是想得到某一结果的解释者的操作行为与法律材料互动产生的。"③这样，对于法律的确定性亦即司法判决的可预测性而言，作为预测准据的就不仅仅是法律规则，还包括政策、道德以及其他一些具体或抽象的价值观念。在一定程度上，这或许并不符合大陆法系法律学者关于法律确定性问题的一般想象。

---

① 参见〔美〕布赖恩·莱特编《法律和道德领域的客观性》，高中等译，中国政法大学出版社 2007 年版，第 3 页。这里，形而上的客观性是指事物不依赖于人的认识的独立性；认识论上的客观性是指"我们的世界观所依赖的认知过程和机制，至少应该能够趋向于精确再现事物的本来面目"。
② 〔英〕戴维·M·沃克：《牛津法律大辞典》，邓正来等译，光明日报出版社 1989 年版，第 145 页。
③ 〔美〕布赖恩·H. 比克斯：《牛津法律理论词典》，邱昭继等译，法律出版社 2007 年版，第 103 页。

与普通法系法律学者的确定性概念不同，大陆法系法律学者们强调的"确定"主要不是指司法判决的可预测性，而是指制定法本身的某种特性。在此，"确定性"已经内化为法律的一种价值，为了维护这种信念，立法权和司法权被作了严格的区分，并有各自的行事原则。法律的确定性主要是通过立法和司法上的某些形式化的原则得以维护的：对立法的要求是，法律应当完整、清晰、逻辑严密，并保持足够的稳定；对司法的要求是，法官不得创制法律，法律的解释和适用应当尽可能成为"自动"实现法的"确定"的过程。可以看出，在大陆法系中，法律的确定性问题主要是立法上的一个富有意义的问题，这一问题即使在司法过程中被考虑，它所强调的往往也是如何维护法律（立法机关制定的成文法）本身的确定性。因此，大陆法系司法判决的可预测性是以"是否符合法律规定"为标准的，如果判决是根据法律之外的因素作出，就会被认为超出了公民的预测可能，破坏了法律的确定性，甚至构成违法。

由此可见，大陆法系的确定性观念主要来自对制定法权威的强调，而普通法系的确定性观念则往往包含着对司法判决的合理性的追求。在普通法系法律学者那里，法律的确定性问题就是法律发现中的客观性问题；而在受悠久成文法传统熏陶的大陆法系法律学者看来，法律的确定性问题主要是法律规则本身所具有的一种可把握的特性，司法上的某些看起来与法律确定性有关的要求，本身并不是法律确定性的内容，它们只是为了保证立法机关所制定的法律的确定性。

作为一个学理概念，法律的确定性被描述为在法律问题上存在唯一正确答案，这是可以接受的。但是，在实践的场合，法律问题上存在唯一正确答案的情况是很少见的；大多数情况下，法律问题上的正确答案不过是众多可接受方案中的一个，并不具有唯一性。也就是说，法律问题上的正确答案不是一个"点"，而是由很多点组成的"面"。因此，在实践法学的立场上，笔者认为法律的确定性就是法律本身所具有的能够使理解和发现法律的行为朝着正确答案这个"面"前进的一种规范途径，只要某一法律自身的制度机制能够确保我们到达这个"面"上的任何一个"点"，就可以认为该法律具有相当程度的确定性。在此或许可以说，即便是法律的确定性，也只具有相对的意义。

### （二）确定性：法律的本质性需求

从人与自然的关系看，法律在人类社会的诞生标志着人类完全机械地适应自然界法令的时代已经过去，人类的社会秩序开始建立在自由选择的法律之上。[①]从人与人的关系看，法律自始就是以缔造和平秩序、保障安全为目的。凡是法发展的地方，法就取代暴力斗争，用和平的办法解决问题。随之，法的程序取代自力救济。在这个意义上，人们可以说，禁止专横势力是法的制度的开端和持久的基础。法所提供的安全建立在法的不可破坏性之上：法所规定的东西，应该摆脱随心所欲；立法者也好，法所要求约束的对象也好，都不得违反它。它应该是持久的，人们能够信赖它。根据法，人们能够在一个可以预料的范围内安排自己的事情，能够在这种制度的保护下建设自己的

---

① 参见〔美〕约翰·梅西·赞恩《法律简史》，孙运申译，中国友谊出版公司2005年版，第12—30页。

生活。①因此，无论是相对于外部世界的客观必然性，还是相对于人类社会内部自然状态下的偶然性，法律存在的社会意义最终都将把我们思考的触须导向法律的确定性问题。

法律对于社会的意义在于，通过"规则"这种人类能够把握的方式，可以达到一种确定性的共同生活状态：秩序与安宁。秩序是人类的共同生活赖以维持的基础，在法学家那里，秩序概念常常"意指在自然进程和社会进程中都存在着某种程度的一致性、连续性和确定性"，并"被用来描述法律制度的形式结构，特别是在履行其调整人类事务的任务时运用一般性规则、标准和原则的法律倾向"。历史表明，凡是在人类建立了政治或社会组织单位的地方，他们都曾力图防止出现不可控制的混乱现象，也曾试图确立某种适于生存的秩序形式。博登海默认为，这种要求确立社会生活有序模式的倾向，绝不是人类所作的一种任意专断的或"违背自然"的努力，而是深深地植根于整个自然结构之中的，而人类生活恰恰是该结构的一个组成部分。②秩序需求之所以成为人类的本能，是由于秩序能够带来安全。"安全是利益主体对现有利益所存有的希望其持久、稳定及完整的心理期盼"，③法律通过明确的规范，将现存利益关系定型化，从而满足人们的这种普遍的心理期盼。美国心理学家马斯洛认为，对于生活在自然与社会中的个体的人而言，几乎一切都不如安全重要。他甚至把人的整个机体描述为一个寻求安全的机

---

① 参见〔德〕H. 科殷《法哲学》，林荣远译，华夏出版社2002年版，第118—120页。
② 参见〔美〕E·博登海默《法理学：法律哲学与法律方法》，邓正来译，中国政法大学出版社1999年版，第219—220页。
③ 杨震：《法价值哲学导论》，中国社会科学出版社2004年版，第219页。

制，而人的感觉系统、智力以及其他能力则主要是寻求安全的工具。①人是有理智的生物，所以人类从来都不是被动地满足自身的安全需要，而是主动地建立社会生活的准则，通过创造共同生活的秩序，寻求基本的安全感。可以说，作为有组织社会实现自我管理、自我控制的一种手段，法律的出现本身就是人类追求生活的确定性的一种结果。如果我们再把法律秩序与人类的安全需求联系起来，则可以进一步认为，法律就是人类用来追求自身安全的制度化机制。

法律秩序是人类通过确定的规则建立起来的一种社会秩序，与自然秩序相比，法律秩序具有可把握的性质，唯有如此，它才能在人与人之间建立起有序的生活形式。要保障安全的需要，首先必须有法律，以此来结束混乱、断裂、不确定的生活状态。但是，法律秩序的形成总是以牺牲一定的人类利益为代价的，尤其是普遍存在于人类社会的刑法，当其以刑罚这种惩罚手段为秩序的保障时，它本身也会产生不安全的后果。所以，为了避免法律本身可能带来的不安全，法律必须具有确定性，以便人们可以准确预测自己的行为在法律上的后果，从而对自己的行为作出选择。可见，法律确定性的要求是与人类的一般安全感相联系的。法律越具有确定性，人们行为自由的边界就越清晰，依据法律所作出的适法行为也越具有安全感。

正因为法律的确定性要求是与人类本能的秩序需求相契合的，所以在古希腊的先哲那里，我们就可以找到法律确定性的思想源头。亚里士多德在他的《政治学》名篇中就曾说，法律如果得以

---

① 参见〔美〕马斯洛《动机与人格》，许金声、程朝翔译，华夏出版社1987年版，第44页。

恰当的制定的话，应是至高无上的，只有在一般性的法律规定不能穷尽问题细节的情形中，统治者才拥有自由裁量权。[①]在此，亚里士多德只不过是表达了法律对确定性的一种自然需求。我们之所以认为确定性是法律的一种自然需求，是因为如果法律不具有确定性，它就无法规范人类的行为，基本上也不可能为人类带来确定性的生活状态。因此，在人类的法制史上，自始至终都存在着维护法律确定性的倾向。在初民社会，法被视为神授和不可改变的，世俗法官最大的权限就是注疏神圣经文。后来当习惯法成为权威性的规范形式之后，在严格法阶段为了保证法的统一性，基于对法律变化的反感和对司法功能的纯机械的限制之渴望，人们试图钳制法官对经典原文注疏和逻辑发展的造法功能。在成熟法阶段，分权的教条要求法律的创制和运用完全分离，以至于法官所要做的仅仅就是根据既定的真正注疏规则来确定立法者的实际意图，以便使得以法典支配权力的国家力图再次使其法院成为十足自动化的部门。[②]由此可见，确定性是人类法律发展中最为显著的特征，为了维护法律的确定性，注疏作为一种发展法律的力量，也不得不在很大程度上依赖立法因素，受到严格限制。

### （三）大陆法系法律传统对法律确定性的塑造

在大陆法系国家，"确定"具有至高无上的价值。因此，大陆法系国家的法学著作都十分强调法律的确定性，法律具有或

---

① 参见〔古希腊〕亚里士多德《政治学》，彦一、秦典华译，中国人民大学出版社2003年版，第106页。
② 参见〔美〕罗斯科·庞德《普通法的精神》，唐前宏等译，夏登峻校，法律出版社2001年版，第119—120页。

者应当具有确定性是毋庸置疑的信条。①这种法律确定性的信念，深深地根植于大陆法系的法律传统之中。

　　从法典编纂的思想中，我们不难看出大陆法系法律发展过程中始终存在的那种试图通过统一的法律来维护确定性的梦想和努力。如果从较早的历史渊源看，查士丁尼编纂《国法大全》的动机之一就是要整理浩繁而杂乱的法律规则，"清除其中错误、含混甚至重复的东西，解决冲突和不清楚的问题，将值得保留的材料按某种系统的形式加以编纂"。②为了维护法律的权威和稳定性，查士丁尼还规定人们引用法律时，只能以编纂的法典和新颁布的敕令为准，不得再援引其他条文或学说，并明令禁止学者对法典进行任何评论和解释。③到了欧洲近代法典化运动时期，通过完美体系来构筑具有高度确定性的法律则成了人们的一种理性追求。推崇理性的启蒙思想家们想要解决的根本问题就是确定性问题。④所以，虽然当时编纂法典的原因很多，"但是最主要的还是人们怀有使法律明确和使全国的法律保持统一的愿望"。⑤通过法典编纂，法律实现了最高的形式化，并获得了极大的确定性。

　　在法国资产阶级革命时期，国家主义思想和民族主义精神的兴起使得各地不同法制和法规的归并显得日益重要，而"全

---

① 参见〔美〕约翰·亨利·梅利曼《大陆法系》，顾培东、禄正平译，法律出版社2004年版，第47页。
② 〔美〕约翰·亨利·梅利曼：《大陆法系》，顾培东、禄正平译，法律出版社2004年版，第7页。
③ 参见周枏《罗马法原论》上册，商务印书馆1996年版，第70页。
④ 参见〔美〕维塞尔《莱辛思想再释——对启蒙运动内在问题的探讨》，贺志刚译，华夏出版社2002年版，第44页。
⑤ 〔法〕勒内·达维：《英国法与法国法：一种实质性比较》，潘华仿等译，清华大学出版社2002年版，第25页。

体法国人应当适用一个法律"的自然法思想恰好反映了这种需求。当时，革命的目标之一就是使法律专家丧失其作用，立法者希望用清楚、明确、直截了当的方式表述法律，以使公民无须求教于律师和法院就能读懂法律，知悉他们的权利和义务。对国家权力彻底分立的强调，自然要求将立法权全部委托给代议制立法机关，这就否认了法院创立法律的权力。由于世俗自然法理论要求对每一个法国人都适用公平正义的原则，这样，在管辖权行使过程中，法官就不能有选择权和自由裁量权。而如果法官仅有严格适用法律的权力，法律就必须内容完整、连贯和清晰，亦即立法机关必须能够制定出完美无缺的法律，只有这样才能保证法律的确定性。在德国，法典编纂的出发点虽然不同于法国，但是二者之间也有一些重要的相同之处：德国人也把严格的分权原则吸收到他们的法律制度和政府制度中去，规定立法权只能由立法者行使，法官不能立法。虽然，德国人更深刻地认识到，制定一个完整、连贯和清晰的法典并非易事，但他们仍然坚定地为实现这一目标而努力。[①]可见，近代以来大陆法系对于法律确定性的追求，是与作为国家政治制度之理论基础的分权观念紧密相关的，而其背后的思想基础则是自由、民主和人权观念。

在大陆法系国家，分权观念不仅对立法者提出了强化法律确定性的要求，也塑造了一种至少表面上看来是竭力维护法律确定性的司法传统。大陆法系国家的法官一般是通过类似于职业文官的选拔方式产生的，这使得文官的习惯心理在大陆法官中普遍养成，这种心理使法官只希望自己任何时候都保持作为

---

① 参见〔美〕约翰·亨利·梅利曼《大陆法系》，顾培东、禄正平译，法律出版社 2004 年版，第 26 页以下。

忠实"喉舌"的外观,而几乎不愿比这做得更多。这在很大程度上可以解释大陆法系国家的法官何以一直执拗地坚信司法判决的机械性质。① 在 19 世纪的欧洲大陆,"法律至上主义如此得势,以至于甚至单纯和简单地禁止对法律的解释,迫使法院'只要认为有必要解释一个法律',就只能求助于立法机构"。② 进入 20 世纪以后,这种观念遭到了强烈批判,机械的法条主义被逐渐摈弃;不仅法官解释法律和填补法律漏洞的权力在学说上得到广泛的支持,而且在实践中,大陆法系的法官们实际上也担当了发展法律,使之适应变化了的社会生活需要的任务。但是无论如何,法律确定性的价值并没有被否定,法典仍然受到尊重,法官们对法律的发展仍然显得小心谨慎:他们只是利用法典中的一般性原则对法律规定作出新的解释,而不是直接改变法律的内容。尽管实践中大陆法系的法官们实际上也不乏创造性司法,但是却很少有法官愿意公开承认这一点。比如在法国,法官们总是千方百计让人们感到他们绝不是在创造规则,而只是在适用某项制定法。③即使是在今天,确定性已经不再是一种牢不可破的教条,在对待制定法的态度上,大陆法系的法官们仍然奉行法律至上的原则,倾向于按照立法者划定的框框处理案件。为了维护法律的确定性,有时甚至不惜以牺牲个案公正为代价,因为法律的确定性所体现的是"相同案件相同对

---

① 参见〔美〕H. W. 埃尔曼《比较法律文化》,贺卫方、高鸿钧译,清华大学出版社 2002 年版,第 174 页。
② 〔葡〕叶士朋:《欧洲法学史导论》,吕平义、苏健译,中国政法大学出版社 1998 年版,第 188 页。
③ 参见〔德〕K·茨威格特、H·克茨《比较法总论》,潘汉典等译,法律出版社 2003 年版,第 193 页。

待"的原则，这被认为是更高意义上的公正。

究竟是对法典的尊崇导致了大陆法系法律确定性观念的产生，还是法律的确定性观念导致了大陆法系对法典的尊崇，笔者不敢妄下结论。但有一点却是可以肯定的，那就是：在大陆法系国家，由于有着悠久的制定法传统，人们往往是在立法的意义上来强调法律的确定性的，即认为法律本身应当具备统一、完整、清晰、稳定等要求，以便能够为司法者和一般公民提供一个全面和易于把握的行动指南。对法律本身的看重，使得大陆法系国家将法律的确定性问题与法治直接联系起来，把它作为法治的一个基本要素。法治的基本前提是要有事先制定的完备而良好的法律，因而人们把确定性作为对立法的一项基本要求加以贯彻。为了维护法律的确定性，司法活动只能简单地适用法律，法官无权以自己的判断代替法律的判断。

### （四）普通法系法律制度对法律确定性的追求

在普通法系，法官居于法律制度的中心，他们不但享有广泛的自由裁量权，而且享有创制规则的权力。因此，普通法系的法律给人的印象是似乎充满了不确定性，普通法系的法学家们也更加关注法律的不确定性，而不是法律的确定性。然而，这并不意味着普通法系的法律制度不追求法律的确定性。即便是在美国，其法律被指责为不确定性法律的代表，人们也仍然承认："在一个发达的法律制度中，法律确定性的价值无庸赘言。"[1] 由于法治具有某些普适的价值，它已经成为全人类的共同理想。对法治的追求，必然将法律的确定性要求内化为法治国家的一项制

---

[1] 〔美〕本杰明·N. 卡多佐：《法律的成长　法律科学的悖论》，董炯、彭冰译，中国法制出版社2002年版，第4页。

度性要素；因此，如同大陆法系一样，法律的确定性在普通法系也是值得珍视的价值。只不过，大陆法系把法律的确定性建立在立法之上，而普通法系则把维护确定性的任务交给了法官。

普通法对法律确定性的维护主要是通过司法活动中的两个重要原则体现出来的：一是制定法解释的排他性规则，二是遵循先例原则。

普通法系的法官们虽然享有固有的衡平权力，但是，确定性仍然是法官表明自己的法律判决具有正当性与合法性的一个必要证明。因此，长久以来，英国的法官在对待制定法的态度上，一直采取法律解释的排他性规则。排他性规则把法官的审判拘泥于制定法的明文规定上，不允许法官通过钻研其他法律文件——如议会辩论记录以及委员会报告等——来探求立法者的立法意图。在解释制定法时，应当遵循古老的文义解释规则进行，必须针对确切的原文，亦仅止于此。如果说这么做，将促成一个与立法者原意恰恰相反的结论，那么只能对此深表遗憾：立法者在立法之时，应当更为谨慎地措辞，以免日后引起误会。这一态度背后的理念，也是法官们所创的独到之见，就是——这么做是避免出现法律不确定性后果的最佳保障。如同其他任何规则都不可能兼顾所有价值一样，排他性解释规则在维护法律确定性的同时，也不可避免地会在某些情况下以牺牲公平为代价。所以从20世纪70年代起，该原则受到越来越多的批评。但是在经历了种种"现代化"浪潮的席卷之后，这一古老的规则理念依然顽强地活跃在部分资深法官的思想当中。[①]

---

① 参见〔比〕R.C.范·卡内冈《法官、立法者与法学教授——欧洲法律史篇》，薛张敏敏译，北京大学出版社2006年版，第17—21页。

遵循先例更是普通法曾经笃守的一个重要原则，根据该原则，在相似的案件中法院会作出相似的判决，法律的确定性由此得到维护。法官们为了维持这种法律的确定性，甚至不惜将正义与公平牺牲在它的祭坛上——他们情愿为了确定性，去遵守一个看似极不公正甚至荒谬的判决，因为法官一旦开始无视先例或完全将其抛在一边，普通法的一根支柱便会坍塌。不过，在现代社会，这种严格遵守遵循先例原则的观点也受到了很大的冲击，如今，一个坏的先例不应被遵循的观点已经被人们广为接受。法官们也认为，绕开一个绊脚的先例而达到一个期望中的判决并不太困难。①尽管如此，遵循先例在今天依然是普通法最重要的司法原则。无论是在英国还是在美国，法院并不轻易推翻先例，而总是尽可能地通过解释和补充来发展它们。这首先是因为，只有部分法院才拥有推翻先例的权力，对大多数法院来说，只能通过区别技术来决定遵循或改变先例中的规则，而没有权力推翻它；其次是因为，维护规则的稳定性也是适用普通法的标准之一，而遵循先例原则可以使法院不断地保持规则的稳定性，以此保护人们对于法律规则的合理信赖。艾森伯格指出："在现实世界中，一个普通法的模式不仅仅是必须结合社会一致标准和体系一致标准，还必须结合规则稳定的标准。……我们可能会批评某一项法律规则，因为另外一些可供选择的法律规则更能与可适用的社会命题一致并且更能与其他法律规则保持一致，但是我们仍然会基于稳定性标准而认为法

---

① 参见〔比〕R.C. 范·卡内冈《法官、立法者与法学教授——欧洲法律史篇》，薛张敏敏译，北京大学出版社2006年版，第124—125页。

院采用这一规则进行推理是适当的。"①如果由于法律的变动而使那些合理信赖法律规则的人常常遭受不公平的意外，就会销蚀规则本身的正义基础。另外，遵循先例也是法院发挥其提供法律规则之职能的基础。为了使一项判决中的理由能够在很大的范围内对后来的案件产生拘束力，并保持足够的稳定，法院所创立的规则必须得到社会的一般标准或法律体系中特殊标准的支持，而且法院所采用的推理过程必须能够被律师所重复。毫无疑问，这都是一些旨在维护法律确定性的原则。

人类迄今为止的法律实践表明，追求确定性是所有法律制度的共同特征。卡多佐甚至把确定性描述为法律最重要的特征，认为法律就是具有确定性的某种东西，他说："除确定不疑的判决之外，我们可以发现某些东西，具有完美无缺或经久不衰的确定性，它们就是法律"；"对法律的研究将被视为对秩序原则的研究，后者体现了古往今来判例中的一致性。当一致性始终如一，足以为人们提供一种具有合理确定性的预期时，法律就存在了"。②尽管如此，英美法系国家的法学家们还是看到，他们的法律制度中潜伏着种种不确定性，尤其是美国的法律现实主义者，对法官们所宣称的法律的确定性提出了强烈的质疑。为了消除其法律制度中的不确定性因素，如今，普通法系也越来越重视立法的作用，虽然法典化的努力在那里并没有结出硕果，但是一个制定法的时代却已经到来。

我们可以断言，任何法律制度都会追求确定性；只不过，

---

① 〔美〕迈尔文·艾隆·艾森伯格：《普通法的本质》，张曙光等译，法律出版社 2004 年版，第 69 页。
② 〔美〕本杰明·N. 卡多佐：《法律的成长　法律科学的悖论》，董炯、彭冰译，中国法制出版社 2002 年版，第 21—23 页。

不同法律制度追求确定性的限度和方式有所不同罢了。梅利曼甚至认为，大陆法系和普通法系的根本性差异不在于法典法与判例法之间的差异，而在于对法的"确定"的不同要求，以及固有的"司法自由裁量权"和"藐视法庭行为处罚权"存在与否。[①]在这三个区分标志当中，司法自由裁量权存在与否实际上也是反映了不同法系对于法律确定性问题的不同看法。因此，按照梅利曼的观点，法律确定性观念上的不同，竟是两大法系法律制度根本性差异的最主要的标志。但无论如何，确定性的观念乃是一种普遍的法律观念；或许，这种差异之中的普遍性更能说明，法律之确定性具有重要的制度价值。

## 二　正义观念：创造性的冲动

要求法律具有确定性，是为了使法律的正义目标得到可靠的保障。然而，社会生活总是会提出新的问题，使得法律经常无法在坚持其确定性的前提下满足社会的需要，所以确定性本身有时反而会成为走向正义目标的障碍。于是，在追寻正义的历史中，人们也将"灵活性"的特征带入人类的法律制度之中。

### （一）灵活性：规则之外的规则

尽管任何一个社会的统治力量都可能要求他们的法律能得到严格遵守，以维护法律的权威和法律确定性的信念；但是，即使是被严格遵守的法律，也常常潜藏着各种变化的可能。这

---

① 参见〔美〕约翰·亨利·梅利曼《大陆法系》，顾培东、禄正平译，法律出版社2004年版，第57页。

主要是因为，法律总是为一定的人类目的服务的，当人们发现自己所创造的这个工具不太合用时，必然会产生改造或者废弃它的愿望。包括法律的确定性在内，都是基于人类目的的需要而产生的法律要求，人类不可能反过来牺牲自己的目的而固守法律的确定性这样的工具性价值。实际上，从人类利用法律实现规则之治开始，灵活性的需求就已经同时处在萌芽之中了。

庞德曾经谈到一个使用餐刀的隐喻，来说明很可能在人类社会早期就已存在的法律发现方法之一：当制定法或习惯法规定用"餐刀"来实现用"鹤嘴锄"更能胜任的目的时，经过一些时间的徒劳之后，对我们的祖先而言，似乎较好的办法是坚持原则（坚持法律的节操）——但实际上是用"鹤嘴锄"。他们承认法律不应该改变。法律的任何变化都会充满危险。但是，使用"餐刀"又有极大的不便，因此，虽然法律坚持要求用"餐刀"，可法律一直在设法操动手中的"鹤嘴锄"，并以虔诚的信仰捍卫它，相信自己是在运用约定俗成的工具（即"餐刀"）。[①]在此，坚守法律节操使用"餐刀"体现了一种正义观念，而实际上使用"鹤嘴锄"也有着相当的合理性，两种不同的正义观念在此发生了冲突。此时，要让法律的运作在各方面来说都是妥当的，就必须采取某种"圆滑"的技艺。当法律作为一种规则要求人们遵守时，它的前提之一就是自愿遵守它的人能够看到自己希望看到的结果。而庞德讲述的使用餐刀的这个隐喻表明：如果一种法律，其被适用的结果不能令人满意，那么即使是最愿意遵守它的人，也可能常常在合乎规则的表象

---

① 参见〔美〕罗斯科·庞德《普通法的精神》，唐前宏等译，夏登峻校，法律出版社2001年版，第117页。

下暗自改变规则。

其实,早在亚里士多德那里,就已经有了法可变的观念。亚里士多德之前的大多数哲学家都认为,不变的才是自然的,因而自然法也必然是永恒不变的。但是亚里士多德认为,自然法也是变动的,人类世界之自然(性质)亦受到变动法则的支配。亚里士多德的自然法一方面指的是符合城邦本性、指引其向善的生活发展的一般性正义理念,另一方面是指具体的法律裁判,因为只有在具体状况中,透过人类妥当衡量与行动所完成的裁判才真正呈现了正义。不是在一般性的抽象规则中,而是在对具体个案各个分殊的细致、充分而妥当的比较考量后所作出的裁判,才是真正符合个案"本性"之自然法。[①]亚里士多德认为,正义就是"中道",司法过程就是在稳定与变动、确定与灵活之间的中庸之道。或许正是因为有了这样的智识,人类的法律才没有在"确定性"的观念之下故步自封,而是随着人类社会的发展不断变化着。

梅因认为,原始习惯法的变化原因中,故意只占极小的一部分。但是自从人类有了"法典"[②],就开始了一个新纪元。如果我们追溯在这之后法律变更的经过,就能发现这些变更都是出于一种要求改进的、有意识的愿望,这同原始时代所企求的完全不同。在进步的社会里,人们总是以某种隐蔽或者公开的方式——比如"法律拟制"、"衡平"和"立法"——改变和发展他们的法律。[③]可见,就像法律一经诞生就具有确定性的特征

---

[①] 参见颜厥安《法与实践理性》,中国政法大学出版社 2003 年版,第 227 页。
[②] 在此,梅因所说的"法典"是指古代法典,其代表是《十二铜表法》。
[③] 参见〔英〕梅因《古代法》,沈景一译,商务印书馆 1997 年版,第 13 页以下。

一样，法律实践中也总是不能抹杀基于某种人类目的而产生的创造性的冲动。因为人类很早就发现，尽管法律是一种不可或缺的社会制度，但是由于法律具有一般性和普遍性，它就可能给解决某些个案带来困难。法律的一般性规定并不总是能适用于个案，或者，适用于某些案件时可能导致不合理的结果。正因为如此，在人类的法律实践中，一种灵活处理法律问题的愿望始终存在，虽然这种愿望经常被严格规则主义的观念所压制，但是，在每一种法律制度的内部，仍然生长出了各自的灵活性机制。如果说确定性是法律的自我生存所需的内在品格，那么灵活性就是法律的自我发展所需的制度因素。

**（二）普通法系法律的灵活性机制**

在以法官为中心的判例法传统下，普通法系国家的法律制度似乎更珍视法律的灵活性价值。在英国，普通法是由法院发展起来的，因此，它必然成为判例法。在那里，法律规则首先与个别案件的事实相联系，不存在超越个案裁判所必需的法律规则；因而它是一个"开放性体系"，为司法者提供了从事创造性活动的可能。[①]这样一个开放的法律体系，可以不断地产生新的规范，而且新规范的产生是以情理为基础的——也就是说，情理被公开承认为填补法律空白的法的补充渊源。[②]英格兰的法律家们似乎也十分看重自己法律的这个优点，自17世纪以来，包括边沁在内的改革者在英格兰所作的法典化的种种尝试都惨

---

① 参见〔法〕勒内·达维《英国法与法国法：一种实质性比较》，潘华仿等译，清华大学出版社2002年版，第27—28页。
② 参见〔法〕勒内·达维德《当代主要法律体系》，漆竹生译，上海译文出版社1984年版，第364页。

遭失败，在众多复杂的原因当中，最重要的一个或许就是：人们认为，"一部法典的出台，会破坏法律的灵活性，会因为束缚法官的自由裁量权，而阻碍普通法向前发展"。[1]不过，普通法系法律制度的灵活性主要不是由法官创造法律的判例法制度本身所赋予的，由于遵循先例原则的存在，判例法也被认为具有相当的确定性与保守性。真正为普通法系法律制度带来灵活性和发展的，是衡平法原则和限制与区分先例的技术。

如果从历史的角度考察，衡平法在英格兰产生和发展的根本原因和动力，就是为了用它弥补普通法的不足和纠正普通法的不公平之处。15、16世纪，衡平法在形式和内容上之所以会得到很大发展，很大程度上导源于普通法本身所具有的种种弊端。从当时的情况看，通行全国的普通法确实存在很多不足：内容不全面，对某些社会关系缺乏相应的规定；规范性不足，条文本身含糊不清；适应机制不强，不能随着社会的变化而在内容上作相应的变更。因此，从16世纪开始，英格兰各地普通法院常常采用衡平法的某些原则。18世纪，普通法与衡平法出现融合趋势，双方在内容上相互渗透，同时在某种程度上又相互协助。1873年，英国的司法制度通过将普通法院与衡平法院并入新的最高法院，统一了普通法和衡平法的管辖权，但是被纳入统一体系的普通法与衡平法实际上仍然是并存的两套法律体系。通过几个世纪的积淀，"衡平法"（equity）这个概念具有两个基本含义：第一，它是指公平、合理、正义，可作为"自然正义"的同义词使用；第二，它是相对于严格的法律规则而

---

[1] 〔比〕R.C.范·卡内冈：《法官、立法者与法学教授——欧洲法律史篇》，薛张敏敏译，北京大学出版社2006年版，第48页。

言，表示与法律（普通法）的严谨性和严格性不同的衡平法。在第二种意义上，衡平法是自然正义和合理准则在特定情况下的适用，它与法律没有对某种情况作出规定或虽有规定但不合理或不公正，而又不得不适用法律规则的情况形成对照。[1]普通法系的这种法律传统，使得法官们享有固有的衡平权力，衡平的观念也成为支配普通法系司法活动的重要观念。

在普通法系，"衡平"的主旨是执法官有权根据个别案件的具体情况，避免因适用法律条款而使处罚过于严峻，以公正地分配财产，或合理地确定当事人各自的责任。简言之，"衡平"就是指法院在解决争讼时，有一定的根据公平正义原则进行裁决的权力。"衡平"原则表明，当法律条文的一般性规定过严或不适合时，当某些具体问题过于复杂以至于立法机关不能对可能发生的各种事实的结果作出详细规定时，法院运用公平正义原则加以处理是必要的。因此，凡有类似的问题发生，最好是由法官根据"衡平"原则作出裁判。所以，在普通法系，所谓"衡平"就是对个别案件的"公正"处理，是对法官拥有某种自由裁量权的承认。可以说，"司法自由裁量权"是衡平法对普通法的一大特殊贡献。[2]司法自由裁量权，就是法官所享有的酌情作出决定的权利，并且这种决定在当时情况下应是正义、公正、正确、公平与合理的。然而，何谓"正义、公正、正确、公平与合理"，原本就是一个价值判断问题，并不存在一个普适

---

[1] 参见〔英〕戴维·M·沃克《牛津法律大辞典》，邓正来等译，光明日报出版社1989年版，第304—305页。

[2] 参见〔美〕约翰·亨利·梅利曼《大陆法系》，顾培东、禄正平译，法律出版社2004年版，第50页。梅利曼认为，衡平法对普通法的另一大特殊贡献是"民事藐视法庭行为"（the Civil Contempt Power）的出现。

而客观的标准。因此，自由裁量权的存在本身就意味着，对于同样的情形，允许不同裁判主体有不同的判断。就根据合理与正义来决定什么是正确的这一点而言，可以说任何一个法院或法庭都既是衡平法院也是普通法院。虽然法律规定了灵活可变的准则和赋予了自由裁量权，使衡平法与普通法的对立经常减少到最低限度，但有时还是不免发生公平正义与合法性之间的冲突。普通法与衡平法之间的这种有时是对立的区别在罗马法上就已有体现，在市民法没有规定补偿的情况下，完全允许裁判官决定给予补偿。在普通法系，法律常常授予法官以权力或责任，使其在某些情况下可以行使自由裁量权——有时是根据情势所需，有时则仅仅是在规定的限度内行使这种权力。拥有了自由裁量权，法官能够根据案件事实决定其法律后果，为了实现公平正义可以不拘泥于法律，还能够不断地解释法律使之更加合于社会的变化。授予法官以自由裁量权，是使法律具体情况具体适用的最普通的方式之一，可以使法律更具灵活性和适应性。而没有自由裁量权，法律会经常受到诸如严厉、无情、不公正等批评。[①]

除了自由裁量权，区分先例技术也是赋予普通法系法律制度以灵活性的重要因素。在普通法系，遵循先例的方法是所谓"区别技术"。区别技术是指，对含有先例的判决中的事实和法律问题与现在审理的案件中的事实和法律问题加以比较，通过这种方法，了解待决案件和先例之间有何异同，这种异同达到什么程度，以决定是否应遵循先例、在多大程度上遵循先例。

---

[①] 参见〔英〕戴维·M·沃克《牛津法律大辞典》，邓正来等译，光明日报出版社1989年版，第261、304页。

"区分先例"的目的是找到应当遵循的先例,同时避免遵循一个不令人满意的先例。法官在进行区别时所要解决的问题是找到"判决理由"(ratio decidendi),只有先例中的"判决理由"可以适用于本案争议时,才对本案具有约束力。[①]否则先例将被区分,其中的规则将不被适用或者经改变后适用。"英国的先例理论是,先例要么被遵守要么被区别。它将遵守先例和相当的灵活性相结合,因为它允许法院(甚至受先例约束的法院)区别先前的判决,而不是遵循它。既然'区别'意味着改变正被区别的规则,那么有权区别就是有权发展法律——即使当判决法律有规定的案件时或由不拥有推翻权力的法院来审理时。"[②]这样,区别技术就使得判例制度具有了确定性和灵活性的双重品质:一方面,通过区分技术,大部分先例中所确立的法律原则和规则得到遵循,从而保持了法律的确定性;另一方面,区分技术又可以为法官提供一种支持,以足够的正当性避开一个不再适合新的需要的先例,或者避免适用一个不公正的坏的先例。虽然英国比较传统的理论认为法官仅仅是在宣布法律是什么、习惯做法和先例中所蕴含的是什么,但是现在普遍的做法是,法官们在断案、应用、扩大或限制先例时,事实上是在创立新法,承认这一点是比较符合实际的。[③]或许正是因为先例制度的这个特点,"我们将疑惑地发现,某些学派高度赞扬判例法,是

---

① 参见〔美〕E·阿伦·法恩兹沃思《美国法律制度概论》,马清文译,群众出版社1986年版,第70—71页。
② 〔英〕约瑟夫·拉兹:《法律的权威》,朱峰译,法律出版社2005年版,第162页。
③ 参见〔英〕戴维·M·沃克《牛津法律大辞典》,邓正来等译,光明日报出版社1989年版,第708页。

因为它的确定性,而另一些,却是因为它的灵活性"。①实际上,在英美等普通法系国家,区分先例技术犹如大陆法系的法律解释技术一样,常常扮演创造性的角色。因为,先例中的"判决理由"是否适用于本案,往往存在很大的解释余地,如果法官不打算接受先例的拘束,他可以很容易找到各种论据来证明先例中的"判决理由"不适用于本案。通过区别技术,"法官即可把先例的发展导引至法官内心理想的法律目的与社会目的,亦即其社会价值观的确信"。②尤其是在美国,遵循先例的原则从来都不是那样绝对,法官们更愿意利用区分技术来规避先例,进而创立新的规则或原则,使法律保有活力。

此外,英美法系的法官还拥有对制定法进行解释的广泛权力,未经过法院的解释实施,国会的制定法甚至不发生效力;如果法官们认为一个制定法条款与普通法的某个重要原则不符,还可以宣布该制定法条款无效。20世纪,当大陆法系的法官们为了法律的确定性而仍然坚持法律的严格解释原则的时候,普通法系尤其是美国的法官们却已经普遍接受了法律的自由解释理论。

### (三) 大陆法系法律的灵活性机制

相比之下,在几乎所有重要法律都实现了法典化的大陆法系国家,其法律制度可能给人以僵硬、刻板、缺乏灵活性的印象。的确,大陆法系那种体系性的制度安排使法律具有高度的确定性,而且分权观念也一直在巩固和维护着法律的这一特

---

① 〔比〕R.C.范·卡内冈:《法官、立法者与法学教授——欧洲法律史篇》,薛张敏敏译,北京大学出版社2006年版,第125页。
② 杨日然:《法理学》,台湾三民书局2005年版,第140页。

征。但是，这并不意味着大陆法系法律制度中不存在灵活性的机制。

实际上，人们关于大陆法系法律制度缺乏灵活性的想象与实际情况并不相符，美国的法律学者甚至认为，大陆法系"由于没有遵循先例的传统原则，其变通与发展就更为容易和适时"。①如果我们考察欧洲大陆法典化以来的法律发展情况，就会发现在"法律至上"的大陆法系，法律的灵活性机制的确超乎我们的想象。在欧洲大陆法典编纂时期，尽管人们把制定完美无缺、包罗万象的统一法典作为并不虚幻的梦想，并试图通过法典防止法官发展法律；但是实际上，编纂者从一开始，就有意无意地在法典中留下了灵活的余地。在《法国民法典》的起草过程中，"编纂者们清楚地意识到，立法者即使尽其最大努力也不能认识到所有问题的案件类型并予以判断，因而必然要给司法判决留有余地，即法律在不可预见的个别情况下的具体化和它对变化的社会需要的适应"。②在法典中，概括性规定是使法典获得生命力的重要技术，因为它们为法院提供了解释法律的空间。在《法国民法典》中，第1382至1386条这五个条文简括了法国全部侵权行为法规范，二百多年来，尽管社会经济、技术发生了很大变化，这些规定却几乎一如既往地有效。此外，法律原则也是使法典具有灵活性的技术手段。"民法基本原则的不确定规定和衡平规定性质，具有授权司法机关进行创造性司法活动的客观作用，民法基本原则中的法律补充原则，更是直

---

① 〔美〕格伦顿、戈登、奥萨魁：《比较法律传统》，米健等译，中国政法大学出版社1993年版，第87页。
② 〔德〕K·茨威格特、H·克茨：《比较法总论》，潘汉典等译，法律出版社2003年版，第139页。

接授予司法机关在一定范围内创立补充规则的权力。通过这些途径,民法基本原则起克服法律规定的有限性与社会关系的无限性的矛盾、法律的相对稳定性与社会生活的变动不居性的矛盾、法律的正义性与法律的具体规定在特殊情况下适用的非正义性的矛盾的作用。"[1]

除了立法技术上的表现,大陆法系法律确定性的相对软化还来自对法官法律解释权的逐步承认。在崇尚自由与人权的近代西方世界,法律被视为保障个人权利、对抗专制的武器,人们把解释法律与权力的滥用联系在一起,因此在法典编纂之初,法官的法律解释权是被严格禁止的。但是,"法律不被解释而适用"完全是不切实际的幻想,由立法机关承担具体法律适用中的法律解释任务也根本不可能;所以,大陆法系国家后来大都逐步设立了立法性法院,统一行使解释法律的权力;再到后来,德国等国家又设立了有权审查和纠正下级法院错误的法律解释的法院。司法制度的这种变化,必然伴随着对普通法院法律解释权的逐步承认。[2]这种变化或许也是不得已而为之的结果,因为,虽然分权理论要求法官只能"司法"不能"造法",但是由于法典所具有的凝固的特性使得立法几乎总是滞后于现实的变化,要处理案件就不得不进行某种程度的创造。在大陆法系,所谓"完整、清晰、逻辑严密"并具有预见性的法典规定并没有使法官摆脱对必要的法律条文进行解释和适用的负担。法官要裁判案件,就必须填补立法上的疏漏,解决法规之间的冲突,

---

[1] 徐国栋:《民法基本原则解释——成文法局限性之克服》,中国政法大学出版社1992年版,第18页。

[2] 参见〔美〕约翰·亨利·梅利曼《大陆法系》,顾培东、禄正平译,法律出版社2004年版,第40页以下。

并使法律适应不断变化着的情况。即使法官的法律解释权不被承认，其对法律实际的解释行为也会以某种隐蔽的形式存在于司法活动中。今天，大陆法系各国对于法官的适用解释已经持非常宽容的态度，甚至在对待最容易侵越立法权的"扩张解释"上，亦承认其为法官可以采用的一种解释方法。法官法律解释传统的逐步形成，为古老的法典注入了活力，使得大陆法系国家的立法机关不必经常修改法律，而又能使法律满足变化了的社会生活的需要。

使大陆法系的法典能够适应社会的另一个灵活性因素是司法判例对法律的解释和发展作用。尽管大陆法系的传统观念要求法律具有确定性，法官审理案件时只能根据"确定"的原则解释和适用立法机关所制定的法律，司法判例不能作为"法律"来加以引用；但事实上，"在法官和律师们的日常法律实践中，普通法和大陆法的区别远不如我们想象中那样绝对，大陆法国家的法院，在很大程度上也会遵从上级法院作出的先例。这种遵从甚至可以达到这样的地步，即法院在事实上已经把法典中的某些似乎与现代习惯和理念完全格格不入的条款抛在一边，弃之不用，而不是被动地等候立法机关对有问题的条款予以正式废除"。[①]在那些有一定法典编纂历史的国家，在对法典进行解释和适用过程中所形成的审判立法的作用在 20 世纪就已经日益增长。尽管这些国家并没有确立起"遵循先例"的原则，但实际上，判例对司法审判活动的影响已经使大陆法系与普通法系之间的差别越来越小。比如在法国，由于高级法院和部分下级

---

[①] 〔比〕R.C. 范·卡内冈：《法官、立法者与法学教授——欧洲法律史篇》，薛张敏敏译，北京大学出版社 2006 年版，第 41 页。

法院的判例定期汇编和出版，进一步加深了审判立法的影响，判例在法院审理案件的过程中被一再引用。"如果一个律师从过去的司法判例汇编中找到有关解释法律问题的判例，那他就可以十分容易地解决他在司法实践中所遇到的问题。对于法官来说也是如此。……事实上，在划分司法审级的地区，如果判例是上级法院所作，那么下级法院的法官即使对判例的正确性持有异议，一般也只能遵循判例，因为他并不希望自己所作的判决被上级法院撤销。如果判例系最高上诉法院或与之相等的司法机构所作，那么这些判例就具有解释法律的最高权威，对下级法院发生普遍的拘束力。"[1]在《法国民法典》中，常常只是提出极不明确的、意在全面的准则，而这又进一步造成所使用的概念每每不精到和多含义，许多规定不全面，这种分散规定的系统化综合作用往往是有欠缺的。但是，司法判例却使得该民法典的规定与现代社会的需求相适应；同时，司法判例又通过解释对这种社会需求予以发展、补充或限制，既阐发旧的法律思想，又提出新的法律思想。[2]

为大陆法系法律注入发展活力的因素，还有法律学说。在英美国家，法学家作为普通法发展的重要力量仅有不长的历史，而且比较起来，这种力量尚显微弱。普通法仍然是法官们的法。而在大陆法系，法学家的重要作用由来已久。从罗马时代，到拿破仑时代，再一直到当代，法学家们对于大陆法系的法律发

---

[1] 〔美〕约翰·亨利·梅利曼：《大陆法系》，顾培东、禄正平译，法律出版社2004年版，第88页。
[2] 参见〔德〕K·茨威格特、H·克茨《比较法总论》，潘汉典等译，法律出版社2003年版，第146页。

展都产生了深远的影响。[1]在大陆法系国家，学说常常通过对立法和司法判决进行阐释和评论来促进法律的发展。法学家对法典所作的注释书，在司法中起着非常重要的作用；一个重要判决的公布，也常常导致法学刊物对该判决的理论根据加以评论。法官们本身也认识到这方面的建设性作用，因而不管这些不同意见如何强烈，他们也不会认为它们是对法官权威的冒犯。相反地，他们认为这是司法活动一个不可缺少的支持，法院事实上经常采纳评论者所建议的理论。[2]曾经，法学家们构建的系统化、概念化的法学架构是大陆法系过度强调法律的确定性，从而导致法律僵化的重要原因；今天，法学家们建立的法律解释、法律续造的理论，又为法律的灵活性提供了充分的观念支持和技术支持。通过法学家们的这些理论，司法者可以在维护整体法秩序的前提下，使对法律漏洞的填补成为可能；这使得法典原本封闭的体系变得开放，社会生活的无限可能被更多地纳入法律的规范系统之内。

通过上面的考察我们可以看到，如同确定性在任何法律制度中都被珍视一样，灵活性也是任何法律制度中都被肯定的价值。由于社会生活的复杂性，相对简单的规则无论如何也不可能完满地解决所有问题。有时，当法律以其确定性追求普遍的正义目标时，实际的结果往往与一定的社会目的相违背。比如，让某一个在不法侵害行为已经结束，而为他人夺回被抢财物从而造成不法侵害人死亡的行为人承担故意伤害致人死亡的法律后果，虽然从

---

[1] 相关的论述参见〔美〕约翰·亨利·梅利曼《大陆法系》，顾培东、禄正平译，法律出版社2004年版，第58页。

[2] 参见沈宗灵《比较法总论》，北京大学出版社1987年版，第146页。

法律上讲不会有什么问题，但是见义勇为反而被判处刑罚，显然会对社会公众的正义情感带来伤害，并累及法律本身的公正性；在此情况下，不同的正义观念之间发生了冲突，人们必须解决这种冲突，而解决冲突的办法常常是灵活地适用规则。另外，即便在一个以法典为主的体系中，也有许多东西是法律未规定的。德国的法学家施塔姆勒就指出，法典仅仅陈述一般性的原则，填补罅隙则是法官的工作；在法律沉默的情况下，还必须求助于法律自身的基本理念——公正，这实际上等于将道德规范引入了法律判断之中。就此论述，卡多佐评论道，如果说法典必须参引道德规范来补充成文规范的话，可以肯定，普通法法官应更自由地使用这一（法律）发展工具。[1]但这并不是说，有着法典化传统的大陆法系法官就不使用这一便利的工具。

## 三 法律之确定性与灵活性的观念纠缠

任何社会的法律制度都不可能达到数学和逻辑学那样的确定性程度，因此，法律的确定性必然是一种相对的确定性，也就是与相对的"不确定性"（uncertainty）相伴生的有限的确定性。如果我们一味追求绝对的确定性，就必然要超出我们理性能力的限度，这意味着会大大降低确定性的合理化程度，从而使我们的法律具有某种非理性的神秘主义色彩——确定，但不合理。[2]

---

[1] 参见〔美〕本杰明·N. 卡多佐《法律的成长 法律科学的悖论》，董炯、彭冰译，中国法制出版社2002年版，第103页。
[2] 参见郑成良《论法律形式合理性的十个问题》，《法制与社会发展》2005年第6期。

一般来说，只有当法律具有确定性时，才能实现法治的基本价值。然而，正如梅利曼所说的那样，"确定"是抽象而重要的法学概念，它就像一盘国际象棋中的皇后，可以向任何方向移动。[1]法律的确定性在维护法治的同时，也会产生某些与法治精神相背离的结果，这是追求法治必须面对的问题。

法治要求法律具有普遍性，其主要意义在于保证法律在全社会内的一体适用，以实现公平。但是，法律的普遍性要求意味着，法律规则必须具有足够的概括性、抽象性，通常，立法只能考虑同类事物的一般情况，而无法顾及每一事物的特殊情况。虽然每个案件都有其特殊情况，但是，"法律只能根据带典型意义的、经常发生的情况，将案件进行分类。法律规则中人的分类、由法律规定其后果的行为的分类，所用的方法，都是从普遍情况中分离出具体的特定因素。这些因素都被视为基本事实。法律只关心基本事实；其他的一切都因与法律规则的使用无关而被置之不理"。[2]博登海默认为，正是法律的这种一般性规则的形式结构，使得法律具有僵化性或刚性特征。[3]法律必须以少数的、确定的规则去面对社会生活无限的多样性和复杂性，而法治的形式化要求又或多或少强化了法律确定性的价值。于

---

[1] 梅利曼举例说，在意大利墨索里尼统治时期，法西斯主义者企图把法变成集权国家的工具，但是法学家们以保持法的"确定"为由，成功地抵制了这种企图。法西斯主义倒台建立了共和国后，许多要求对意大利法律制度进行改革的主张，又一次遭到法学家们的反对，理由也是为了维护法的"确定"（参见〔美〕约翰·亨利·梅利曼《大陆法系》，顾培东、禄正平译，法律出版社 2004 年版，第 49 页）。

[2] 〔英〕彼得·斯坦、约翰·香德：《西方社会的法律价值》，王献平译，郑成思校，中国法制出版社 2004 年版，第 129 页。

[3] 参见〔美〕E·博登海默《法理学：法律哲学与法律方法》，邓正来译，中国政法大学出版社 1999 年版，第 405 页。

是，当一般性的规则被机械地适用于具体案件时，势必造成同一规则适用于不同案件的情形发生。因为即使是同类案件之间，也千差万别，有时，从表面上看两个案件的情况是一样的，但实际上两个违法者的"可罚性"具有很大差异；此外，两个相同的案件中，违法者的个人情况也可能大不相同。对这种表面上相似或相同的案件，如果以维护法律的确定性为由而作完全相同的处理，反而不能有效地实现公平。尤其是对刑法来说，法律的规定往往十分明确，刑事法官在法律有授权的情况下才拥有有限的裁量权，因此，刑法的形式公平与实质正义之间的张力更显突出。此外，还可能存在一种较为极端的情形，那就是拉兹所说的，法治可能被专制政权所利用，"许多形式的专制规则与法治相符。在没有违背法治的情况下，统治者可以促成来源于贸然或利己念头的一般规则"。[1]若此，则法治无异于专制权力的工具，就连纳粹暴政也可以披上法治的外衣。

另外，为了追求法的安定性，人们总是希望法律的语言尽可能精确。但是，对法律而言，精确并非总是好事。相对于日常语言，抽象的专业词语可能更加精确。但是，过度抽象化的法律概念由于将它所描述的对象的特征舍弃过多，会使非法律专业人士产生理解上的困难，另外，其高度的概括性也可能会忽略事物的某些重要特征，削弱自身对对象的解释能力，使其难以应对复杂的社会生活。正如考夫曼指出的，语言上的极端精确，只能以内容及意义上的极端空洞为代价。仅以抽象化的概念形成构成要件，是难以适应规范社会生活的需要的，司法机关难免要突破

---

[1] 〔英〕约瑟夫·拉兹：《法律的权威》，朱峰译，法律出版社 2005 年版，第 190 页。

那些过分狭隘的概念,那么就会发生对司法失去控制的危险。①由于抽象的法律概念需要法官作规范性评价,在法律规范被适用的过程中,就会掺入法官个人的价值判断,如此一来,立法权与司法权之间的界限究竟何在,又成为尖锐的问题。

法治是以全社会特别是政府对法律的遵守为基础的,而法律又不可避免地具有某些局限性,因此,尽管法治被人们描述成一种理想的社会治理模式,但是它同样面临着这样的困境:(1)人类的理性无法使法律达到法治所要求的完满程度,法律只能具有相对的确定性,或者说法律中也包含着许多不确定性;因此,对于法治能够在多大程度上得到实现,人们难免心存疑虑。人们之所以崇尚法治,是因为相对于人的统治来说,法的统治具有很多优越性,它可以避免人的统治的恣意性和不确定性,满足人们对安宁与秩序的需求。然而,由于法律本身的局限性,法治必然也不是尽善尽美的。(2)法治追求的首先是形式正义,因此,它要求法律具有确定性;但是,法治的形式性要求却常常会阻碍实质正义的实现,为了维护法治所要求的法律的确定性,人们不得不牺牲某些值得承认和保护的价值。因此,法治究竟是否真的有益于人类,也引起人们的诸多困惑。

或许,正是因为以上两个原因,法律才不得不在强调确定性的同时,也容纳了一定的灵活性。民主制度以及民主制度中的法律必须跟完全不信任抽象原则的人打交道。在处理大量的案件时,法官的许多判据必须在明显棘手的社会不同意见面前、

---

① 转引自〔德〕卡尔·拉伦茨《法学方法论》,陈爱娥译,商务印书馆2003年版,第17页。

在广泛的基本原则的基础上迅速地作出。因此，运转良好的法律制度一般都会采用某种特殊的策略，以在社会不同意见和多元化之间达到稳定和一致。①这种"特殊的策略"必然是在规则与对规则的变通之间的妥协。美国现实主义法学代表人物，曾经领导、组织起草《美国统一商法典》的卢埃林认为，法律是实现社会目的的手段，其功能在于引导人们的行为。社会的变化总是快于法律的变化，因此，为了实现指引和再指引功能，同时维持对社会重新定位作出反应时所必需的灵活性，成文法必须留有充分的余地以便能适应日益变化的关于正义的社会观念。②即便是对自身的确定性要求很高的刑法，亦无法完全排除灵活性，亦需要在某些情况下进行妥协。

就制定法而言，无论立法技术如何高超，法律的规范体系终究不可能是一个完全封闭的体系，它必须具有一定的开放性。拉伦茨认为，一个只依据形式逻辑的标准所形成的体系，将切断规范背后的评价关联，也必然会错失法秩序固有的意义脉络，因后者具有目的性，而非形式逻辑所能涵括。对于法学以及"实践性的哲学"而言，只有"开放"的以及在某种程度上"可变"的体系、永远不会圆满完成而必须被一再质疑的体系，才能清楚地指出法秩序"内在的理性"、主导性的价值及原则。③既然立法者无法制定出一种可以应对未来一切可能的法律，那

---

① 参见〔美〕凯斯·R. 孙斯坦《法律推理与政治冲突》，金朝武、胡爱平、高建勋译，法律出版社2004年版，第190页。
② K. N. Llewellyn, The Normative, the Legal, and the Law Jobs: The Problem of Juristic Method, 49 Yale L. J. 1355, 1376–383 (1940).
③ 参见〔德〕卡尔·拉伦茨《法学方法论》，陈爱娥译，商务印书馆2003年版，第49—50页。

么他就必须通过规范体系的开放结构，为司法者留有灵活适用法律的余地，以便在面对具体的案件时，其可以在法律的形式正义与个案的实质正义之间寻求平衡。

面对并非完美无缺的法律，司法者当然不可能只是机械地将法律的规定适用于具体案件。庞德认为，分权理论的教条试图将司法判决过程变成自动化的观念是不能经受住今天所有法律的和政治的制度的严格审查的。今天，所有的人都认识到甚至坚持法律的一些制度定会发展，几乎所有的法律原则都不具有时间与空间上的绝对性，而且司法理念并不比拜占庭时代的观念走得更远，法律注疏仅仅"就是根据既定的真正注疏规则来确定立法者的实际意图"这一不切实际的虚妄看法应该被摒弃。无论法学家限制审判职能的准机械理论是多么完美，司法造法的过程在所有的法律体制中总在进行而且会一直进行下去。[1]一方面，法律须经解释方可适用，而解释活动的实质就是对僵死的法律条文进行活化处理，这本身就已经是对规则的灵活运用。正如拉伦茨所说，假使以为只有在法律文字特别"模糊"、"不明确"或"相互矛盾"时才需要进行解释，那是一种误解；实际上，全部的法律文字原则上都可以，并且也需要解释。需要解释本身并不是一种缺陷，只要法律、法院的判决或契约不能全然以象征性的符号语言来表达，解释就始终是必要的。[2]另一方面，由于社会生活的无限复杂和变动不居，每一案件都有其特殊性，要在个案中实现具体的妥当性，司法者就必

---

[1] 参见〔美〕罗斯科·庞德《普通法的精神》，唐前宏等译，夏登峻校，法律出版社2001年版，第121页。

[2] 参见〔德〕卡尔·拉伦茨《法学方法论》，陈爱娥译，商务印书馆2003年版，第85—86页。

须享有一定的自由裁量权。

法律的灵活性最重要的意义在于克服法律的僵化性、刚性及滞后性带来的消极后果，使法律适用的结果更符合正义要求。"如果一种以充分、公正地审理相标榜的体系不能维护实质正义的那些重要的权利要求，那么公平观就会遭到侵犯。"[①]所以，致力于维护正义的法律必定要求在某些情况下超越自己的形式边界，去寻求更具内涵的合理性。

从人们关于法治的讨论看，法治的观念常被区分为形式法治和实质法治。一般来说，形式法治强调要有规则，并且人们能按规则行事；实质法治则强调保障个人自由，限制国家权力。显然，这两个方面是无法截然分开的。因为要保障个人自由和限制国家权力，规则的制定和遵守也是基本的前提。因此，无论是形式法治还是实质法治，都需要法律具有确定性。但是，实质法治的内容似乎又并不仅仅在于保障个人自由和限制国家权力，它还应该致力于实现社会公正，只有为了实现社会公正，法律的灵活性才可能获得合理的根据，就此而言，法律中的灵活性因素也是符合法治要求的。

## 四 法律的成长：一种妥协的智慧

一方面，人们对法律的确定性抱有极大的期待，希望以此获得共同生活秩序的安宁；另一方面，在法律的制度实践中，

---

[①] 〔美〕P.诺内特、P.塞尔兹尼克：《转变中的法律与社会：迈向回应型法》，张志铭译，中国政法大学出版社2004年版，第74页。

人们也始终追求着法律的灵活性，以实现公平正义。这不仅是法律自身发展的历史图像，也是人类的法律思想成长的历史图像。正如卡多佐所言："'法律必须稳定，但又不能静止不变。'我们总是面临这一巨大的悖论。无论是静止不变，还是变动不居，如果不加以调剂或不加以制约，都同样具有破坏力。法律如同人类，要活下去，必须寻觅某些妥协的途径。这两个将法律引向不同方向的趋势应当拧在一起，使其步调一致。这两种趋势的融合，必须依靠某种智慧。"[①] 从人类法律追寻正义的历史中，我们不难感受到伴随法律一同成长的那种妥协的智慧。

### （一）多数人的善：正义的折衷

亚里士多德认为，人类一切有意识的活动（实践），无论是技术的或者科学的，都以达到某种善为其目标。"政治与伦理之目的，唯在求人之善"，[②] 法律自然也是人类求"善"的重要途径之一。正义是衡量法律之善的主要尺度，然而，如果我们考察法律实现正义的基本方式，就会发现：法律所能够达到的正义，只能是对各种基本价值的折衷。法律的智慧也就是在各种价值之间提供妥协方案的实践的智慧。

在法律萌生之初的初民社会，那种妥协的智慧可能就已经存在于规则的产生与遵守之中了。人类学家马林诺夫斯基发现，人类最初的社会规范并非由某个"立法者"制定，而是由一定

---

[①] 〔美〕本杰明·N. 卡多佐：《法律的成长 法律科学的悖论》，董炯、彭冰译，中国法制出版社2002年版，第4页。

[②] 〔古希腊〕亚里士多德：《尼各马科伦理学》，高思谦译，台湾商务印书馆有限公司2006年版，第3页。

社会组织内部缓慢形成的习惯所构成的。习惯和习俗，是以一定社会的价值共识为基础的，而所谓"价值共识"正是妥协的产物，它是全体社会成员对"公平"或"正义"观念的分享，而不是某个个人或小集团将其价值观变成要求他人接受和服从的权威。或许正因为如此，初民社会的人们对于习俗有一种"自发自愿的遵奉"。[①]法律的基本功能是约束人类的某些自然嗜好，压抑和控制人类的本能，强制养成非本能的、义务性的行为方式——换句话说，法律旨在保证人类为了一个共同目的，在彼此让步和牺牲基础上相互合作。为此，必须有一种完全不同于自然本能习性的力量来担此重任。通过对居住在特罗布里恩群岛上的美拉尼西亚人的习俗的观察，马林诺夫斯基看到，在初民社会，规则往往既无宗教的制裁，亦不诉诸恐怖、迷信或理性、强力，对于违反规则的行为，部落也无惩罚，甚至不存在舆论上或道德谴责上的耻辱。在那里，规则的约束力是与人们的义务紧密相关的；此外，也与"初民"的顺从性和保守性有关。马林诺夫斯基得出结论说："习俗并不只是建立在普遍一致、无所不在的强制力的基础之上，虽然这种强制力确然存在，但人们的心理动因和习性亦为一种强制力，对其他强制力不无辅佐之效。在所有社会中，都必定存在着一类规则，其因过于实际而无法由宗教制裁适予弥补，过于沉重以致被仁心良知所抛弃，过于注重抽象的人的生命存在以致真实的个体反被一切抽象的力量所钳制。正是在法律规则的统治领地，我且斗胆预言，人们将会发现，互惠性、严密性、公开性和抱负性，

---

① 现代人类学法学一般假定，对初民社会而言，所有习俗均为法律，除了习俗，其他便无所谓法。

才是构成初民法强制机制的主要原因。"① 在此,"严密性"和"公开性"意味着社会规则(习俗)的制度化,它要求人们遵守;"互惠性"除了意味着相互合作,无疑也包含着为人类共同生活所必需的妥协;"抱负性"蕴含着对某些目的的追求,这些目的是社会的共同目的,而任何共同目的都必定是众多个人目的相互妥协的产物。这样的控制机制,几乎已经包含了后来人类法律制度所具有的全部智慧密码。

关于法律的产生和正义的性质,先哲柏拉图有过令人惊叹的描绘,他的这个描绘表明,法律是妥协的产物,正义不过是对最好与最坏结果的折衷。在《理想国》一书中,柏拉图讲述了苏格拉底与格劳孔之间关于正义性质的论辩。格劳孔的观点是,在可以逃脱他人惩罚的情况下,人类倾向于行不正义之事,他说:"所以人们在彼此交往中既尝过不正义的甜头,又尝到过遭受不正义的苦头。两种味道都尝到了之后,那些专尝甜头不吃苦头的人,觉得最好大家成立契约:既不要得不正义之惠,也不要吃不正义之亏。打那时起,他们中间才开始订法律立契约。他们把守法践约叫合法的、正义的。这就是正义的本质和起源。正义的本质就是最好的和最坏的折衷——所谓最好,就是干了坏事儿不受罚;所谓最坏,就是受了罪而没法报复。"② 可以看出,柏拉图借格劳孔之口说出的正义的本质,与正义的实现方式密切相关:不管正义本身是什么,要在不同的人之间实

---

① 参见〔英〕布罗尼斯拉夫·马林诺夫斯基《初民社会的犯罪与习俗》,载〔英〕布罗尼斯拉夫·马林诺夫斯基、〔美〕索尔斯坦·塞林《犯罪:社会与文化》,许章润、么志龙译,广西师范大学出版社2003年版,第38—41页。
② 〔古希腊〕柏拉图:《理想国》,郭斌和、张竹明译,商务印书馆2002年版,第47页。

现正义，最后的结果都将是某种"折衷"。

亚里士多德所理解的正义寓于"某种平等"之中，虽然这与柏拉图的正义观并不相同，但正是在亚里士多德那里，最早出现了"衡平"的观念。在《尼各马科伦理学》中，亚氏把法律上的正义分为"分配正义"和"矫正正义"，前者类似于立法上的正义，后者则接近我们今天所理解的司法正义。亚氏认为，"既然公平的或平等的是中庸之道，那么，正义也应当是中庸之道"；但是，正义中应当加入"公平"的要素，所以分配正义应当是"一种比例调和"。[1]在亚里士多德看来，不仅"分配正义"是中庸之道，"矫正正义"同样是中庸之道。在案件的审判中，"判官所寻求的是用刑法来使两造平等，用这个刑法把侵犯者所夺得的财物又夺回来。那么，这平均便是太多与太少之间的中庸价值。可是得与失彼此是对立的，好处多或坏处少，便是有所得；坏处更少是得，好处更少是失。公平的，我们认为是正义的正是得与失之间的中庸之道"。[2]罗马的法学家们也接受了亚里士多德的"衡平"观念，在罗马，衡平的精神虽然没有上升到法学理论的高度，却得到了罗马法庭的尊重，持衡平论者自然会在法庭上运用这一古希腊哲学和修辞学赋予他们的利器。由此，没有得到罗马法规范明确承认的衡平理论，仍然走进罗马知识的殿堂。此后，来自古希腊和罗马法中古老的衡平观念，穿过漫长的中世纪，一直绵延到我们今大的法律

---

[1] 参见〔古希腊〕亚里士多德《尼各马科伦理学》，高思谦译，台湾商务印书馆有限公司2006年版，第137—138页。
[2] 〔古希腊〕亚里士多德：《尼各马科伦理学》，高思谦译，台湾商务印书馆有限公司2006年版，第140—141页。

思想中。①

"衡平"一词在拉丁语中是 aequum，在英语中是 equity，在德语中是 Billigkeit。就字面意思而言，它是指公平、合理、正义，相对于严格法，它是指另外意义上的道德衡平的意思。以衡平观念为基础形成的法律上的"衡平原则"则是指：法是一般性的规定，当把其大部分的标准原封不动地适用于个案时，将不可避免地产生具体妥当性欠缺的情况，对此情况进行修正便是衡平原则。②以亚里士多德以来的衡平思想为学说基础，英格兰很早便形成了与普通法并列的衡平法体系，衡平成为重要的法律原则。在英国法中，普通法的严格性通过衡平的原则，得到一定程度的缓和。作为一个重要而独具特色的司法原则，衡平原则或许仅属于普通法系；但是，衡平的观念却是人类法律思想和法律实践中的一种普遍观念，它就像一个"正义的钟摆"，总是在相互矛盾的价值之间维护社会的公平感，于是，秩序的"时针"才得以持续的运转。

正义如博登海默所说，有着一张普洛透斯似的脸（a Proteus face），变幻无常，随时可呈不同形状并具有极不相同的面貌。③各种不同的被认为是重要的人类价值，都可能被冠以正义的名义。然而，当两种不同的价值相互遭遇，并同时要求得到实现

---

① 爱尔兰学者凯利把"衡平"作为西方法律思想发展史中的一个关键词，对衡平观念作了历史的追踪（参见〔爱尔兰〕J·M·凯利《西方法律思想简史》，王笑红译，汪庆华校，法律出版社 2002 年版，第 27、50、103、145、180 页）。
② 参见〔日〕我妻荣主编《新法律学辞典》，董璠舆等译校，中国政法大学出版社 1991 年版，第 297 页。
③ 参见〔美〕E·博登海默《法理学：法律哲学与法律方法》，邓正来译，中国政法大学出版社 1999 年版，第 252 页。

时，人类的难题就出现了。因为并不是所有的价值都处在同一个发展方向，或者可以在同一个过程中获得共同的满足；恰恰相反，由于人的个体性与人的社会性之间的复杂根源，人类的诸多价值之间常常是相互冲突的。既然价值是多元的，冲突就不可避免。正因为如此，才会产生究竟何为正义、怎样才能实现正义的千古思索。

### （二）大陆法与普通法：殊途同归的衡平之道

从古老的"衡平"观念中，我们看到的是人类在各种相互冲突的道德价值中寻求"善"的努力。不过，同样是或者宣称是追求善，不同的法律制度达成这一目标的方式却是并不相同的。

基于衡平原则，普通法系的法官享有十分广泛的自由裁量权，甚至可以为了实现公平正义而修正所适用的法律。普通法系法官的这种权力并不被认为是对法的"确定"的威胁，相反，真正的"确定"是通过坚持"遵循先例"的审判原则来实现的。因此，合理解决法律要"确定"和具体案件的处理要公正这两者之间的矛盾，就成为法官职责范围内的事情。在此，国家的审判权和立法权之间并没有冲突。普通法系国家的法官能够行使审判上的自由裁量权，但也必须对保证法的"确定"和稳定承担主要责任。[①]因此，自由裁量权的行使并非没有边界，法官必须对其行使该项权力的正当性加以论证和说明。

虽然在很大程度上，自由裁量权所处理的问题是需要运用道德判断来加以确定的问题，但是在自由裁量权已经授予法官

---

① 参见〔美〕约翰·亨利·梅利曼《大陆法系》，顾培东、禄正平译，法律出版社 2004 年版，第 53 页。

的场合，在法官行使这种权力的问题上，存在一种很强烈的倾向性，即行使这种权力要记录入卷，后来的法官行使其自由裁量权要与以往相一致。因此，自由裁量权逐渐变得并不自由，而是要受先例的限制。①这样，自由裁量权的功能就不只是单纯地赋予法律以灵活性，它也必须将法律的确定性目标纳入自己的正当性标准之中。只不过，与大陆法系特别强调法律的确定性不同，普通法系似乎更看重法律制度中的灵活性。在普通法系的观念中，确定性只是众多重要法律原则中的一个，当它与其他法律原则发生冲突时，并不特别强调优先维护确定性。因此，在普通法系国家适用法典的地区，人们无须对法典做完美无缺的矫饰，也不强求法官在法典内寻找判案的根据。当一个法典或其他法律的某些规定可能同普通法的固有原则发生冲突时，一般要求对这些规定加以解释，通过这种途径来避免冲突。②

在大陆法系国家，由于对法律确定性价值的强调，法官并不享有固有的衡平权。相反，法律确定性的主张恰恰是基于对法官的不信任而产生的，其主要目的就是防止法官创制法律。虽然亚里士多德以来的衡平观念是整个西方的思想传统，但是由于自罗马法出现以来，大陆法系从来没有受到过类似于英国的大法官法庭这样便宜行事的制度的影响，其法官的裁量权一直没有获得"自由"的生长。③大陆法系的法官们奉行的原则是

---

① 参见〔英〕戴维·M·沃克《牛津法律大辞典》，邓正来等译，光明日报出版社 1989 年版，第 261 页。
② 参见〔美〕约翰·亨利·梅利曼《大陆法系》，顾培东、禄正平译，法律出版社 2004 年版，第 32 页。
③ 大陆法系法学理论所讨论的"自由裁量权"，主要是指行政机关的自由裁量权。

按照立法者划定的框框处理案件，如果案件事实与法律所设定的框架不相契合，就要强制变更事实的某些成分以使之相契合，而这种框架的划定者在理论上是立法机关。也就是说，司法机关只能通过对案件事实的加工，使之符合法律所规定的规范模型，而不能擅自对法律作出更改。这样，大陆法系的法律制度就给人以刻板、僵化的印象，并因此常常不能照顾到各案中的公平正义。

然而美国学者梅利曼却认为，大陆法系法官虽然缺少固有的"衡平"权力，但是"指责大陆法系比普通法系缺少'衡平'因素，则是不敢苟同的看法"。梅利曼认为，与普通法系将衡平权赋予法官不同，大陆法系则把这个权力交给了立法机关。通常，大陆法系国家的立法机关主要采取两种方法来行使衡平权：其一，在严格限制的情况下将衡平权授予法官；其二，自己制定并颁布"衡平"法规，同其他法规一样供法官适用。[1]在第一种情况下，法律往往规定了一个可供裁判的范围，法官可以在此范围内自为裁判；在第二种情况下，法律只提供一个基本原则，在此原则之下，法官可以参酌案件具体情况并引入道德的、习惯的以及常理常情常识的标准，作出自己的判决。在第二种情况下，立法者实际上已经将相当大的衡平权移交给了法官，由于原则性的条款措辞往往十分笼统，在法官那里，来自法律的约束已经十分微弱。大陆法系的法官们正是利用法典技术上的这种特点，在维护法律确定性的旗帜下，发展着自己的法律。比如，"在法国，法官对法律的改进只是在《法国民法

---

[1] 参见〔美〕约翰·亨利·梅利曼《大陆法系》，顾培东、禄正平译，法律出版社2004年版，第53—54页。

典》的缺漏和技术上的缺陷方面，而在德国，司法判例为此目的主要是以《德国民法典》第 138、157、242、826 条等一般性条款为基础。这些一般性条款起了一个安全阀的作用，防止了民法典那僵硬但却精确的文体被社会变革的压力所冲破"。①法典中的弹性规定和原则性条款，成为大陆法系处理法律确定性与灵活性关系的重要方式。大陆法系的法官们在法律的框架内发展法，避免了法律通过立法权被频繁修改的命运，这种追求灵活性的方式反而又意外地维护了法律的确定性。

从某种意义上说，大陆法系法律制度中的"衡平"是通过立法者和司法者的"共谋"实现的，不像普通法系，衡平主要是司法者的任务。所以，在最终法律依据的打造风格上，普通法系和大陆法系也就显示出和而不同：前者倾向于"一个萝卜一个坑"，每种法律规则具有相对独立性；而后者则倾向于整个法律体系的和谐统一，各法律规则间强调有机相连。②衡平观念的这种不同遭际，表明了当今世界两大法系在处理法律的确定性与灵活性之间的关系时遵循着不同的原则。以法典为中心的大陆法系法律制度更看重法律的确定性，而在以法官为中心的司法传统下，普通法系国家的法律制度则更看重法律的灵活性价值。无论存在怎样的差异，如何恰当地处理法律的确定性与灵活性之间的关系，却是所有法律制度都必须面对的问题。在这方面，大陆法系通过立法上的灵活性因素为法官松绑的做法，与普通法系既遵循先例又区分先例的制度构造之间，其实有着

---

① 〔德〕K·茨威格特、H·克茨：《比较法总论》，潘汉典等译，法律出版社 2003 年版，第 230 页。
② 参见〔比〕R.C. 范·卡内冈《法官、立法者与法学教授——欧洲法律史篇》，薛张敏敏译，北京大学出版社 2006 年版，第 42 页。

异曲同工之妙。

在追寻正义的道路上，两大法系的法律制度已经逐渐靠近，出现相互交融的趋势。制定法在欧洲大陆占绝对优势的时代现在已经过去，而普通法那里为着法律统一的合理化和简化而使用立法的趋势正在增加。在欧洲大陆，法律由法官加以发展，并且随之而来的归纳法的、解决问题导向的思想方式日益传播开来；反过来，普通法正关注于把法官所发展起来的规则形成系统，以使这些规则易于了解和掌握。因此有理由相信，虽然普通法和大陆法从相反的基点出发，但它们正在逐渐接近，这甚至包括它们的法律方法与技术。[1] 20世纪的美国，甚至遭遇了一个"制定法卡喉"的时代，其法律发生了一个根本性的变化，"已经从一个由法院所宣示的普通法主导的法律制度，进入到一个由立法者所制定的制定法成为首要法律渊源的法律制度中"。[2] 这种变化是为了解决旧的法律过时的问题，当然也包含着减少法官自由裁量权、获取法律确定性的重要考虑。而在大陆法系的法律实践中，也已经呈现出立法技术与司法技术并重的局面，除了法典技术本身包含着相当多的灵活性因素外，自由裁量规则、法律解释技术、法律漏洞填补技术、法律推理和论证技术等，都在追求法律适用结果的具体妥当性方面发挥着重要的作用。这一法律趋同的现象表明，人类在解决自身问题的态度上，越来越注重手段的有效性及其对实质正义的贡献，而不再受困于某个理念或者某种形式，这也应是人类理性的一种进步。

---

[1] 参见〔德〕K·茨威格特、H·克茨《比较法总论》，潘汉典等译，法律出版社2003年版，第394页。
[2] 〔美〕盖多·卡拉布雷西：《制定法时代的普通法》，周林刚、翟志勇、张世泰译，北京大学出版社2006年版，第1页。

对人间美好秩序的追求，催生了人类的法治理想，在这一理想的支配下，人类逐渐进入了一个法治时代。法治的理想是，试图将人类的秩序建立在根据人类自身的需要和通过人类的理性而制定出来的法律的基础之上。然而，正如我们已经知道的那样，法律并非理想之物，人类的理性本身也无法达到随心所想的地步。或许正是由于法律无法完全达到法治的理想状态，所以，"至少从亚里士多德开始，如何根据正义的考虑减轻现行法律可能带来的严苛与不公正就已经成为法律理论与实践所面临的一个问题了"。[①]今天，我们依然面临着这个问题，我们需要一种合适的方法，既能克服法律的不确定性，又能对抗确定性本身对法治的背离。而在寻求这种方法的过程中，我们必须对法治本身进行深入的思考；唯此，才能在法治精神的指引下发现新的道路。

好在，法律虽然无法以一种完美无缺的公平方法来适用于一切情况，但是减少不公平现象的某些方法还是存在的。[②]在这方面，人类已经积累了丰富的经验和宝贵的智慧，它们是暗夜里的星光，预示着——我们并不需要在虚无中开辟道路。通过立法技术和司法技术的综合运用，在法律的确定性与灵活性之间，法律的公正就可以在每一个个案中实现。

---

① 〔美〕H. W. 埃尔曼：《比较法律文化》，贺卫方、高鸿钧译，清华大学出版社 2002 年版，第 46 页。
② 参见〔英〕彼得·斯坦、约翰·香德《西方社会的法律价值》，王献平译，郑成思校，中国法制出版社 2004 年版，第 133 页。

# 适应性：变动社会中的法律命题[*]

> 法律，就像一个旅行者，必须准备翌日的旅程。
>
> ——〔美〕本杰明·N. 卡多佐

无论是立法者还是司法者，都必须面对法律的一般性规定与社会生活的特殊性、差异性和丰富性之间的关系问题。法律是静止的，而社会生活却是变动不居的，相对于社会生活的复杂性，法律总是显得简单。因此，如何以有限的法律规范处理无限的社会生活问题，不仅是所有法律制度的核心问题，也是整个法学理论的核心问题。本书将此问题概括为"法律之适应性"问题，并认为，这一问题具有永恒的思考价值。

## 一 人类法律发展的基本逻辑

法律之治是一种规则之治。"如果一种法律没有规则或者其规则未得到有序的遵循，那么这种法律就不能成为我们所了解的那种法律制度。它是一种随意决断的非正式的'制度'。"[①]

---

[*] 本章内容曾发表于《法制与社会发展》2010年第6期。
[①] 〔美〕P. S. 阿蒂亚、R. S. 萨默斯：《英美法中的形式与实质——法律推理、法律理论和法律制度的比较研究》，金敏、陈林林、王笑红译，中国政法大学出版社2005年版，第61页。

可见，法律作为制度的两个最基本的特征就是：（1）有规则；（2）规则被遵循。从这一最基本的共识当中，我们能够合理地推导出法律的确定性要求。因为，如果没有确定性，规则就不成其为规则，法律所追求的基本目标也将无法达成。可以说，没有规则的确定性，也就没有法律生活的确定性。正因为如此，任何法律制度都会追求确定性，确定性是人类法律的一个基本特征。但是，要用相对不变的法律规则处理纷繁复杂、日新月异的社会问题，又常常显得力所不及：当普遍的规则适用于个案时，人们总是会感到法律不那么完美，或者缺少与案件事实相对应的规则，这就必然促使实践者不断提出发展法律和变通适用法律的要求。任何法律制度，都必须对这种要求作出回应，而回应的结果就是将灵活性的因素不断注入法律制度的机体之内。

于是我们就可以看到：一方面，人们对法律的确定性抱有极大的期待，希望以此获得共同生活秩序的安宁；另一方面，在法律的制度实践中，人们也始终追求着法律的灵活性，以实现公平正义。这不仅是法律自身发展的历史图像，也是人类的法律思想成长的历史图像。对此，庞德在他的《法律史解释》一书中作了极具洞见力的概括："法律必须稳定，但又不能静止不变。因此，所有法律思想都力图使有关对稳定性的需要和对变化的需要方面这种相互冲突的要求协调起来。一般安全中的社会利益促使人们为人类行为的绝对秩序寻求某种确定的基础，从而使某种坚实而稳定的社会秩序得以保障。但是，社会生活环境的不断变化，则要求法律根据其他社会利益的压力和危及安全的新形势不断作出新的调整。这样，法律秩序必须稳定而同时又必须灵活。人们必须根据法律所应调整的实际生活的变化，不断对法律进行检查和修改。如果我们探寻原理，那么我们既要探索稳定性原理，又必须探索变化原理。"①

针对庞德的这一看法，卡多佐也发出了心心相印的感叹："'法律必须稳定，但又不能静止不变。'我们总是面临这一巨大的悖论。无论是静止不变，还是变动不居，如果不加以调剂或不加以制约，都同样具有破坏力。法律如同人类，要活下去，必须寻觅某些妥协的途径。这两个将法律引向不同方向的趋势应当拧在一起，使其步调一致。这两种趋势的融合，必须依靠某种智慧。"②

好在，"但凡有法律的民族必定有能力理解法律的功能，以及怎样才能使这一理性最好地服务于其特定目的"；③所以，从人类法律追寻正义的历史中，我们不难感受到伴随法律一同成长的那种妥协的智慧。

由于法律所处理的社会关系的复杂性，任何法律都不可能只具有某种单一的社会功能，而是必须将许多不同的功能加以统合，才能对复杂的社会问题进行有效的规范治理。但是，在解决某一个具体问题时，通常可能并不需要法律所有的功能同时发挥作用。于是，各个法律制度为了进行功能的选择，都需要促进某种即便不相互冲突也彼此处于紧张状态的目的：确定性（可预见性）与灵活性、稳定性与发展。只不过，在处理相互冲突的目的时，不同的法律制度可能会采取不同的技术策略。

---

① 〔美〕罗斯科·庞德：《法律史解释》，曹玉堂、杨知译，邓正来校，华夏出版社1989年版，第1页。
② 〔美〕本杰明·N. 卡多佐：《法律的成长 法律科学的悖论》，董炯、彭冰译，中国法制出版社2002年版，第4页。
③ 〔爱尔兰〕J·M·凯利：《西方法律思想简史》，王笑红译，汪庆华校，法律出版社2002年版，第1页。

在普通法系制度传统中，可预见性和稳定性是由判例法所发展的法律规则和遵循先例原则所提供，而灵活性与发展则是通过衡平法原则和限制与区分先例的技术而获得。在大陆法系法律传统中，可预见性和稳定性由诸法典的"成文法"予以保证，而灵活性发展则是由缓和僵硬规范的一般条款从内部保证，并由解释从外部保证。[1]也就是说，在处理法律的确定性与灵活性之间的关系上，普通法系主要依赖于司法技术，而大陆法系传统上主要依赖于立法技术。

不过，随着时代的进步和法律观念的变迁，今天两大法系的差异已经逐渐缩小。普通法系越来越重视立法的作用，比如20世纪的美国就遭遇了一个"制定法卡喉"的时代，其法律发生了一个根本性的变化，即"已经从一个由法院所宣示的普通法主导的法律制度，进入到一个由立法者所制定的制定法成为首要法律渊源的法律制度中"。[2]这种变化是为了解决旧的法律过时的问题，当然也包含着减少法官自由裁量权、获取法律确定性的重要考虑。而在大陆法系的法律实践中，对法律确定性与灵活性关系问题的处理也已经呈现出立法技术与司法技术并重的局面，除了法典技术本身包含着相当多的灵活性因素外，自由裁量规则、法律解释技术、法律漏洞填补技术、法律推理和论证技术等，都在这方面发挥着重要的作用。所以，尽管当今世界两大法系的法律制度存在很大差异，但是它们却拥有一种共同的技术特征：制度建构的核心问题就是如何在法律的确定

---

[1] 参见〔美〕格伦顿、戈登、奥萨魁《比较法律传统》，米健、贺卫方、高鸿钧译，中国政法大学出版社1993年版，第87页。

[2] 〔美〕盖多·卡拉布雷西：《制定法时代的普通法》，周林刚、翟志勇、张世泰译，北京大学出版社2006年版，第1页。

性与灵活性之间寻求某种平衡的尺度。这充分说明，法律的确定性具有重要的意义，法律的灵活性同样具有重要的意义，它们两者之间的关系不但具有更加重要的意义，而且是法律实践与发展中的永恒难题。解决这个难题的方法和途径可能有很多，卡多佐为我们指出了一条基本的原则："我们必须保持两种警醒。一方面，我们尊崇法律的确定性，但必须区分合理的确定性与伪劣的确定性，区分哪些是真金，哪些是锡箔。另一方面，即便实现了法律的确定性，我们仍须牢记：法律的确定性并非追求的唯一价值；实现它可能会付出过高的代价；法律永远静止不动与永远不断变动一样危险；妥协是法律成长的原则中很重要的一条。"①

当然，原则不等于方法，在法律的成长中，我们究竟应该如何在原则中实现妥协、在妥协中不放弃原则，这是法律方法所要担当的任务，也是"法律之适应性"概念所要思考的问题。

## 二 法律之适应性：一个理论概念的提出

本章前面概要性的考察已经表明，人类的法律实践始终面临着一个极其复杂而重要的问题，这就是如何处理确定性与灵活性、稳定性与发展之间的关系。如果我们有足够的耐心考察下去，大概会发现这样一个基本事实：人类迄今为止的大部分法律智慧，都是围绕着这个问题而展开的。法律的确定性是为

---

① 〔美〕本杰明·N. 卡多佐：《法律的成长 法律科学的悖论》，董炯、彭冰译，中国法制出版社2002年版，第12页。

了追寻正义，法律的灵活性同样是为了追寻正义。在法律的确定性与灵活性的不断冲撞与妥协中，我们可以看到人类正义观念的进步与变迁。

既然在任何法律制度中都存在着如卡多佐所说的那样一个"妥协"的法律成长机制，而且达成这种妥协的方法和原则又极其复杂，那么就应当有一个合适的概念对这一现象加以描述，以便我们可以更加深入和全面地对它进行研究。理论研究是一个语言理解过程，而"词义的不确定性、多义性和变迁性是语言理解过程的重要特征之一。因此交流双方能够并且必须为词语的含义约定一个特定的范围。……科学的表达与分析则要求交流伙伴之间所使用的概念尽可能清晰。没有清晰的法律概念，法律研究就失去了意义"。[①]这表明，概念的界定并非一种毫无意义的语言游戏，而是理论研究所必需的。

笔者认为，人类法律制度中始终存在的那种努力协调法律的确定性与灵活性之间关系的制度机制，完全可以用"法律之适应性"概念加以描述。

首先，从汉语的基本词义看，"适"具有"适合""恰好"之意，"应"具有"满足要求""顺应、适应""应付"之意，而"适应"则是"适合（客观条件或需要）"之意。[②]定义所处理的是"词"与"物"的关系，给某一个现象下定义，也就是根据"物"的性质对"词"的意义进行选择的过程。从我们所要描述的法律成长机制的具体内容看，"适应"一词的日常语义

---

① 〔德〕伯恩·魏德士：《法理学》，丁小春、吴越译，法律出版社2003年版，第93页。
② 参见《现代汉语词典》（修订版），商务印书馆1998年版，第1157、1513页。

基本具备我们所需要的意义功能。

其次,"妥协"的法律成长机制,实际上是法律面对社会生活的多样性、复杂性和变化性进行自我调适的一种内在机制,这与生物适应外界环境条件的生命机制十分相似。在生物学上,已经形成了确定的概念对这一现象加以描述:"适应"通常用以描述"生物在生存竞争中适合环境条件而形成一定形状的现象";另外,它也用以指称心理学上的感觉适应,"即感受器在刺激持续作用下所产生的感受性的提高或降低的变化"。而"适应性"则是指"生物体随外界环境条件的改变而改变自身的特性或生活方式的能力"。[①]法律适应社会生活需要和生物适应外界环境之间的这种相似性,形成了它们之间相似的生存和进化机制,也使我们在生物学和法学两个学科之间的概念借鉴成为可能。

通过词义的考察和对其他学科同一概念的借鉴,笔者认为,如果要对我们前文所看到的那种法律成长机制进行准确的描述,"法律之适应性"是一个非常合适的概念。当然,由于事物性状之间的差异,同一个词语所构成的概念在不同的学科领域仍然有着各自特殊的意义。概念在不同学科之间的平移并不能完全满足我们研究的具体需要,为了使"法律之适应性"能够成为一个相对严格的法学理论概念,我们必须对这一概念予以进一步的界定。

对于"法律之适应性"概念,我们可以定义如下:法律之适应性是指,在一定的法律观念的支配下,通过各种法律技术和方法的综合运用,法律在其运行过程中所具有的,能够使各种法律价值得到合理平衡、使法律的目的得到最大实现的一种

---

[①] 参见《辞海》,上海辞书出版社1980年版,第1050页。

内在机制。

如果从理论上来说,法律之适应性所涉及的实际上是法律的确定性与灵活性之间的辩证关系问题;在实践上,则是指相对固定、简单和有限的法律规范如何满足纷繁复杂、变动不居的社会生活需要的问题,也就是如何使个案中的正义要求既合法又合理地得到满足的问题。具有适应性的法律,能够通过自身的内部机制满足动态社会的多样化需要,因而具有强大的社会功能;而不具有适应性的法律,则可能无法有效地调整社会生活,甚至,法律适用的结果恰恰背离法律自身的目的。

就其性质来说,"法律之适应性"是一个功能性的概念,它说明的是法律调整社会关系的能力。对于这一概念,我们可以在两个层面上来理解。

第一,法律之适应性可以用来描述法律本身所具有的某种品质。这种品质使得它可以通过自身稳定的结构处理较为复杂和多变的社会生活问题,并能在不断变化的社会生活中,继续保持自身结构的稳定。

第二,法律之适应性也可以用来描述法律实践所具有的能够达到某种合理状态的机制。具体来说就是,当一般性的法律规定适用于具体案件时,在现有的制度技术和价值观念支配下,能够产生从各方看起来都是可以接受的结果。

在第一种意义上,法律之适应性是与立法相联系的。它要求立法者充分了解社会生活的需要,制定出尽可能完备、详尽、明确的法律规范,并根据对社会生活复杂性与多变性的合理预测,在法律的结构中设计适度的弹性空间,使法律本身具有一定程度的伸缩余地,从而更大程度地满足社会生活的需要。这样的法律,既有相当的确定性,又有一定的灵活性,因而不但能够以自身的确定性维护法的安定性价值,而且能够以自身的灵活性满足合目的性的需要,使法律的各种基本价值在立法阶段得到合理的平衡。

在第二种意义上,法律之适应性是与司法实践相联系的。它要求司法者在适用法律的过程中,既要考虑法律的基本要求,又要斟酌具体案件的特殊情况;在尊重法律的前提下,尽量缩小法律的一般性规定与社会生活事实之间的距离,使个案的处理最大限度地符合法律规定,并最大限度地实现正义。当法律的一般性规定与正义目标发生冲突时,司法者应当在自己的权力范围内,利用各种合理的方法寻求尽可能合理的解决方案。

在以往的法学理论中,虽然也有人提到"法律之适应性",但是却并不是把它作为一个确定的理论概念加以使用的,其内涵也始终未得到清晰的界定。[1]笔者认为,法律之适应问题所要解决的是法律的一般性规定如何妥当地处理具体案件的问题,它一方面要面对法律,另一方面要面对复杂的社会生活事实。因此,在研究这一问题时,我们不能不同时关注静态的法律规范和动态的法律实践,并在法律运行的全过程中来理解这一问题。在后面的研究中我们将会看到,在现实的法律制度中,法律之适应性是由立法技术和司法技术共同塑造的。如果从法律与社会生活的关系这一角度来看,我们可以毫不夸张地说,法律之适应性应该是法律运行过程中的一个核心命题。

如果从外延上来描述,则我们所说的"法律之适应性"指

---

[1] 也有人把"适应性"作为与"确定性"相对应的概念使用,从而将其等同于"灵活性"(参见高桐《法律的确定性和适应性:英国模式》,《比较法研究》1988年第2期)。在笔者的讨论中,"适应性"则是表达确定性与灵活性相统一的概念。

的是法律运行过程中的两种情形：在横向上，它是指法律的确定性与灵活性得到合理平衡的那种状态；在纵向上，它是指法律的稳定性与发展之间的关系得到有机协调的状况。但是，为了研究的方便，我们可以在更加宽泛的意义上来理解"确定性"和"灵活性"，亦即：本书所说的"确定性"包括了"稳定性"的内容，本书所说的"灵活性"包括了"发展"的含义。这样，法律之适应性就可以被简单地解释为法律的确定性与灵活性得到合理平衡的状态。在本书中，我们对法律之适应性概念的使用将限定在这一意义范围之内。

## 三 法律之适应性概念的理论内涵

在本书的语境中，"适应性"所代表的是法律的确定性与灵活性之间的关系得到合理平衡的那种制度状态。所以，在法律之适应性概念中，同时包含着确定性与灵活性的要求。对于这一概念，我们可以作如下理解。

第一，法律之适应性包含着灵活性的要求，但是"适应性"却不同于"灵活性"。在既有的法律形式下，一定的灵活性确实可以增强法律的适应性，但是在法律的灵活性与适应性之间，并不存在确定无疑的正相关关系。

在正常情况下，灵活地适用法律正是为了解决法律的一般性与案件的特殊性之间的矛盾，比如：法官裁量权，乃是在具体案件中实现立法上的价值目标的必不可少的手段，而且要在个案中体现司法正义，也离不开法官裁量权的行使；同样，为了使法律的一般性规定适用于具体案件，对法律的解释也是不可避免的，只有通过解释，抽象的法律规范才能被具体化，规范与事实之间的关系才能被明确。还有，立法上的不确定法律概念和概括性规定，为司法上的裁量行为提供了法律上的依据，使法律规范可以适用于更加广泛的情形。在这一意义上，法律制度中的灵活性因素确实增进了法律的适应性，因此，法律之适应性首先意味着一定的灵活性。正因为如此，一种充分考虑自身有效性的法律制度，必须在立法和司法的制度设计中，保留一定的灵活性因素，这样才能使法律具有持久的生命力。

但是，灵活性无法说明适应性的全部意义，这主要是因为，法律的适应性不仅与法律的灵活性相关，还与法律的确定性相关；如果将灵活性等同于适应性，就会错误地认为，法律越是灵活就越具有社会适应性，而事实并非如此。比如，如果法律的规范文本表达得过于模糊，或者概括性的条款过多，必然损害法律的明确性，从而降低其规范功能，无法满足规范人的行为、维持社会秩序的基本需要。同样，如果对法官的自由裁量权不加限制，或者允许司法者自由地解释法律，也必然对法律的安定性构成威胁，使公民的个人权利得不到切实的保障。可见，当灵活性超过了一定限度时，不仅不能促进法律的适应性，反而可能导致法律之适应性的弱化。正因为如此，笔者不认为法律的灵活性可以等同于法律的适应性。即便是在能够增进法律之适应性的情况下，灵活性与适应性也是有区别的——"灵活性"是使法律运作达到良好状态的手段，而"适应性"则是"良好状态"本身。

第二，表面上看，法律之适应性似乎主要是通过法律制度中的灵活性因素而获得的，其实不然。本书认为，法律并不仅仅是因为其灵活性而满足社会的需要的，恰恰相反，法律首先是以其确定性满足社会的需要的。因为如果没有确定性，法律将无法实现对社会生活的调控，也就谈不上法律的适应性。

法律的灵活性要求，主要是基于功利原则而提出来的，其意义在于，当法律无法以其形式要件满足社会生活的需要时，为了确保某个重要目的的实现，可以在一定程度上突破法律的形式束缚，灵活地适用法律。但是，正如美国比较法学者埃尔曼所说的那样，功利的标准只能使法律充满了政治的和常常是观念形态的内容；它们在正义的正规而抽象的尺度上增添了灵活性与相对性。但是，不断变化着重点的价值所具有的不受控制的相对性却不能满足法律秩序的需要。为了实现法律的目的，法律的实体规则与诉讼程序又必须尽可能地稳定。如果法律不能提供稳定性和一定程度的确定性，那么必将导致而不是抑制混乱。[1]因此，一切被视为法律目的的东西，首先只能在秩序的前提下得到满足。"因为确定性、普遍性和稳定性都是法律的基本特征，也是法律、法治的基本价值所在。正是从这个意义上说，脱离了对法律的基本属性的认同，脱离了对法律确定性的认同，也就没有法律的妥当性或合目的性可言"。[2]因此，虽然"妥当性或合目的性"是法律之适应性最重要的制度价值所在，但是我们仍然可以说，法律首先是以其确定性满足社会的需要的，申言之，法律之适应性概念必须将"确定性"作为其基本内涵之一。

第三，法律之适应性是通过法律的确定性和灵活性共同达

---

[1] 参见〔美〕H. W. 埃尔曼《比较法律文化》，贺卫方、高鸿钧译，清华大学出版社2002年版，第53页。

[2] 张志铭：《法律解释的操作分析》，中国政法大学出版社1999年版，第59页。

到的，而且，如果我们把适应性看成法律制度的一个功能性概念，则它应当是指法律的确定性和灵活性得到合理调适的那种状态。简单地说，适应性就是"确定性中的灵活""灵活性中的确定"。在此状态下，法律的确定性划定了灵活性的最大范围和边界，而灵活性则为法律提供了实现具体妥当性的途径，从而使法律的确定性能够在实践的场合获得正当性。

现代法学形成的一个共识是，无论立法者多么理性和睿智，他们都不可能全知全觉地洞察立法所要解决的一切问题，也不可能基于语言的确定性和形式逻辑的完备性，使法律的表述完美无缺、逻辑自足。作为立法活动产物的法律文本，不可避免地具有规范性、抽象性、静态性、孤立性等诸多特点与滞后性、开放性、模糊性、不确定性等诸多局限，不能自动地与呈现具象性、动态性、复杂性、牵连性的个案事实形成恰当的对应关系。[1]因此，一个通情达理的立法者会意识到他自己所制定的法律中肯定会有不足之处。他也会知道，制定法规则几乎不可能被表述得如此完美无缺，以至于所有应隶属于该立法政策的情形都被包括在该法规的文本阐述之中，而所有不应隶属于该法规范围的情形亦被排除在该法规语词含义范围之外。再者，我们也不能假定，由一些通情达理的人组成的立法机关会坚持要求对纠正小错误及不当之处的事情也享有排他性的权利。如果立法机关要求这种排他性的权利而且也得到了这种权利，那么立法机关就会始终忙于修正其自己颁布的法律，而且常常是忙于修正一些微不足道之处；这显然是不切实际的，因为还有其

---

[1] 参见梁根林《罪刑法定视域中的刑法解释论》，载梁根林主编《刑法方法论》，北京大学出版社2006年版，第145页。

他的和更为迫切的政治要求压在当代立法者的身上，而这些要求已经足以使他们穷于应对了。何况，即使最终作出了必要的修正，受字面含义解释法规的原则束缚的法官与此同时所造成的不公正现象依旧无法得到纠正。根据上述考虑，我们必须指出，一个立法机关应当以默许的方式把对法规字面用语进行纠正的权力授予司法机关，只要这种纠正是确保基本公平和正义所必要的，只要能够以审慎的节制的方式行使这一权力，只要司法机关避免对法规作重大的修改，那么把有限的衡平法上的纠正权力授予法院就不会导致对规范体系的实质性部分造成破坏。[①]所以，立法者的任务不仅在于塑造法律的确定性，也在于必须赋予法律以灵活性的特质。通过立法上的灵活性因素，以及司法机关对这些灵活性因素的合理运用，法律就可以在既保证确定性又承认司法能动的状态下有效运作，使法律的各种价值能够得到平衡与兼顾。基于以上原因，我们才说适应性是"确定性中的灵活"。

"灵活性中的确定"则表现在，无论是立法上的灵活性还是司法上的灵活性，都是一定限度内的灵活，而不是绝对的灵活。在立法上，授予法官以裁量权的弹性规定一般都有可以把握的边界，没有规范质量的完全模糊的授权性规定是罪刑法定原则所不允许的。"与独裁国家相比，法治国家要求更加复杂的法律规则"；因为倘若通过宽泛的一般条款或不确定的概念来减少规范的数量，那么这种简化未免过于肤浅。倘若照这样推理下去，整个刑法可以简化为一条规则，即"不适当的行为要受到适当

---

[①] 参见〔美〕E·博登海默《法理学：法律哲学与法律方法》，邓正来译，中国政法大学出版社1999年版，第538页。

的惩罚",而这样的立法模式是独裁政权惯用的。[1]规则的复杂化具有明显的限制权力的立法意图,因为罪刑规范越是被精确、详细地加以描述,司法权力的边界就越清晰,刑法的确定性就越容易得到保证。所以,即便是在有意授予法官以裁量权的场合,立法者也不会采用不加限制的规定。在司法上,灵活性同样不是随心所欲的。法官的裁量权,只能在法律授权的范围内行使;法律之解释,也必须受法律文本和一定的解释规则的限制。这说明,司法上的灵活性本身就内含着对法律确定性的尊重,如果裁量权不受限制,如果解释者可以主观任意地解释和适用法律,法律的确定性、法治的价值就无从谈起,法律解释和裁量行为也就不具有目的正当性。[2]德国法学家京特·埃尔沙伊德指出,如果法律命题表达了一个基于价值之上的、绝对有效的命令,且这个命令具有条件性结构,那么,法律命题(及其通过它的咬文嚼字的法律规范)因其条件性部分,达及变化的生活世界。在此意义上,法律命题作为适应生活世界变化之法,是可变迁的。但是在法的历史性上,可以表明那些目的观和价值——我们称之为原则——至少是相对稳定的。永恒不变的目的观,在变化了的情况下,导致了在阐释含义上的变化了的或新的法律命题,且甚至必须做到,在变化的关系的情况下,仍应实现未变化的目的。[3]正是在这个意义上,我们说法律的适

---

[1] 参见〔德〕伯恩·魏德士《法理学》,丁小春、吴越译,法律出版社2003年版,第22页。
[2] 参见张志铭《法律解释的操作分析》,中国政法大学出版社1999年版,第59页。
[3] 参见〔德〕阿图尔·考夫曼、温弗里德·哈斯默尔主编《当代法哲学和法律理论导论》,郑永流译,法律出版社2002年版,第264页。

应性也可以被理解为"灵活性中的确定",它意味着,法律规范的含义可以被不断赋予新的内涵,但是法律的规范目的却是不变的,应受到持久的尊重。

在此问题上,博登海默深刻地指出:"只有那些以某种具体的和妥切的方式将刚性与灵活性完美结合在一起的法律制度,才是真正伟大的法律制度。在这些法律制度的原则、具体制度和技术中,它们把稳定连续性的优长同发展变化的利益相联系,从而获得了一种在不利的情形下也可以长期存在和避免灾难的能力。"①而这样的一种法律制度,正是我们所理解的具有适应性品格的法律。在这样的法律制度下,法律的各种价值能够得到合理的平衡,法律的各种目的也能在秩序的前提下得以最大化实现。因此,在被具体化的场合,适应性就是妥当性。也就是说,法律的适应性在法律适用的意义上,就是在适用结果上达到对合法性与合理性的兼顾。

## 四 法律之适应性观念的理论价值

理论上的概念是为解决人类思维或者现实生活中的具体问题服务的。笔者提出"法律之适应性"概念,当然也不是为了探究这一概念本身,而是为了解决存在于现实生活之中的法律的适应性问题。所谓法律的适应性问题,就是指相对确定不变的法律规范如何满足纷繁复杂、变动不居的社会生活需要的问

---

① 〔美〕E·博登海默:《法理学:法律哲学与法律方法》,邓正来译,中国政法大学出版社 1999 年版,第 405 页。

题，就是如何处理法律的确定性与灵活性之间关系的问题。这是一个实践性的议题，却也具有重要的理论意义。

"一个法律制度，从其总体来看，是一个由一般性规范同适用与执行规范的个殊性行为构成的综合体。它既有规范的一面，又有事实的一面。"[1]而规范和事实之间往往是有距离的，法律制度的运作过程就是要消除两者之间的距离，使其在某一点上达成一致。面对规范的一面，法律的确定性需要得到维护；面对事实的一面，法律又必须考虑特殊情况，加以灵活的适用与执行。在法制发达的现代社会，法律上的很多观念和制度设计，其实都是为了解决法律的确定性和灵活性之间的关系而产生的，因此，"法律之适应性"概念是一个极具学术价值和实践价值的概念。在"法律之适应性"这一复杂而重要的论题之下，可以引申出许多同样复杂而重要的具体问题。

在抽象、宏观层面，这些具体问题包括：秩序与自由的关系问题、个人权利与社会利益的关系问题、公平与正义的关系问题、形式正义与实质正义的关系问题、法律的安全价值与效率价值的关系问题、合法性与合目的性之间的关系问题、立法权与司法权的关系问题、法律与道德及社会规范的关系问题等等。

在具体、微观层面，相关的问题分属于立法和司法两个领域。在立法领域包括：法律的明确性与模糊性之间的关系问题、法律的描述性规定与规范（概括）性规定之间的关系问题、法律的原则性规定与规则性规定之间的关系问题、法律的一般规定与特殊规定之间的关系问题等等。在司法领域包括：严格规

---

[1] 〔美〕E·博登海默：《法理学：法律哲学与法律方法》，邓正来译，中国政法大学出版社1999年版，第238页。

则与自由裁量的关系问题、自由裁量权的限度问题、法律解释的方法及限度问题、法律漏洞补充问题、判例的制度功能问题、司法过程中法官的个人价值判断问题等等。

　　以上这些问题，莫不是人类法律思想史上的重大问题。在理论上，它们可能是完全不同的问题，但是它们之间显然也存在某种一致性，即：这些问题所要处理的，都是我们前面所说的法律的确定性与灵活性之间的关系问题。比如，秩序要求有规则的存在，而自由则总是试图突破（灵活适用或改变）规则；当某一规则有利于个人权利的保护时，社会利益的保护需要则希望突破它，反之，当某一规则以某种执拗的方式致力于社会利益的保护时，它可能会以牺牲个人利益为代价；公平和形式正义要求同一规则同一适用，而实质正义则往往要求规则的灵活适用；安全要求法律具有确定性，而效率则要求法律具有灵活性；合法性以法律的确定性为基础，而合目的性则以法律的灵活性为必要条件……为了满足这些相互矛盾的需求，立法和司法上都发展出了一些特别的技术，这些技术有些是用以维护法律的确定性，有些则是用以实现法律的灵活性。在立法上，法律的明确性语言、具体规定、规则性规定、一般性规定都致力于塑造法律的确定性，而模糊性语言、概括性规定、原则性规定、特殊规定则可以赋予法律以灵活性；在司法上，自由裁量权、法律解释权、法官的能动性等可以体现法律的灵活性，而它们的限度标准则旨在维护法律的确定性。

　　如果从实践的角度看，上述问题的一致性在于，它们都是在致力于解决立法的一般抽象性与司法的具体妥当性之间的合理平衡问题。这是一个理论性很强而又颇具实践性的议题。由于立法的一般抽象性与司法的具体妥当性之间的合理平衡必须通过上述各种方法的综合运用才能达成，对上述问题一致性的研究需要有一个统一的分析概念。尽管人们对关涉这一议题的每一个具体问题都曾进行过深入的思考，但是迄今为止，并没有形成一个统一的理论概念来说明这一问题的性质及内涵，这使得人们未能将这些分散性的讨论纳入一个统一的理论框架，从而在一定意义上弱化了这一问题所具有的重要意义。

有鉴于此，笔者提出"法律之适应性"概念，希望以此来解释上述问题所具有的共同性。因为在笔者看来，上述所有的问题，都是人们从不同侧面对法律的适应性问题所作的思考，它们内在的一致性，让我们的理论设想成为可能。因此，"法律之适应性"概念最为重要的意义就在于，它可以将上述诸多问题纳入整体性的思考之中，从而为人类法律发展的基本逻辑提供一个规范的解释框架。

就其性质来说，法律的适应性问题主要属于法律方法问题。对于法律方法，我国法学界已经兴起一股研究热情，但是综观其现状，大多数研究仍然只是停留于对国外学者的法律方法理论的研究，而不是针对中国的司法实践所提出的此类问题的理论解答，这使得我国法学界关于法律方法这一极具实践性的议题的研究也充满了形而上的色彩。[1]法律的适应性问题虽然与法律的价值问题密切相关，但是主要涉及的却是法律实践中的操作性问题。因此，法律之适应性概念对于法律实践的意义也是不言而喻的。这里，"法律实践"不同于"司法实践"，它也包括"立法实践"在内；相应地，"法律"也不仅仅指静态化的规范文本，它也指动态实践中的规范命令（比如法院判决中所

---

[1] 参见周少华《书斋里的法学家》，《华东政法学院学报》2006年第4期。

包含的具有拘束力的决定或规则)。

## 五 法律之适应性问题发生的原因

对于法律实践中如何处理法律的确定性与灵活性之间的关系这一议题,笔者将其概括为法律之适应性问题,该问题是在法律规范适用于具体案件的过程中发生的,它反映的是法律与社会生活之间的关系问题。因此,法律之适应性问题的产生既有法律之内的原因,也有法律之外的(社会的)原因。其中,法律之内的原因包括法律规范技术上的原因和法律本质上的原因。

### (一)理性不及:法律之适应性问题发生的规范技术原因

法律这一规范方式本身所固有的特点,使其具有某些与生俱来的局限性,这必然导致法律之适应性问题的产生。

第一,作为一种社会控制手段,法律所面临的难题是,它只能以有限的规范去处理纷繁复杂的社会问题。规范的有限性,必然会带来这样的问题:社会生活的某些方面需要法律加以调整,但是现实的法律制度中却缺少与之相对应的规范。在此情况下,要用现有法律制度解决眼前的问题,就需要采取某种法律方法,比如通过类推适用、扩大解释或者法律漏洞填补等方法来拓展法律的适用空间,使之适应社会生活的特殊需要。然而,为了维护法律确定性背后的某些价值,司法者所采取的法律方法必须能够被现行法律制度所接受,并遵循法律观念或方法上的某些原则,比如类推适用在民法上是重要的法律方法,而在刑法上却是受到禁止的;在民法领域法官享有很大的自由裁量权，而在刑法领域法官的自由裁量权是受到法律严格限制的。

第二，为了使有限的规范发挥尽可能大的作用，法律只能采取类型化的规范方式，而不可能针对一事一人制定个别化的规则。规范（norm）这一术语源出于拉丁文的 norma 一词，它意指规则、标准或尺度。"在这一术语的惯常用法中，并不含有对个别的情形做完全个殊性的特定处理的意思。"①所以，规范类型通常只是概括了某类社会生活事实的共同特征或者典型特征，而不得不忽略事物的特殊情况。这样，规范与事实之间总是存在一定的距离，相对于规范类型来说，社会生活中发生的法律事件多多少少都具有某种非典型性。按照德国学者施特拉克的说法，法律所确立的"标准"并非可依三段论程序单纯含摄的、以概念形式表现的规则，它们毋宁是一些"可变动的"、由"典型的"行止中解得的、适用于待判个案时须一再重新具体化的标准。②司法活动的全部内容就是要将法律的标准具体化，努力弥合法律规范与社会生活事实之间的距离。

第三，为了实现规范人类行为、调整社会生活的目的，法律必须具有某种确定的形式，以便人们可以了解法律的内容，并遵守之。在一定意义上说，人类法律制度的发达史其实就是法律不断被形式化的过程。法律高度的形式化虽然有利于确定性之塑造，却也使其无法避免这样的缺憾：法律规范不仅是有限的，而且是相对僵硬的。因此，当其面对社会生活的复杂状

---

① 〔美〕E·博登海默：《法理学：法律哲学与法律方法》，邓正来译，中国政法大学出版社 1999 年版，第 234 页。
② 参见〔德〕卡尔·拉伦茨《法学方法论》，陈爱娥译，商务印书馆 2003 年版，第 340 页。

况时，就难免发生反应不灵的情形。当僵硬的法律规范适用于具体案件时，要获得一个最符合正义标准的结果，就必须对规范进行一定程度的软化。

第四，由于人类理性能力有限，再高明的立法者，也无法制定出可以包罗万象并完美无缺的法律。立法者不仅不可能预见到未来可能发生的一切情况，甚至也不可能对当下的社会生活作出完全准确和全面的观察和描述。因此，法律不仅具有片断性和不完整性，而且由于立法者常常误判生活，法律不可避免地存在这样那样的缺陷。要用不完满的法律解决社会纠纷，并获得相对完满的结果，就必须以人的因素来弥补法律的欠缺。而人的因素可以在多大程度上发挥作用，这正是法律之适应性理论所要解决的问题。

第五，法律是用语言来表达的，而语言具有多义性、模糊性和词义的可变迁性，这也就是哈特所说的"语言的开放结构"。当人们借助于语言技术构筑法律规则时，语言的这些特点也就随之进入法律，成为法律不可避免的"胎记"。因此，对法律规则来说，"无论它们怎样顺利地适用于大多数普通案件，都会在某一点上发生适用上的问题，将表现出不确定性，它们将具有人们称之为规则开放结构的特征"。[①]法律规则的开放结构使得法律本身的含义具有一定程度的不确定性，司法者在适用法律时，必须对法律语言的含义加以澄清、辨识和选择，必须运用法律解释技术确定法律在此时此刻应当具有的含义，以实现个案中法律适用的具体妥当性。

---

① 〔英〕哈特：《法律的概念》，张文显等译，中国大百科全书出版社 1996 年版，第 127 页。

由于以上原因，作为人造之物的法律根本无法以其稳定的结构和一致的运作方式满足不断变化着的社会生活的需要，在法律的一般性与社会生活的具体性之间永远存在着一道鸿沟，法律的确定性要求与个案结果的具体妥当性要求之间不可避免地会发生冲突。因此，在司法活动中，始终都会存在法律的适应性问题。也就是说，在运用既定规范处理纷繁复杂的社会生活事实时，司法者必须在法律的确定性与灵活性之间寻求合理的平衡。

### （二）社会变动：法律之适应性问题发生的社会原因

如果我们所处的世界是一个凝固不变的世界，那么19世纪西方法学家们试图通过人类理性制定出完美无缺、包罗万象的永恒法典的梦想或许真的可以美梦成真。然而遗憾的是，法律所面对的是人类的社会生活，而人类的社会生活甚至连物理世界的那种相对意义上的静止也没有，这就决定了其不可能具有适宜被进行机械加工的性质。正因为如此，人们关于那种可以自动加工案件事实并输出可靠判决的法律机器的构想很快就遭到了破产，被抛入历史的尘埃之中。

法律是相对确定的，而社会生活却总是处在变化之中。可以说，我们所处的社会是一个变动的社会，法律要"以不变应万变"，就必须不断地根据社会生活的需要对自身的规范结构加以调适。这里涉及日本法学家六本佳平所说的"法与社会的变动"问题。在高度分工的社会，社会的变化也在加速，社会变化潜移默化地改变着人们的规范意识，活法作为社会的潜在规范构造也在发生着变化，而这种变化必然对正式的制定法提出相应的变化期待和要求。要适应社会生活的需要，法律就必须根据社会变化的状况不断地作出调整。"如果制定法变更不能、变更迟缓或放任法与社会的偏离，其结果也一定是法（规范）与社会的偏离。而且，由于社会构成的多样化和流动化，决定了即使形成了实定法规范，其内容也未必会毫无差别地为社会中的人们所接受，实定法机构的动作在多大程度上具有实效性是一个问题。"①因此，在一个变动的社会里，法律不可能以一种凝固的结构形式永久地获得社会的认可，尤其是在社会分工更加精细和变化更加频繁的现代社会，法律与社会的互动已经是法律存在的一种基本状态了。一方面，经常性的社会变化积累到一定程度，必然提出变革法律的要求；另一方面，法律的变化又会对社会生活产生影响，形成新的生活秩序。

在一个变动的社会里，适应性问题即使不是法律实践中最重要的问题，至少也是最重要的问题之一。我们所说的"变动的社会"，并非指社会制度的根本性变革，主要的也不是指社会生活的急剧变化。虽然社会变革或者社会生活发生急剧变化，必然会带来法律的相应变化；但是，这毕竟不是法律发展的常态。因为"在政治剧烈变动时期，法律并不稳定，人们无法解释法治作为理想中的规范这种抽象概念"，②所以，那种非常态的社会变化（通常意味着政治转型）不在我们的概念之中。我们所说的"变动的社会"，是指"日常生活的流动性"，这种流动性不仅包括社会生活在时间维度上的变化性，也包括社会生活在空间维度上的多样性。在此，我们将"变动"看作社会生活的一种常态。所谓"常态"，具有两个方面的意涵：第一，变动

---

① 〔日〕六本佳平：《日本法与日本社会》，刘银良译，中国政法大学出版社2006年版，第289页。
② 〔美〕Ruti G. Teitel：《变迁中的正义》，郑纯宜译，台湾商周出版公司2001年版，第8页。

具有相对性；第二，变动中包含着秩序。因此，"变动的社会"可以被简单地理解为一个稳定发展的社会。只有在这样一个相对稳定，而又无时无刻不在变化的社会里，法律的适应性问题才变得富有意义。①

日常生活的流动性至少在以下几个方面对法律的适应性提出了要求：

第一，由于人类的法律是以过去的经验和当下的社会生活状况为基础制定的，其一经颁布实施，便开始与社会生活产生距离。随着社会生活的不断变化，新的社会关系不断产生，对此，法律不可能立刻作出反应；于是，原来能够适应社会生活需要的法律开始滞后于社会生活。实际上，法律的不完满状态常常就是当其适用于具体案件时才显现出来的，即使是制定得良好的法律，随着社会生活的不断发展和变化，也会出现不能完全满足社会生活需要的问题。由于法律难以与社会生活同步发展，"法律制度常常只经由司法回答新的、法律条文没有规定的法律问题"，于是在成文法国家，最高司法机构发挥着鲜明的法律政策功能：在成文法没有作出规定的时候，它创造并修改自己的"法官法"。而这已经改变了宪法在立法和司法之间所做的权力分配。②所以，司法行为可以在多大程度上追求法律的适

---

① 我们可以设想一种毫无变化的社会生活图景，在此生活图景下，一切都可以被人们确切地把握，从而一切都可以根据一种毫无例外的规则加以管理——于此，自然不存在法律的适应性问题；但是，这样的状况根本不可能发生，而且，即使发生，那也意味着社会的停滞不前，不是我们所希望的。我们还可以设想另一种情形，即生活毫无秩序可言，无法通过规则对其加以治理，此时，根本不可能产生法律这种东西，自然也不会有法律的适应性问题。

② 参见〔德〕伯恩·魏德士：《法理学》，丁小春、吴越译，法律出版社2003年版，第21页。

应性,是法治社会所必须面对的问题。要用相对滞后的法律解决新的问题,司法机关就必须在法律的确定性与灵活性之间进行协调和选择。

第二,在变动社会中,社会生活总是呈现出复杂性和多样性,即所谓"法有限而事无穷";相对于社会生活的复杂性来说,法律永远具有简单性。因为"法律是欲以极少数的条文,网罗极复杂的社会事实,为便于适用和遵守起见,条文固应力求其少,文字固应力求其短,以免卷帙浩繁,人民有无所适从之叹"。[①]而要用简单的法律处理无限复杂的社会生活问题,司法机关就不可能只是机械地适用法律,而是必须发挥主观能动性。说到底,司法者主观能动性的发挥,其实就是如何在法律与社会生活之间达成妥协的问题。司法活动的所有原则和方法,都是围绕这一问题建立起来的。

第三,法律规范是抽象的,而社会生活是生动的和具体的,所以法律必须经过解释而适用。但是由于社会生活的变化,法律语言的含义也常常随之发生变化。当人们用合理的方法对法律加以解释时,原来能够产生正义的解释结果的法律规定现在却可能产生非正义的解释结果。此时,司法者既不能以牺牲个案正义为代价去维护法律的确定性,也不能完全无视法律的有效性,而是必须在法律的字面含义和法律的正义目标之间作出权衡,在此二者之间寻求合理答案。

第四,社会生活的变化,也必然反映到人类的精神领域,所以,人们对于自身事务的看法也会随着社会生活的变化而变化,尤其是,这种变化最终可能带来人类正义观念的变迁。既

---

[①] 林纪东:《法学通论》,台湾远东图书公司1953年版,第89页。

然没有永恒的正义标准,那么作为正义实现方式的法律就不可能一成不变,它必须不断追随人类正义观念的脚步而对自己作出与之相适应的调整。

总之,在变动社会中,社会生活总是会对法律的确定性提出挑战。正如卡多佐所说,在我们生活的这个变幻不定的世界里,现行法律体系即使适合今天的文明,也不可能满足明日文明的需要。在社会变动不居的条件下,法律不可能经久不变。① 尤其是在现代社会,需要法律调整的社会关系极其复杂,社会生活的发展变化异常迅速,人们越来越不相信生活关系是持久不变的,未来生活的"可计划性"也越来越低,这对法律的适应性机制提出了更高的要求。因此,在社会生活的流动性日益增加的现代社会,法律的确定性应当在何种程度上得到维护,或者说法律的灵活性可以在多大程度上得到承认,都是法律实践必须面对的问题,这也彰显了法律之适应性问题在今天所具有的重要意义。在一个变动社会里,法律必须面临两大基本任务:一是根据社会生活的变化对自身的规范方式作出相应的调整,以保持规范的有效性;二是在一定的价值前提下保持规范系统的稳定,以引导社会生活向着健全的方向发展。

### (三)价值冲突:法律之适应性问题发生的本质原因

从表面上看,法律的适应性理论所要解决的是法律的一般性与社会生活事实的具体性之间的关系问题;但如果从更本质的意义上看,这一理论所解决的问题其实是法律诸价值之间的冲突问题。无论是法律的确定性还是法律的灵活性,其本身都

---

① 参见〔美〕本杰明·N.卡多佐《法律的成长 法律科学的悖论》,董炯、彭冰译,中国法制出版社2002年版,第90—91页。

不是法律的价值，而是有利于实现某些法律价值的条件。确定性维护法律的某些价值，而灵活性则赋予法律另一些价值，它们各自所维护的法律价值之间往往是相互矛盾的。调和法律的确定性与灵活性之间的关系，就是要解决它们各自所维护的法律价值之间的矛盾和冲突。因此，法律之适应性问题归根到底是由法律价值的相互冲突所引起的。

多元价值在法律机体内的共存，使得它们在共同支撑法律的天空的同时，相互之间也难免发生矛盾和冲突。对此，德国法学家以"法律理念的内在紧张"来加以描述。拉德布鲁赫认为，正义、法的合目的性、法的安定性是法律理念的三个基本组成部分，这三种法律理念有时是相互矛盾的。（1）正义就是平等，法律的平等性要求法律原则具有一般性，以便使正义在任何层面上都能得以概括。但是从合目的性的角度出发，所有的不平等都是根本的；合目的性必须尽最大可能去适应自己的需要。这样，正义和合目的性相互之间就处于矛盾之中了。通过行政和行政司法权之间的斗争，通过刑法中的正义倾向和合目的性倾向的斗争，以及在其他领域通过群众教育中的教育功能和惩戒功能之间的矛盾，我们将会把正义和合目的性间的矛盾讲解清楚。但它们之间的这种紧张关系却是不可能消除的。（2）正义和合目的性为一方，法的安定性为另一方，两方也处于矛盾之中。法的安定性要求实证性，而实证法则想要在不考虑其正义性与合目的性的情况下具有有效性。这样，要维护法的安定性，就常常无法满足适应个体需要的法的合目的性要求。另外，在法的安定性的需要中，法律判决的既判力（rechtskraft）也会给予个别案件之内容不正确的判决以有效性——甚至赋予个别案件范围之外的不正确判例以效力。这显然又与正义理念发生了冲突。①

　　无独有偶，考夫曼也对"法律理念的内在紧张"进行了阐述。考夫曼所说的"法律理念"也包括三项内容：平等（狭义正义）、合目的性及法律安定性。在此，"平等"实际上就是拉德布鲁赫所说的"正义"。②关于"法律理念的内在紧张"，即平等、合目的性、法律安定性之间的冲突，考夫曼作了这样的论述：平等原则首要在于对恣意的禁止，实质正义（社会正义）在于实现公共福祉，而法律安定性则在于促成法律和平。但是法律安定性并不意味着最后一定适用公正的法律，反而一定实行经常并不完备的实证法。由此便可能产生目的的冲突，特别是介于实质正义和法律安定性之间的目的冲突。没有任何法律会基于它的一般性而对于所有的个案都是公正的。然而，如果因此剥夺法律的效力，便会造成一个显著的法律不安定性，人们便可能不再信赖法律。③

　　法律理念的这种内在紧张或许永远无法消除，因为，法律实证论者虽然常赋予法律的安定性以最高地位，但是如果存在制定法的内容不公正且不合目的的情形，无论如何决断都会产生争议。德国联邦宪法法院一项早期的判决（BverfGE3，225）在申明"法律安定性是法治国原则中一个重要元素"的同时，也不得不承认："然而不可忽视的是，法律安定性的原则和实质

---

① 参见〔德〕G·拉德布鲁赫《法哲学》，王朴译，法律出版社2005年版，第75—76页。
② 拉德布鲁赫所说的作为法律理念组成部分之一的"正义"显然是指狭义的正义，即以平等为内容的形式正义。
③ 参见〔德〕考夫曼《法律哲学》，刘幸义等译，法律出版社2004年版，第276—277页。

正义的要求间经常存在矛盾，而立法者的首要任务应是时而由法律安定性面向，时而由实质正义面向来决断这样一个冲突。"问题在于，实质正义与法律安定性之间的界限在哪里，是绝对无法普遍且永久不变地予以规定的。因此考夫曼认为，即使法律的安定性也绝非绝对的价值，"法律理念不是定居在一个全然和谐的价值天堂；而是处于人的世界，也因此是有限而暂时的"。①

在我国法学界，一直到20世纪90年代，对于"法律理念"概念都还没有形成一个明确、统一的界说。②我国学者在讨论"法律的内在冲突"问题时，基本上是在"法律诸价值之间的关系"这一论题下展开的。比如谢鹏程认为，公平与效率是法律的两大基本价值，在法律中，这两种价值之间的冲突不可避免。从法律价值来看，法律的张力就来自法律基本价值之间的冲突与平衡。这种张力既是法律维持自己的存在的力量和发展的动力，又是法律维护一定社会秩序的力量。③笔者并不否认公平与效率是法律的两大基本价值，但是，别的价值是否就不是法律的基本价值？我们似乎并不能作出肯定的答复。至少，如果仍然从相对而又共存的意义上来指出法律的基本价值范畴，它还可以包括"秩序"与"自由"、"公平"与"正义"、"生存"与"发展"等内容，法律的内在紧张也可能来自这些价值相互冲突与平衡的关系之中。

卓泽渊认为，法的价值目标包括生命、自由、平等、人权、秩序、公正、人的全面发展等内容。法的不同价值准则具有不

---

① 〔德〕考夫曼：《法律哲学》，刘幸义等译，法律出版社2004年版，第280页。
② 参见刘作翔《法律的理想与法制理论》，西北大学出版社1995年版，第27页。
③ 参见谢鹏程《基本法律价值》，山东人民出版社2000年版，第212页。

同的价值目标，它们之间难免会有相互的矛盾。从法的价值的准则来看，法的价值的冲突表现为自由与平等的冲突、自由与秩序的冲突、秩序与正义的冲突、平等与正义的冲突、秩序与人权的冲突、秩序与理性的冲突等等。法的价值冲突是法的价值产生以来就不可避免的；解决法的价值冲突，是法的价值冲突存在期间的永恒课题。[1]

杨震概括出的"法的价值目标"包括秩序、正义、公平、自由、效率、安全、生存与发展等。他认为，由于这些价值目标有各自的内涵和规定性，当它们由观念上的价值通过法价值实践中介转为现实中的价值时，就会产生冲突，法实践中就有可能出现顾此失彼的状况。由于法价值目标之间存在矛盾，不同实践主体在价值观念上也各不相同，在实践过程中就会出现法价值的冲突状态。法价值目标的矛盾主要表现在自由与平等、自由与秩序、秩序与正义、正义与平等、正义与理性、正义与自由、秩序与人权、秩序与理性等这样几组价值关系之间；而价值观念上的不同主要表现在法价值主体的个体与个体、个体与群体、群体与群体之间。当不同实践主体基于不同需要而参与到法实践中时，就会有法价值之间的冲突，这种冲突可以表现在立法、执法、司法、守法等各个环节，包括各环节内部和各环节之间的法价值冲突。[2]

民法学者徐国栋则总结出了"人对法律的五种价值要求"，它们分别是：正义、安全、效率、灵活和简短。同时，他认为，

---

[1] 参见卓泽渊《法的价值论》，法律出版社2006年版，第237—480、593、611、622—630页。

[2] 参见杨震《法价值哲学导论》，中国社会科学出版社2004年版，第172—227、252—254页。

这五种价值虽然可以相得益彰，但在更多情况下，它们又是相互矛盾的：（1）安全要求法律保持相对稳定，使法律具有确定性；而为了满足灵活价值，法律必须通过设立不确定规定授权法官对法律进行解释或补充，以使法律跟上时代步伐，但这又势必影响法律的安全性。（2）安全要求法律被普遍适用，而个别正义却要求对法律的普遍性规定根据案件的具体情况进行变通适用，这便产生了安全与个别正义之间的矛盾。（3）为了实现效率，法律只能提供具有普遍性的一般规定；但是，这种一般性规定要适用于具体案件，必然要求引入人的因素。而法官对法律的解释以及自由裁量权的行使，将会影响法律的安全性。（4）具有效率价值的普遍性规定可以保障最低限度的自由、平等与安全，并使法律具有可预见性；但是，普遍性规定适用于典型情况能导致正义，而适用于特殊情况时却可能导致非正义，因而在实现一般正义的同时牺牲了个别正义。（5）一方面，安全要求立法者制定出尽可能多的规则，这使简短的价值为之牺牲；另一方面，法律规定的详细程度与法官的自由裁量权大小成反比，法律越简短，其安全性就越低。（6）灵活必然要求在法律运作中引入具有判断力的人的因素，而基于人自身的弱点，又有种种可能滥用法律而破坏正义。①

　　无论是考夫曼和拉德布鲁赫在"法律理念"的概念下所作

---

① 参见徐国栋《民法基本原则解释——成文法局限性之克服》，中国政法大学出版社1992年版，第323—331页。笔者认为，"灵活"和"简短"本身并不是法律的价值，而是有利于实现某些价值的条件；如果法律本身具备这样的条件，则它们可以被认为是法律的一种内在品质，这种品质可以保证某些法律价值的实现，但它们并非法律价值本身。笔者所说的"确定性"也具有同样的性质。

的讨论，还是我国学者对法律价值的讨论，都反映了法律诸价值不可避免的冲突这一事实。如果我们必须对法律内部的这种冲突作出某种归纳，则可以认为，它们都可以被归结到法律的确定性与灵活性的关系之中。（1）在拉德布鲁赫和考夫曼所讨论的法律理念中，"平等（狭义正义）"和"法律安定性"与法律的确定性有关，即这两种法律理念的实现需要法律的确定性予以保证；而"合目的性"则与法律的灵活性有关，因为实质正义的实现往往需要法律根据具体情况作出某些变通。（2）我国学者所揭示的不同法律价值之间的冲突，更是可以直接解释为法律的确定性与灵活性之间的矛盾：确定性所维护的价值是秩序、公平（形式正义）、安全，而灵活性所维护的价值是效率、实质正义、个人自由。也就是说，对前一组价值的追求需要法律具有确定性的品格，而对后一组价值的追求则需要法律具有灵活性的机制，这样，法律内部的价值冲突在表象上，其实就是法律的确定性与灵活性之间的矛盾。

我们考察法律内部的各种冲突，目的并不是研究这些问题本身，而是想揭示这样一个事实：法律不可能以凝固不变的方式处理社会问题，这一事实意味着，法律的确定性只有在相对的意义上才成为可能，如果要使相互冲突的法律价值得到有机协调，法律的灵活性机制也是法律制度所必不可少的。因此，法律自身的存在方式必然是一个不断变化的动态过程，它每时每刻都面临着来自外部世界的挑战。法律内部的冲突表明，人的基本权利仅仅是一种可能，各种相互冲突的价值同样也只是一种可能，它们都是人们行动的潜在背景，而真正得以制度化的从来都不是含糊但却趋于绝对化的这些彼此相互冲突的权利，而是实现权利的技术。在各种"实体法"中，充满了对这些实现权利的技术的可能空间的规定。而对法律发展的比较研究表明，发达的法律与不发达的法律之间的差别，正在于这些与权利的具体实践方式有关的原则，而不在于基本权利方面含糊的"一般条款"。[①]既然法律理念是正义，那么所有法律上的努力和策略都应指向这个目标。也就是说，在解决法律价值的冲突问题时，没有哪一个价值处于绝对优先的地位，但基本的原则应该是：所有的法律方法，都应致力于使正义得到最大限度的实现。正义从来都不是抽象的，而是具体生动的。因此，法律中的正义观念，最终必须通过法律的适用，以个案正义的形式体现出来；而个案正义，无非兼顾各种法律价值、将不同的正义观念（其中当然也包含着对一般正义的考虑）加以调和的结果。由此，我们不难看到法律适应性理论的真实意义。在法律问题上，经常并不存在绝对的真理，通往正义的路途可能有很多条，而法律的适应性理论就是要探求通往正义的最佳路途，或者至少也是要寻求最佳路途之一。

## 六 适应性机制：法律生命力的源泉

所有的法律制度，都需要通过确定性与灵活性的有机结合，来解决其所面临的社会问题。在实行法典化的国家，法典将一种法律制度隶属于立法制定的民主程序，由此，法律政策的表

---

[①] 参见李猛《除魔的世界与禁欲者的守护神：韦伯社会理论中的"英国法"问题》，载李猛编《韦伯：法律与价值》，上海人民出版社2001年版，第185页。

述结果被认为是立法机关而不是司法机关的作用；进一步说，法典化提供了相当大程度的可预测性。但是，法典化也有其缺点，最主要的表现就是法律"结晶化"的极端倾向，这种结晶化常常使政策冻结，导致珍藏于法典中的立法政策与法典旨在调整的社会现实之间产生裂隙。

毫无疑问，当法律规范与社会现实、社会习俗脱节时，这种不一致的最好结果只能是产生对法律的不尊重，最坏的结果则可能导致对法律的侵犯。[1]所以，我们首先应当破除"封闭完美的体系"的法律幻想，承认法律规范体系既不完美，也很难做到完全封闭的事实。只有在承认法律不完美的前提下，我们才可能通过赋予法律以"主动性的开放结构"，来克服法律形式性的缺陷，并避免法律规范体系被动的"开放性"所导致的不确定性。虽然追求法律完美性格的梦想始终是诱人的，但从实践的角度考虑，我们又必须为法律本身的不完美设置一种弥补的方法。如果把理想等同于现实，必然带来实践上的诸多困境。

也正是因为如此，法律的确定性与灵活性之间的关系问题是人类法律实践中一个永恒的问题，自从人类社会有了法律以来，人们就没有间断过对这一问题的思考。这一方面说明法律的确定性与灵活性的关系问题是法律实践的核心问题，另一方面也说明，迄今为止人类还没能够很好地解决这一问题。在此问题上，或许永远也不会有令人满意的答案，但是这却从另一个角度说明，这一问题具有某种永恒的价值，人们必定会对它

---

[1] 参见〔加拿大〕保罗·A. 克雷波《比较法、法律改革与法典编纂》，载沈宗灵、王晨光主编《比较法学的新动向——国际比较法学会议论文集》，北京大学出版社1993年版，第100页。

继续思考下去。

笔者的一个基本判断是：在人类的法律制度中，普遍存在着一个应对社会生活复杂性和变化可能的适应性机制，这种适应性机制是使法律具有持久生命力的内在原因。

由于法律所处理的社会关系的复杂性，任何法律制度，都不可能只具有某种单一的社会功能，而是必须将许多不同的功能加以统合，并在解决某一个具体问题时，能够提供与问题的特殊性需要相适宜的功能组合。于是，各个法律制度为了进行功能的选择，都需要促进某种即便不相互冲突也彼此处于紧张状态的目的：确定性（可预见性）与灵活性、稳定性与发展。① 确定性和灵活性对于法律实践来说都具有重要的意义，而它们又是两种相互矛盾的要求，所以在法律发展的全部历史中，"法律思想家所致力于解决的首要问题，就是如何将法律固定化的思想（不允许留有个人任意的空间）与变化、发展和制定新法的思想相协调，如何将法律理论与立法理论相统一，以及如何将司法制度与司法人员执法的事实相统一"。② 于是，在稳定中求变化、在确定性的前提下寻求灵活性，就构成了人类法律实践的基本图式。正如卡多佐所说，"在法律的每一种制度内，都存在一些人为的机制，通常而言，主要是为了促进便利、安全或其他形式的公共利益"。③ 对于法律制度内部所具有的这种自我调

---

① 参见〔美〕格伦顿、戈登、奥萨魁《比较法律传统》，米健、贺卫方、高鸿钧译，中国政法大学出版社1993年版，第87页。在笔者的讨论中，"稳定性"包含在"确定性"概念中，而"发展"也包含在"灵活性"概念中。
② 〔美〕罗斯科·庞德：《法律史解释》，曹玉堂、杨知译，邓正来校，华夏出版社1989年版，第1页。
③ 〔美〕本杰明·N. 卡多佐：《法律的成长　法律科学的悖论》，董炯、彭冰译，中国法制出版社2002年版，第4、135页。

适机制，笔者将其概括为"法律的适应性机制"。如果我们稍加考察，就会发现无论是大陆法系法律发展的历史，还是英美法系法律发展的历史，都反映出了人们试图调和法律确定性与灵活性之间关系的种种努力，法律的适应性机制普遍存在于一切法律制度当中，其类型虽有不同，其功能却至为相似。

人类法律之所以会发展出各种类型的适应性机制，完全是由法律与社会之间的相互关系所决定的。人类具有社会协作的本能。人类来到这个世间，天生就具备这样一些秉性，他们必须学会如何协作。所以，虽然我们的思想是由自私的基因构成的，但是我们的思想却是朝着社会的、相互信任的和彼此合作的方向建构。作为世间的物种之一，我们的成功就在于人类的这种社会本能。[1]正是为了社会协作，才产生了习俗、道德、法律等一系列的社会规范；也同样是为了社会协作，各种社会规范就其实质来说都是一种旨在促成相互妥协的衡平机制。随着人类生产力的不断发展，社会关系日益复杂，人与人之间的关系越来越不稳定，所以人们开始越来越依赖建立在法律基础之上的协作关系。与其他规范所保证的协作关系不同，法律所维系的协作关系具有强制性，因而能带来更加可靠的社会秩序，更适合于调整复杂社会的分工与合作。同时，对法律的依赖也必然产生另一种普遍的愿望，那就是法律应当得到严格的遵守，而且为了法律能够被严格遵守，法律的内容就必须非常明确，于是自然产生了对法律确定性的要求。

然而，尽管法律致力于实现人间正义，但是当法律被严格

---

[1] 参见〔美〕麦特·里德雷《美德的起源：人类本能与协作的进化》，刘珩译，中央编译出版社2004年版，第281页。

地执行时，并不总是能够产生我们期望的结果：有时不能有效地实现正义，有时则甚至产生非正义的结果。于是，当"守法"逐渐变成社会的一种教条时，人们必然反过来开始思考：法律在多大程度上可以/应当被遵守？或者反过来说，法律在多大程度上可以/应当被改变？正是在这个追问过程中，19世纪末20世纪初，西方法律思想发生了重要变化，人们开始认识到，法律是相对的，并不存在适用于所有文明的普遍的法律制度和法律规则。这种变化了的法律思想既考虑法律的稳定性需要，也承认法律的变化需要。[①]由于人们接受了法律是相对的和可变的这样一种观念，对法典的盲目崇拜和对立法权与司法权的严格界分就不再是牢不可破的信念。由此带来的结果是，道德或价值的尺度就被纳入法律体系之中了，而这也几乎是今日各国法制的通性，它意味着允许法官在司法中做更多价值立论的空间，也同样造成更多理性的价值辩论及不可避免的意见分歧。此外，世间新事态的层出不穷，也使法律漏洞的出现是不可避免的。面对上述问题，人类也试图在维护人权与安定性，但另一方面又要让司法能在解决新型态的纷争中，找出平衡的方法。[②]于是我们才会看到，尽管今天人类的法律制度存在不同的模式，但有一点却是共同的，即：在几乎所有的法律制度中，其制度构造上都同时包含着两个相反的特征——它们一方面表达着人们对于法律之确定性的追求，另一方面却又总是蕴含着对法律之灵活性的宽容甚至是期待。这种矛盾的特征，亦可充分说明法

---

① 参见〔美〕罗斯科·庞德《法律史解释》，曹玉堂、杨知译，邓正来校，华夏出版社1989年版，第145页。
② 参见林立《论"法律原则"的可争议性及为"柔性的法价值秩序"辩护》，《清华法学》2002年第1期，第107页。

律在追求正义的道路上，不得不经常在各种原则之间进行妥协。

不同社会的法律制度，面临的问题都是大致相同的，其终极目标——对"善"的追求——也是一致的。而在追求"善"的过程中，它们也都需要处理自身的确定性与灵活性、稳定性与发展之间的关系。在这个问题的解决之道上，两大法系形成鲜明的对比，普通法系主要依赖于司法技术，而大陆法系传统上主要依赖于立法技术。这种差别可能会让人产生一种错觉，以为普通法系的法律制度更注重灵活性，而大陆法系法律制度更具有确定性。实际上，在普通法系例行案件的司法管理中，严格遵守先例的原则就是要运用类推的修辞术，而非逻辑三段论，兼顾待决案件实质事实的特殊性与一般性，在保障法律的"一贯性"和稳定性，保证同等案件同等对待的同时，使案件事实的特殊性受到应有的重视。[1]所以，重视案件特殊性的普通法制度并不缺少确定性。而在大陆法系，立法上的弹性因素也为司法权预留了一定的灵活性空间，在法律和司法的相互制约与支持中，法律的一般性与案件的特殊性之间的矛盾也得到一定的缓和。

两大法系之间的差异是由历史的、政治的、思想文化的诸多复杂因素共同作用而形成的，这种差异体现了法官、立法者及法学家在法律形成和发展中的不同影响，在这种影响下，西方的法律制度虽然走上了各自的道路，但无论是"独木桥"或"阳关道"，其优劣的判断标准都不是法律制度的形式本身，而

---

[1] 参见李猛《除魔的世界与禁欲者的守护神：韦伯社会理论中的"英国法"问题》，载李猛编《韦伯：法律与价值》，上海人民出版社2001年版，第178页。

是它们是否具备"善法"的标准。①对于究竟什么是"善法"，人们提出的标准尽管各不相同，但是这些标准莫不是围绕着如何有利于正义的实现而提出来的。既然正义就是对不同人类价值的兼顾，那么法律制度的自我发展便不可能是按照某种预先设置的理念而进行的，它只能根据正义本身的需要，根据社会生活的变化，不断地对自身的运作机制进行合理的调适，这种调适也包括以修改的方式发展法律。因为，无论是确定性，还是灵活性，都是法律自我发展与成长的正常需要，它们之间的协调问题，也是一个需要求助于正义加以解决的问题。

或许正是因为这个原因，两大法系法律制度才会相互借鉴和靠近，它们内部所具有的自我调适机制也越来越呈现出某种一致性——法律的适应性机制乃是由立法和司法共同塑造的。因为，立法与司法是法律运行过程中两个不可分割的环节，立法是将法律理念和未来可能的生活事实加以调整，法律的发现（司法）是将法律规范和真实的生活事实加以调整配合，②在这两个过程中，都将涉及法律之适应性问题。因此，我们既不能将法律之适应性问题归于单纯的立法问题，也不能将其理解为纯粹的司法问题。毕竟，立法和司法都是发展法律的力量，法律之适应性，只能通过立法和司法的共同实践而获得。立法者在制定法律时，必须充分考虑到社会生活的复杂性和变化可能，在法律中建立足够的灵活性机制，使其能够以自身的内在品格适应社会。司法者在审判时，除了必须依法裁判之外，也应当

---

① 参见〔比〕R. C. 范·卡内冈《法官、立法者与法学教授——欧洲法律史篇》，薛张敏敏译，北京大学出版社2006年版，尤其是第108页以下的论述。
② 参见〔德〕考夫曼《法律哲学》，刘幸义等译，法律出版社2004年版，第190页。

善于利用法律本身所具有的灵活性机制，充分考虑案件的具体情况，在法律的一般性规定与案件的特殊性之间寻求最佳的解决方案，在每一个判决中都做到一般正义与个别正义、形式公平与实质公平的合理平衡。只有这样，法律才能满足不断变化的社会生活的需要，在维护秩序的同时，获得自我发展。

# 法律语言的规范机能[*]

法律与语言的关系是如此密切,以至于,作为法学家的A. 考夫曼和N. 麦考密克认为,法学其实不过是一门法律语言学。[①] 德国当代法学家伯恩·魏德士也指出:"一切法律规范都必须以作为'法律语句'的语句形式表达出来。可以说,语言之外不存在法。只有通过语言,才能表达、记载、解释和发展法。……如果没有语言,法和法律工作者就只能失语。"[②] 法学家们的这些看法说明,语言与法律的关系问题,应当作为法学的一个基本问题加以研究。

虽然直到1993年,第一届国际法律语言学大会的召开和第一本法律语言学的专业性杂志《语言与法律》(*Language and Law*)的诞生,才标志着法律语言学独立学科地位的基本形成;但实际上,自从亚里士多德将法律语言视为修辞学的一个分支,人们就开始了对语言与法律关系的真理性探索。近代欧洲法典化运动之后,人们一度对法律语言的客观性、精确性深信不疑,因而完全否定法官的法律解释权,要求法官必须做法典语言的

---

[*] 本章内容曾拆分为两篇文章分别发表于《法制与社会发展》2006年第5期和《法商研究》2006年第6期。

[①] 转引自舒国滢《战后德国法哲学的发展路向》,《比较法研究》1995年第4期。

[②] 〔德〕伯恩·魏德士:《法理学》,丁小春、吴越译,法律出版社2003年版,第73页。

忠实仆人,当时的法典崇拜毋宁说是一种语言崇拜。20世纪初,哲学的"语言学转向"影响到法学,语言的客观主义观点受到质疑。法律后现代主义者认为,法律中的语言是一种"规范的语言游戏",这一游戏以决定判断对错的社会一致规则为基础。以此观念为基础,法学家们在研究法律中的语言关系问题时,开始重视现代法律思想的语境、活动和目的。①

但是,在法律语言学的视野中,人们关注的重心仍然是"语言",而非"法律"。法律语言学对法律与语言关系的研究,要么停留于语言学的纯技术分析,要么沉浸于分析哲学的抽象迷思。尤其是国内法律语言学的研究,基本未能超出语言学的分析理路。这种方法的缺陷在于,以语言本身为中心,使得法律语言变成了法律领域内的纯客观的现象,如此,语言与法律的关系,就是工具与价值的关系。而由于工具具有中立性,法律语言便成了可以与它负载的价值相分离的东西,语言背后的权力意志内容——法律更为本质的东西——被忽略了。这种状况是不能令人满意的。因为,法律绝不只是一些文字的集合,而是一种规范系统,它的各种概念和原则,无不渗透着与人类社会生活密切相关的观念;人类法律活动的意义与目的,就包含在规范系统中,构成它的语言只是我们进入这一系统的密码,而"解码"的关键仍然在于这些符号背后的观念意义。

语言表达了法律,而法律是与权力密切相关的事物,这意味着,语言一旦进入法律,必与权力发生某种联系。正如德国法学家H.科殷的观察:"在实在法方面,法的制度与一种现存的、保证它适用的、社会的权力相结合在一起。"他认为,对于

---

① 胡水君:《法律的政治分析》,北京大学出版社2005年版,第277页。

形式的法律渊源的理论,"政治的制度或者实际的权力状况是决定性的"。①按照马克思主义的观点,法律来源于人的实践活动,它是建立在一定经济关系之上的权力关系的反映。实践活动最本质的维度是政治维度,而政治维度的核心则是无所不在的权力。只要我们考察的是人的真实的实践活动,就会发现,这一活动通常是在统治者和被统治者、权力和话语的互动关系中展开的。因此,俞吾金教授认为,马克思以实践为基础的诠释学思想实质上是一种权力诠释学,它揭示出,一切理解和解释活动本质上都是一种实践态度,都从属于一定的政治维度,或者说,一切诠释学都是政治诠释学。如果我们不是抽象地谈论人的理解活动和解释活动,就会发现,它们总是在政治意识(或无意识)和权力磁场的背景下展开的。统治阶级的思想在每一个时代都是占统治地位的思想,因此,人们的理解和解释活动并不是随心所欲的,而是在一个统治阶级给定的"权力的磁场"中进行的。统治者不仅作为思想的生产者而进行统治,而且以自己的方式调节着自己时代的思想的生产和分配。我们只能在统治者和被统治者、权力和话语的互动关系中来理解一切诠释活动。②"社会生活在本质上是实践的",③而语言交往行为乃是整个社会实践不可分离、不可缺少的组成部分,离开了语言行为,人类当今绝大部分实践活动是无法进行的。④因此,要认识法律这一

---

① 〔德〕H. 科殷:《法哲学》,林荣远译,华夏出版社 2002 年版,第 182、183 页。
② 参见俞吾金《马克思的权力诠释学及其当代意义》,《天津社会科学》2001 年第 5 期。
③ 《马克思恩格斯选集》第 1 卷,人民出版社 1995 年版,第 60 页。
④ 钱伟量:《语言与实践——实践唯物主义的语言哲学导论》,社会科学文献出版社 2003 年版,第 250—251 页。

理性化的人造之物，语言维度和政治维度几乎同样重要。

现代法治观念，是建立在西方理性主义和自由民主精神的基础之上的，而西方理性主义传统既承认逻辑法规的神圣性，又鼓吹自由的否定精神的原创性。所以，西方的法治理念中，也就既包含了对法律外在形式的信仰，又容纳了司法能动主义对实质正义的追求；既有对法律语言之确定性的忠诚，又有对司法行为之灵活性的期待。这两种适相反对的理性精神，与其说是反映了人们对于法律的复杂心态，还不如说是恰恰反映了现代法治追寻正义的制度设计之精妙。西方的理性主义，是由两种精神相互辩证地缠绕而构成的，这就是自古希腊以来的"逻各斯（logos）精神"和"努斯（nous）精神"，前者发展为西方理性主义中的逻辑精神，后者发展为西方理性主义中的超越精神或自由精神。"logos"在古希腊语中本是"话语"的意思，后转化为规律、命运、分寸、公式之意，并发展出"逻辑"一词，这是作为普遍的规范、法则的理性；"nous"本是"灵魂"的意思，但不是低级的灵魂，而是高级的、完全超越感性和物质性的灵魂，即"理性灵魂"（又直接译作"理性"），这是作为个体精神向上超越的精神能力的理性。[1]邓晓芒教授在其著作中，把这两种精神称为（以辩证法为代表的）西方理性精神的"语言学起源"和"生存论起源"，并认为：这两种理性看似对立，因为要超越就要打破既定规范的束缚，而要制定规范就不能随时超越；但它们又是相辅相成的，因为一切普遍规范都是由于心灵超越了具体事物上升到一个更高的精神层次的结果，而个体精神的一切超越虽然都是为了否定低层次的规范

---

[1] 邓晓芒：《求真之路》，《社会科学战线》2001年第5期。

以提升到更高层次的规范，达到更大范围或更纯粹的普遍性，但它又只有借助于更高层次的规范作为手段、工具和跳板才能实现这种飞跃。①可以肯定地说，正是上述两种理性精神的存在，使得20世纪的西方法律理论很快冲破了概念法学、严格规则主义的樊篱，并一再地成功抵制了法律虚无主义对理性精神的怀疑。

　　笔者的基本观点是：既然法律是对社会资源进行合理配置的一种手段，那么表达法律的语言就是实现这一目标的工具。甚至可以说，在立法者和司法者那里，语言本身就是一种权力。立法语言和司法语言在各自的"独白"和相互的"对话"中，从事着社会资源的权威性分配，即笔者所说的"权力分配"。本书将以"权力诠释学"为分析框架，通过对语言的制度功能的考察，来说明语言是如何进入法律、如何参与社会权力的分配，进而控制着我们的生活。在现代法治社会，立法和司法相互制约、相互补充，构成同一个追求正义的过程。所以，笔者的考察也将从立法和司法两个方面入手。但是需要指出的是，在本书的讨论中，笔者所说的"权力分配"既包括权力、权利、利益等积极资源的配置，也包括义务、职责、责任等消极资源的安排；所以，此处的"权力"②应当作社会、政治意义上的宽泛理解，而不应局限于法律意义上的狭义理解。当然，这并不排

---

① 邓晓芒：《思辨的张力——黑格尔辩证法新探》，湖南教育出版社1992年版，第12页。

② "权力"是一个极为复杂的概念，本书无意对其进行专门的考察。一般来说，权力意味着一种支配性，但同时，它又依赖于资源；权力既是一种能力，又是一种关系。所以，"社会性资源的支配能力"或许更能概括本书"权力"概念的含义。所谓"社会性资源"是指人、由人构成的组织形式以及人的行为；而"支配"表现为授予权力、权利、利益，或者加载义务、职责、责任。

除本书在另外的语境下同时使用狭义的"权力"概念。

## 一 语言对法律发展的影响

人类的语言,并非完全只把特定的名称赋予特定的事物,它的非凡成就得力于创造出许多普遍的概念,使人类的思考、沟通与决策能有重要的凭借。①语言对于法律的意义,在近代以来的法典法中表现得最为直观和彻底,但是,这并不意味着直到法典化时代语言对于法律才是重要的。实际上,在法律的历史起源过程中,语言就起着决定性的作用。在基督教的观念里,上帝创造万物并为自然立法的时候凭借的是意志和语言;②其实,人类也是凭借意志和语言创造了世俗世界的法律,并用它实现了人类的自我管理。③

---

① 〔英〕丹尼斯·罗伊德:《法律的理念》,张茂柏译,新星出版社2005年版,第231页。
② 《旧约·创世记》:"起初,神创造天地。……神说:'要有光',就有了光。……神说:'诸水之间要有空气,将水分为上下。'神就造出了空气,……神说:'天上要有光体……'事就这样成了。……"在此,神的全能通过神的语言显现出来。奥古斯丁将永恒法视为上帝的理性和意志,它调整着万事万物的自然秩序,防止其混乱。阿奎那认为,整个宇宙是由神的理性所统治的,因此,宇宙的统治者即上帝管理万物的观念便具有法的性质。既然上帝创造了万物,人性和自然法最好被理解为上帝智慧或理性的产物(参见〔英〕韦恩·莫里森《法理学:从古希腊到后现代》,李桂林等译,武汉大学出版社2003年版,第64—71页)。
③ 人类实定法深受自然法观念的影响。古希腊-罗马的古典自然法理论经由早期的基督教教会传递到中世纪,并在此基础上,最终进入了世俗"高级法"和"基本权利"的现代语境,其效力体现在可对抗最高立法机关所制定的实定法的司法审查程序(参见〔爱尔兰〕J·M·凯利《西方法律思想简史》,王笑红译,汪庆华校,法律出版社2002年版,第98页)。

法律是在人这种生物摆脱自然的控制而由自己掌握自身命运——由自然生存状态到社会生活状态——的过程中，逐渐产生的。正确、正义等道德情感和个人对自己的自由意志行为负责是法律产生的基础，而法律的这种基础乃是人类语言发展的结果。语言是人类社会生活的必要基础，人的个性化随着语言而来。若无语言，人格的实现在心理学上是无法想象的。通过语言，人类能够表达自己的思想并了解他人的思想，而且经过长期的训练可以检视自己的思想，良知由此产生。当语言发展到能够表达概念的阶段，行为就可以被认为是正确的，因为社会经验表明这种行为有益于社会集体。既然法律要由集体的一般观点和集体的接受来决定制定与否，那么正确的情感与法律之间必然有着一些不同寻常的有机联系。语言和推理能力的诞生和发展，使人类逐渐产生了自我意识，他们意识到需要为合乎道德的目标而奋斗。由此，基于社会经验而产生的正确、正义等观念，最终演化成人们本能地或有意识地认为的正确的行为规则。人类对一种更真实、更高品位的生活的追求，宣告了人类完全机械地适应自然界的法令已经完全过时，人类的社会秩序开始建立在自由选择的法律之上。①从法的萌生过程中，我们可以隐约看到，正是语言能力帮助人类从自然世界中争取到权利。

虽然早期人类社会的法表现为习惯，但是，鉴于语言与人类思维的关系，②任何规则都不可能脱离语言而以纯粹观念的形

---

① 参见〔美〕约翰·梅西·赞恩《法律简史》，孙运申译，中国友谊出版公司2005年版。

② 马克思指出："思维本身的要素，思想的生命表现的要素，即语言，是感性的自然界。"（马克思：《1844年经济学哲学手稿》，人民出版社1985年版，第86页。）这表明，语言不仅是把客体信息引入思维过程的重要（转下页注）

态存在。因为行为规范包含着的观念内容不是个人的观念，而是共同体的观念；一种观念要成为共同体的观念，必须经历思想的传达过程；而人们要传达思想，就必须为观念造一些符号，以便人们能够直接感知——语言就是这样的符号。"没有语言的中介作用，外部世界的关系和秩序就不会在思维中被确定和把握……如果没有语言，个人所把握的关于客体的知识就不会成为全社会的成员共同掌握的、改造现实世界的实践知识，人类就不可能观念地创造理想世界，协调一致地改造现实世界。"[1]因此，习惯法在本质上就已经是人类语言的实践。文字发明之前，声音就是内在观念的标记。在法律发展的"无形法"阶段，行为规则有必要"用声律成句，以便口传记诵"。[2]尤其是，从习惯法到成文法的发展是一个漫长的历史过程，其间还经历了一个"非成文的制度法"的发展阶段，[3]它是"无形法"的高级

---

（接上页注②）媒介，是表现思想的感性的自然形式，而且是感性的自然本身及外部世界向人化世界、人类理想世界转换的中介形式。马克思、恩格斯还指出："语言和意识具有同样长久的历史"，二者都"只是由于需要，由于和他人交往的迫切需要才产生的"（《马克思恩格斯选集》第1卷，人民出版社1995年版，第81页）。当代心理语言学和神经语言学的研究成果认为，思想的形成过程和语言的表达过程是同时进行的。

[1] 王晓升：《语言与认识》，中国人民大学出版社1994年版，第19页。
[2] 参见〔日〕穗积陈重《法律进化论》，黄尊三等译，中国政法大学出版社1997年版，第7页。
[3] 梅因认为，在早期古代法典的后面，存在许多法律现象，这些法律现象在时间上是发生在法典之前的（参见〔英〕梅因《古代法》，沈景一译，商务印书馆1997年版，第1页）。欧洲最早的成文法典《十二铜表法》，虽然也确定了具体的界限和限度，但是由于其"主要特点仍然是揭示规范、澄清规范、介绍规范和解释规范"，而被认为"不是正式创造和制定规范"（参见〔意〕朱塞佩·格罗索《罗马法史》，黄风译，中国政法大学出版社1994年版，第107页）。这恰恰说明，成熟的规范在成文法之前已经存在，《十二铜表法》不过是对它之前的非成文法（不仅仅是习惯法）的成文化而已。中国最早的成文法出现于春秋战国时期，而早在商、夏（转下页注）

阶段。与早期的习惯法相比，非成文的制度法已经是比较系统、成熟的法律，这种进步是语言对习惯法进行过滤和整理的结果，其存在和传播，对语言有着更为直接的依赖，因为必须借助于语言，这种观念形态的法才能被深深地镶嵌到国家政治制度的架构之中。

同样，如果没有语言由声音到文字符号的发展，法律的成文化就没有可能。正如梅因所言，"古代法典的所以会创造成功是由于文字的发现和传布"；与"口传心授"相比，文字是一种比较好的法律保存方式，并且是一种使其正确保存的更好保证。[①]表面看来，法律的成文化似乎只是法律表达方式上的进步；实际上，法律由无形的声律语言转变为有形的符号语言，对法律乃至社会的历史发展产生了深远的影响。成文法打破了贵族阶层对法律知识的垄断，并且使法律的内容相对确定，抑制了司法的恣意擅断，它的公开性使其具有对立法者和守法者共同的约束性。中国古代制定、公布成文法的活动，是春秋末期的新兴地主阶级通过奋起斗争实现的，他们把制定、公布成文法，借以实行"以法治国"，作为推行政治改革和巩固封建专制主义中央集权制度的一项重要手段。[②]因此，深谙权力之道的奴隶主贵族阶级坚决反对公布成文法；"刑不可知，则威不可测"，他们担心成文法的公布将带来如下后果："民知在上不敢越法以罪

---

（接上页注③）两朝，即已存在由统治者制定的法律，只不过，奴隶制时代的统治者"惧民之有争心也"，故"议事以制，不为刑辟"。可见，在成文法出现之前，不但存在法律现象，而且已经发展出成熟的、系统化的非成文法律制度。

① 〔英〕梅因：《古代法》，沈景一译，商务印书馆 1997 年版，第 9 页。
② 参见周密《中国刑法史纲》，北京大学出版社 1998 年版，第 137 页。

己，又不能曲法以施恩，则权柄移于法，故民皆不畏上。"①《十二铜表法》以及类似的成文法典赋予有关社会的好处是，"保护这些社会使它们不受有特权的寡头政治的欺诈，使国家制度不致自发地腐化和败坏"。②这表明，只有成文法才获得了真正的规定性和尊严，它代表了一种通过法律的计划来维护或改变现有社会境况的企图，象征着这个社会已经开始尝试着逾越混乱和野蛮，并试图通过精确的语言和严谨的逻辑思维来规制和调节自我。③最重要的是，法的成文化改变了社会权力的运行方式，撩开了权力的神秘面纱，使得专制制度下的个人有了把握自己命运的可能——当统治者以违犯自己宣布的法律的方式施行暴政时，人民有了反抗的权利。

在近代欧洲的法典化运动中，语言对法律的贡献几乎可以和理性主义思潮的影响等量齐观。"法律作为人类的实践理性，最恰当的表达方式就是文字。"④因此我们甚至可以说，正是通过语言的媒介，理性主义才得以在法律中彰显自己。19世纪，自然科学的发展对欧洲大陆的法典化运动产生了深远的影响。从《法国民法典》定义繁多、条理分明、逻辑严密的行文方式中，我们可以看到几何学的痕迹。只不过，几何学的要素是线条、符号和数学公式，而法典中的要素是以文字形式存在的概念、原则和规范。法国的法典编纂者的观念，准确地反映了法国革

---

① 《左传·昭公六年》疏语。
② 参见〔英〕梅因《古代法》，沈景一译，商务印书馆1997年版，第11页。
③ 封丽霞：《法典编纂论——一个比较法的视角》，清华大学出版社2002年版，第4页。
④ 谢晖：《法律的意义追问——诠释学视野中的法哲学》，商务印书馆2003年版，第146页。

命的思想。革命的目标之一是使法律专家丧失其作用，把自由、财产、生命等自然权利还给个人。而"实现这个目标的方法之一，就是用清楚、明确、直截了当的方式表述法律，以使公民无需求教律师和法院就能读懂法律，知悉他们的权利和义务"。[①]至于《德国民法典》，更是以其概念的细密精致、用语的严格准确著称。人们虽然需要忍受那令人望而生畏的官牍文体，却又不能不赞叹它确是"优良的法律计算机""不寻常的精巧的金缕玉衣"，"或许任何时候都是具有最精确、最富有法律逻辑语言的司法典"。[②]德国的法典编纂承担了建立民族国家的任务，但德国人也把严格的分权原则吸收进了法律制度和政府制度。法典编纂最主要的目的就是要为法官的司法活动设定依据和界限，并促进法律的普及和公开，以法律这种理性形式治理国家，防止君主或政府的滥用职权和任意恣肆。语言还形成了法典的不同风格，它在服务于法典内容的同时，也将一个国家的文化传统和民族精神融入法典之中。《法国民法典》和《德国民法典》的语言风格迥异：前者简单明了、文字优雅，堪与文学作品媲美，却在一定程度上牺牲了法律的准确性和可操作性；后者理性、精准，富有逻辑性，而放弃了通俗易懂和对民众的教育作用。但是，它们却都不失为近代法典的精良之作，并垂范久远。

---

[①] 〔美〕约翰·亨利·梅利曼：《大陆法系》，顾培东、禄正平译，法律出版社2004年版，第28页。
[②] 〔德〕K·茨威格特、H·克茨：《比较法总论》，潘汉典等译，法律出版社2003年版，第220页。

## 二　语言在法律中的技术意义

人类实践是一种有计划、有目的的活动，而语言在其中发挥着重要作用，这在法律领域表现得尤为明显。一个社会之所以要用立法和司法要求或强制人们作出各种社会行为，是为了实现一定的"社会价值"。也就是说，立法和司法活动都是为实现一定的社会价值及依据一定的社会价值做规范判断服务的。同时，法律的基本价值判断需要通过一定的方式传达，才能形成对社会的有效控制，而语言就是法律传达价值判断的基本手段——这又将语言的重要性凸现出来："语言是法律的中心，没有语言，法律就无法理解。"[1] 因此川岛武宜认为，作为实用法学研究对象的法包含着这样两个要素：一是赋予立法与审判以动机并决定其内容的价值判断，二是作为实现该价值判断的手段所采用的词语技术。[2]对这两个要素我们虽然可以分别加以研究，但是，它们之间的关系问题，显然也是实用法学的题中应有之义。我们甚至可以说，如果没有语言所提供的技术支持，法律的价值判断将无法完成，国家权力也不能获得一种合法的形式。

虽然语言不是建构法律的唯一要素，但毫无疑问，法律乃是被语言所建构的。语言之所以能够成为法律的形式要素，是因为语言具有表达与沟通的功能。符号性、意义性和交际性是

---

[1] J. Gibbons, "Language Constructing Law," in *Language and the Law*, London: Longman Group UK Limited, 1994.

[2] 〔日〕川岛武宜：《现代化与法》，王志安等译，中国政法大学出版社1994年版，第244页。

语言的基本特征,[1]立法者借助语言表达立场和确认价值,并通过语言实现其与司法者、一般守法者之间的沟通。可以说,正是透过语言的意义性和交际性,法律才有可能成为立法者和守法者共同的行为守则。在某种程度上,法律之治正是借助于语言的社会功能来实现的。

从技术角度考察,语言首先帮助法律形成了法律特有的概念,概念进一步通过法律特有的逻辑形成了法律规范,法律规范体系化进而形成法律制度。可以说,法律概念是法律规范和法律制度的建筑材料,而由语句组成的法律规范[2]则又是法律制度的"基本粒子",法律规范概念因而就是法学一般理论的关键概念。法律规范不是为了自身的存在而被创制的,它总是为了实现人类的某些目的,因此,法律概念也需要承担法的调控任务,也要受制于目的论。正是由于负载着某些价值,日常用语中的描述性的"观念概念"就演变成了规范性的制度形成工具。[3]对法律而言,最重要的虽然是规范的效力,但是,要了解规范的意义内容和由此决定的规范效力,却必须从理解作为法律外在形式的法律概念和规范语句开始。

美国语言学家萨丕尔指出:"语言和我们的思维不可分解地交织在一起,从某种意义上说,它们是同一回事。"[4]对立法者而言,语言是其表达意图、传递价值的手段;对守法者而言,语

---

[1] 参见王健平《语言哲学》,中共中央党校出版社2003年版,第15页。
[2] 在大陆法系法律学者那里,这种表现法律规范的语句形式一般被称为"法律的命题"或"法律命题"。
[3] 〔德〕伯恩·魏德士:《法理学》,丁小春、吴越译,法律出版社2003年版,第95页。
[4] 〔美〕爱德华·萨丕尔:《语言论:言语研究导论》,陆卓元译,商务印书馆1985年版,第135页。

言是其理解法律并据以划定自己行为边界的准据。因此，法律如果不想使自己变成不可理解的东西，就必须尽可能采用日常语言来建构自己的大厦。但是，法律命题所使用的词语又与日常生活中的词语含义不同，特别是在现代法中，法律命题中的大部分概念和逻辑都具有特殊的技术性，它们都是按照法律技术的要求特别构成的。川岛武宜认为，法律技术之所以要结构出这些非日常性质的概念和逻辑，是因为这些概念和逻辑具有如下两个方面的功能：（1）它们是法律特有的思考手段。法律价值判断是一个特殊的思考过程，因此就要求有特殊的概念和逻辑作为思考的手段。词语本身就是思考的产物，同时它又是思考的工具。在现代社会中，法律越来越重要的地位对法律技术提出了更高的要求，最终导致法律技术概念与日常生活概念的分解。而法律特有的逻辑构成了各种法律价值判断及其相互之间的关系，它是一种词语技术，在这一技术的作用下，法律体系之中形成了井然的秩序，从而使法律价值判断中的思考实现了合理化。（2）它是法律特有的传递手段，将法律价值判断的结果以可传递的形式（词语）表现出来。作为传递手段，法律中的词语的目的在于保障法律价值的实现。为达到此目的，立法语句中的概念含义必须十分精确，这是衡量立法水平高低的一个最重要的依据。同时，语言的意义是与一定的语言形式相联系的，"如果离开了与特定语言形式和交往活动形式的关联，就无所谓有无意义……意义是一种关系，是语言形式与意指内容的联结，是交往活动与意指活动的联结"。[1]因此，法律语言必须具备一种适

---

[1] 钱伟量：《语言与实践——实践唯物主义的语言哲学导论》，社会科学文献出版社2003年版，第293页。

合于缔造规范意义的特殊形式,以便人们能够透过语言表象,了解规范的文本意义。作为语言形式的高级形态,立法中的逻辑构成也是向法官、一般行政官员及一般社会成员传递法律内容的手段,因此需要考虑它的技术性,以便于法律的适用。[①]

语言是在人与人之间的范围内发展的,人类通过语言成为共同体,同时又是从共同体中取得语言。人们相互之间的了解之所以成为可能,主要就是基于语言的这种社会渊源。也就是说,语言的理解只有在"语言共同体"中才是可能的,通过语言,人类不仅取得了与他人沟通的能力,也学会了在共同体中共同生活的规则。不过,按照考夫曼的说法,日常语言与法律语言是语言的两个面向,各有不同的重点,"两者必须相互拉近,使得生活事实的日常世界以及法律规范世界,不会毫无关系地相互割裂。由于两者的世界,是语言的构造,如果要有一个将事实纳入法律秩序的可能,那么首先必须透过语言的层次来达到"。[②]语言只有在能够被理解的情况下,才能对实践活动产生影响,因此基于有效性上的考虑,"法律语言最好是确切的、简洁的、冷峻的和不为每一种激情行为左右的。最好的法律文本是出色的文学作品,它们用精确合适的词语模塑出一种世界经验,并帮助我们通过同样精确得富有美学意义的语言模式,把人类的共同生活调控到有秩序的轨道上"。[③]但是,由于语言文

---

[①] 〔日〕川岛武宜:《现代化与法》,王志安等译,中国政法大学出版社1994年版,第256—261页。

[②] 〔德〕考夫曼:《法律哲学》,刘幸义等译,法律出版社2004年版,第175—176页。

[③] 〔德〕阿图尔·考夫曼、温弗里德·哈斯默尔主编《当代法哲学和法律理论导论》,郑永流译,法律出版社2002年版,第293页。

字具有多义性、歧义性、可变迁性,由语言表达的概念之意义也就具有模糊性和不确定性,以至于任何文本的理解都需要解释。而解释活动同样也是一种语言活动:语言不仅是解释的工具,也是解释的对象要素。

加达默尔认为,理解就是在语言上取得相互一致,整个理解过程乃是一种语言过程;一切理解都是解释,而一切解释都是通过语言的媒介而进行的。[1]因此,语言不仅是立法者的工具,也是法律实践者的工具。哈贝马斯认为,语言行为中既有"语言学的意义",又有"语用学的意义";因为句子的语言学意义不过是表达的语用学意义在陈述过程中的运用,并服务于建立人际关系和表达意向的活动,所以,语用学的意义优先于语言学的意义。[2]在法律中,"语言学的意义"和"语用学的意义"分别表现为语言的日常意义和法律意义。对法律的实践者而言,语言的功能是限制性的,而且,这种限制首先来自语言的法律意义,而不是日常意义。那些日常用语一旦成了法律用语,它们的含义就被特定化了,因此需要加以区分。但是,语言的日常意义仍然是重要的,它标界法律语言的意义范围。对法律的解释者来说,无论是按照"主观解释论"的观点去探求"立法者原意",还是按照"客观解释论"的观点去"自由发现活法",都必须在一定程度上尊重法律语句之客观外在意思,而不可能脱离具体的文本任意进行解释。尤其是,法律中的语言和逻辑结构服务于法律的规范目的,大多数情况下,尊重文本的

---

[1] 〔德〕汉斯-格奥尔格·加达默尔:《真理与方法》下卷,洪汉鼎译,上海译文出版社1999年版,第490页。
[2] 〔德〕哈贝马斯:《交往与社会进化》,张博树译,重庆出版社1989年版,第45—50页。

解释本身也是符合目的论的解释。要实现立法者试图通过法律加以贯彻的政策上的目标和价值评价，法律适用者就必须承认规范语言所宣示的意义的权威性。同时，对立法者相应的要求是，在表达具有约束力的含义时，应考虑"理性的接受者"对此可能或必定会怎样理解。①唯有如此，才能将法律规范的价值判断结果传递给司法者和当事人，实现规范意义的融通，达到法律调控社会生活的目的。在立法者和法律实践者的"商谈"或者"语言游戏"中，法律规范与社会生活事实之间的关系得以建立，法律中的道德价值和政治理想得以向个人的世俗生活延伸，法律的功能得以实现。

但是，"法律语言不可能消除现实的多样性，它植根于日常语言，它必须用有限的手段去描摹现实的无限多样性，并必须配以评价。这种结论排除了单一的清晰性：语言，与此相关包括法律语言，必须是多种含义的"。②因而，简单的语言并不一定让法律变得容易理解，相反，可能加剧法律的不可理解性。法律的实践者有必要始终小心翼翼地对法律语言的意义加以辨识、选择、澄清，甚至在某些场合不得不去做应该由立法者承担的工作。所以考夫曼说，语言是通过两种方式创造了法律：（1）通过规范制定的行动；（2）通过法律判决的行动。③在此，我们当然可以把法律的语言看成立法者与司法者及一般守法者实现沟通的媒介，但是，不同的主体对法律语言的功能和意义却有着不同的

---

① 〔德〕伯恩·魏德士：《法理学》，丁小春、吴越译，法律出版社2003年版，第81页。
② 〔德〕阿图尔·考夫曼、温弗里德·哈斯默尔主编《当代法哲学和法律理论导论》，郑永流译，法律出版社2002年版，第302页。
③ 〔德〕考夫曼：《法律哲学》，刘幸义等译，法律出版社2004年版，第186页。

期待。在立法者那里，法律的语言体现的是较大的信息传递价值，而在司法者那里，法律的语言则以操作性的功能为主。在本书的第三部分，笔者就将考察立法者如何通过语言技术，将自己的意志转化为一种控制社会的有形力量。

## 三 语言作为一种权力：规范机能的生成

近代独立的民族国家形成之时，各国大都通过成文宪法对国家和社会的权力进行了总体性的分配。在实行三权分立的国家，"一部宪法包含了三种不同的权力，那就是立法权、行政权与司法权，而且任何足以称为宪法的法律必须把这三种权力分别赋予不同的团体或个人"。[①]实际上，宪法不只是对上述三种公权力进行了分配，它也为公民个人权利和其他重要社会利益的分配确立了分配原则。根本法中的权力分配原则，将被体现到国家的各种具体法律制度中。因此，笔者在此只从一般法律的规范方式出发，做一个细致的也是一般性的观察。

语言是人类相互理解的基础，而法律又是借助语言创设的；法律的规范目的隐含在语言的外衣之下，理解法律必须从理解它的语言开始。"法律的概念在任何时候都不曾有过纯粹技术的、单纯调整的或形式上的功能。它通常还包含着评价的（世界观的）因素。正是在这个价值基础上，纯粹技术的概念才明

---

① 〔英〕丹尼斯·罗伊德：《法律的理念》，张茂柏译，新星出版社2005年版，第207页。

显地产生了社会和法律政策的影响……"①对守法者而言，法律的语言是一种行为规范；对立法者而言，法律的语言则是一种权力。立法者通过语言这种工具，表达了自己对于某些社会关系的价值判断，并为司法者和一般守法者划定了行为的边界。

在专制主义时代，统治者在法律中有意使用晦涩、模糊、弹性的语言，人为增强法律的神秘性，以达到垄断社会权力的目的。比如在中世纪的英国，法律中大量使用贵族阶级中所流行的法语和拉丁语，并有许多修饰性的赘语，通过这种方式，诺曼人把法律变为政治秘密。这种艰深、冗繁甚至是矫揉造作的语言风格一直保留到今天英美国家的法律中，以至有英美人士认为，学习法律包括学习一门新的语言；②还有人认为，法律英语是一门外语。③这使得这些国家的非专业人士几乎难以读懂法律，在法律面前，不懂法律的人几乎处于"无权"（disempowered）的弱势状态。④尽管英美国家发起了法律语言简明化改革，但是，这样的一套法律语言符号不仅记载着普通法"遵循先例"而形成的整个法律体系，而且法律职业者经过法律语言"濡化"（enculturation）后所形成的观念、价值、情感等因素具有稳定性，因此，英美法律语言体系的"平民化"改革阻力极大，收效甚微。

---

① 〔德〕伯恩·魏德士：《法理学》，丁小春、吴越译，法律出版社2003年版，第37页。
② Robert C. Berring and E. Edinger, *Finding the Law*, 11$^{th}$ ed, St Paul, Minn.: West Group, 1999, p.15.
③ 何家弘编《法律英语实用教程——美国法律制度要览》，吉林人民出版社1996年版，第1页。
④ Bhatia, "Cognitive Structure in Legislative Provisions," in *Language and the Law*, ed. by John Gibbons, London: Longman Group UK Limited, 1994.

写在纸上的文字和符号本来纯然是属于物理的东西，可是它们为什么具有惊人的表现世界的能力？它们是如何成为陈述、命令、允许的？美国当代著名的语言哲学家塞尔认为，原因就在于文字或符号的使用者把自己的意向加给了对象。正是由于说话者把表达某种意义的意向赋予了话语，话语才具有了各种言语行为功能。而语言在表达意向中具有特殊作用，离开由语言提供的描述系统，我们就不可能有社会性的意向状态。①法律规范和法律制度由"当为语句"构成，它们必须服务于特定的规范目的，并按照立法者的"社会理想"对国家和社会进行调整。②从法律发生学的角度来看，总是先有立法者针对某种社会关系所作的价值判断，然后才有依据该价值判断所形成的规范。从语言功能的角度观察，可以说，法律就是立法者通过文字将自己的意向施加给对象（司法者和一般社会成员）的意义描述系统。

法律中，除了大量采用"应当""可以""不得"等具有明显意向性的概念之外，法律规范的逻辑结构中也包含着意向性。虽然语言表达具有评价功能，但是，仅凭语言（包括概念化的语言）本身所包含的价值判断，尚无法完成法律的评价功能。实际上，规范才是法律评价的主要手段，语言本身的观念内容对规范的价值判断构成一种支撑，但是，法律对某种行为的态度，只有通过完整的规范表达才能被我们清晰地认识到。一般认为，在法律规范的逻辑结构中，包含假定、处理、结果三个要素。其中，"假定"是规范适用的条件，"处理"是对行为模

---

① J. R. Searle, *Intention and Intentionality*, New York: Cambridge University Press, 1983.
② 〔德〕伯恩·魏德士：《法理学》，丁小春、吴越译，法律出版社2003年版，第95页。

式的描述，"结果"则表达假定条件与行为模式结合之后在法律上的效果。"在完整的法律规则里存在的那种事实构成与法律后果相联系，是建立在某一评价之上的"，[1]它构成了法律语言表达的"情景"，决定着法律语言的"论域"。我们可以通过对法律规范逻辑结构的分析，来了解立法者是如何凭借语言手段传递价值，并使规范语句具有权威的。

在一个表达式中，如果仅有"假定"和"处理"部分，是无法形成法律规范的，因为它尚不能将自己与伦理规范区分开来。在法律规范的诸要素中，正是"结果"部分明确地表达了立法者的价值判断：（1）承认行为的有效性——意味着由该行为产生的结果受司法保护；（2）否认行为的有效性——意味着由该行为产生的结果不受司法保护，但并不意味着法律禁止该行为；（3）对行为进行惩罚——意味着法律禁止该行为。与第一种结果相联系的一般是授权性规范，与第二种结果相联系的一般是任意性规范，与第三种结果相联系的一般是义务性规范。这种体现国家意志的"结果"，排除了以外在于规范的其他标准判断行为性质的可能，同时也显现了法律规范的内容的权威性、强制性特征。规范的逻辑结构是通过语言来建立的，可以说，立法活动就是一个通过语言符号将国家意志具体化的过程，在这一过程中，规范的最高确定性和最高形式化阶段得以实现。通过创设法律规范，"国家权威命令作为规范性规定在官方文本中得到逻辑上的完善和形式上的具体确认"，[2]借此，人们可以预

---

[1] 〔德〕H. 科殷：《法哲学》，林荣远译，华夏出版社2002年版，第177页。
[2] 〔俄〕B. B. 拉扎列夫主编《法与国家的一般理论》，王哲译，法律出版社1999年版，第139页。

知自己的行为在法律上的后果，并对自己的行为进行选择。这样，立法者的价值判断就通过规范语句的表意功能传达给社会公众，并产生对社会的一般控制作用。

法律规范以特定的逻辑结构建构评判力，其最为典型的例子是刑法规范。刑法规范的基本构造模式一般是："（实施）……（行为）的，处……（刑）。"这一模式包含了对可能危害某种价值的行为的描述，即犯罪；也包含了刑法对这种行为的态度，即刑罚。但是，它却并不直接告诉人们"应当做什么"或者"不应当做什么"，而是通过"建构"行为与不利后果之间的必然关系，来使自己获得足够的评价能量；这种能量作用于人的"自由意志"，便可以促使行为人在"为"与"不为"之间作出选择，刑法的规范效果也就由此产生。因此，我们可以这样来理解刑罚的性质："刑罚是依据不法行为的严重程度和罪责来确定的一种痛苦，它表明了国家对不法行为的否定评价，是对严重违法行为的抵偿，从而达到维护法治的目的。"[①] 罪与刑的结合，是刑法评价的基本方式，可以说，为刑法所宣告的行为打上"犯罪"这一印记的，是紧随其后的刑罚。"制裁问题是一个关系到法律实效的问题。……只要在有组织的社会中还存在大量的违法者，那么法律就不可能不用强制执行措施作为其运作功效的最后手段。"[②] 国家设立刑罚和刑罚权，并将其和各种各样的行为类型联系起来，从而表明了对这些行为的否定态度，也赋予了刑法规范语句以权力的性质。控制论的创始人诺伯

---

① 〔德〕汉斯·海因里希·耶赛克、托马斯·魏根特：《德国刑法教科书（总论）》，徐久生译，中国法制出版社 2001 年版，第 17 页。
② 〔美〕E·博登海默：《法理学：法律哲学与法律方法》，邓正来译，中国政法大学出版社 1999 年版，第 341—347 页。

特·维纳认为,法律是"语言的道德控制",并指出,"当这个规范处在某种权威有力的控制之下,足以使其产生有效的社会制裁时,更可以这样看"。[①]可以说,正是行为模式背后的国家立场,使得罪刑规范获得了评价性力量。这种评价性力量的客观效果表现在两个方面:一是以间接但却十分明确的方式划定了刑法所欲禁止的行为;二是从相反的方向上和"法无明文规定便自由"的法治原则一起,界分出了公民行为自由的范围。

在民法规范的逻辑结构中,虽然"结果"要素一般并不表现为惩罚性制裁,但是,承认或否认行为的有效性,本身就包含着立法者对该行为的价值判断。私法领域的意思自治原则并非没有前提,出于调整社会生活的目的,民法规范的权威性亦可通过宣示某种行为在司法上的有利或不利后果得以确立。国家强力的支撑,使得法律规范的评价与单纯的道德评价区分开来。虽然法律并未强迫当事者必须作出在司法上有利于己的行为,但是,由于一般人的理智倾向于回避不利的后果,非惩罚性的"结果"要素同样具有权利调控的机能。

法律中的语言技术是一种手段,它的目的在于保证法律价值的实现。但是,基于规范目标的差异,在不同的法律领域,各种价值会呈现出不同的价值序列。由于人的需要是多方面的,法律承载的价值就是多样的,而且,各种价值之间可能是相互冲突的,所以,立法者需要通过语言技术的控制,来强调某一法律领域应予优先考虑的价值,这种表达在法律规范文本中的倾向性意见,对法律适用者的行为尤其是法律解释活动也具有

---

[①] 参见〔美〕N.维纳《人有人的用处——控制论和社会》,陈步译,商务印书馆1989年版,第83页。

指导作用。比如在刑法和民法中，语言技术就表现出不同的特征。对刑法来说，由于它是针对犯罪而动用刑罚的制度，在保护社会利益及人类共同生活秩序（即追求效率）的同时，刑罚的严厉性、剥夺性对个人自由、财产乃至生命也是一种潜在的危险，在权利观念日强的现代社会，特别要求对刑罚权的行使加以严格限制，以防止其滥用所带来的对个人权利的侵犯和对国家刑罚权本身权威性、正当性的损害。因此，安全、人道等价值在刑法中便居于优先地位。相应地，刑法在规范表达上的特点就是具体、明确、无歧义。"法无明文规定不为罪，法无明文规定不处罚"当然有其丰富的内涵，但是，我们完全可以将它首先理解为对刑事法律在语言上的要求。本此要求，在罪刑规范中，犯罪构成要件通常都会得到清晰的表达，处罚措施也十分明确。在司法上，刑法的严格解释被认为是"罪刑法定原则的一个直接的必然结果"。[1]另外，刑法还通过对类推的禁止，防止司法者在法律明文规定的范围之外实施处罚。民法不仅不会对司法者怀有如此强的戒心，反而需要更多地依靠司法者的能动性实现其功能。基于调整非正常社会关系的特性，刑法能做到或基本能做到法定主义。但是，"民法调整正常社会关系的特性，使其面临着无限广阔的调整范围，做到法定主义实不可能，因此民法更为强调灵活性"。20世纪之后的现代民法典中，基本原则成了很重要的立法技术成分。基本原则以其自身的模糊形式负载了法律的灵活、简短价值，并因其使民法典具有了更强的适应性而不必经常修改，也以一种特别的方式实现了法

---

[1] 〔法〕卡斯东·斯特法尼等：《法国刑法总论精义》，罗结珍译，中国政法大学出版社1998年版，第137页。

律的安全价值。①

法律规范既是一般社会成员的行为规范，又是司法者的裁判规范，因此，从国家与公民、立法者与司法者的关系来看，我们完全可以将法律看作一个有组织的社会通过语言对社会权力进行权威性分配的一种形式。而且，符号与创造符号意义的人不可分割，符号体系一旦形成，深谙这一体系的群体作为既得利益者总是试图强化它们，而不愿意轻易改变它们。凭借语言所表达的法律，一个社会的权力结构被定型化。

法律是国家为管理社会而制定的，从它诞生之时起，就决定了它在社会中的特殊权力性质。法律语言虽然大多来自日常语言，但是，由于立法者常常在有别于日常意义的含义上使用日常语言，而且立法也发展出了大量的专业性语言，法律成为一个具有高度规范化、专门化的知识领域，以至于一般社会群体很难详细了解它、掌握它，其结果是造成该技术和资源在社会或个人中间不能平均分配。法律的创制过程和运作过程由特定机构掌握，这使得国家立法机关和司法机构在社会权力的分配中具有极大权威；而直接掌握公共权力的国家机构，在社会中显然也具有优势地位。因此，现代法治社会的法律大多致力于限制公权力，保护私权利，促进权力的社会化，以最大限度地实现社会公平。

现代法治社会所坚持的原则是：公权力，法律没有授权便不得行使；私权利，法律没有禁止便可自由行为。显然，这是需要通过法律语言加以实践的原则。立法者可以通过对法律语言精确性程度的控制，来掌握分配给司法者的权力及公民个人

---

① 参见徐国栋《民法基本原则解释——成文法局限性之克服》，中国政法大学出版社1992年版，第336、354页。

的权利的大小。行政权力，尤其是行政机关制定法规的权力，只有法律有明文规定或明确授权时，才能获得其正当性；而且，其行使不能超过法律规定或授权的范围。在此，法律语言的意义边界，也就成了标定公权力边界的根据。在刑法上，之所以强调"明文规定"，就是因为基于安全价值之优先性的考虑，必须为刑罚权设置明确的界限。因为刑罚权是一种压制性、剥夺性的权力，设置这种权力的权力必须由立法者代表国家来掌握，而不能交由司法者。罪刑规范的模糊化会导致立法权与司法权界限不清，这一方面可能给司法权侵越立法权制造机会，另一方面，也会缩小公民个人自由的范围。越是精确的语言，就越具有封闭性、收缩性，立法者采用这种语言，使得法律的执行者很难歪曲它的意思，也表明立法者意图更严格地控制司法或行政权力。

但是，由于法律所调整的社会关系的复杂性以及将社会生活事实全面反映于法律中的不可能，模糊语言在立法中的使用不但常见而且必不可少。我们说模糊语言在法律文本中必不可少，并不意味着可以对立法语言的明确性要求有所降低，而是说，要"从具体情况和实际需要出发，在尽可能多地使用确切语言的前提下，有条件有限制地驾驭模糊语言，使'确切'与'模糊'各得其所",[①]以便语言能够最大限度地服务于法律的规范目的。抛开语言本身的局限性不说，模糊性语言同样可以满足立法者的某些意向，比如避开立法技术上的某些难题、增加法律应对未来社会生活的能力、释放权力，等等。正如弗里德曼所言，含糊不一定是毛病，法规中的含糊语言往往意味着立法者愿意授予某机构以最广泛的裁量权。模糊语言的使用不是

---

① 谷安梁主编《立法学》，法律出版社1993年版，第198页。

意外的事或错误,而是出于政治原因的一种策略。[①]笔者虽然并不认为模糊语言在立法中的使用只是出于政治上的原因,却同意模糊语言在立法中是一种策略的说法。模糊的语言具有开放性、扩张性,在某些法律领域,立法者意图让公民享有更大的自由,或者意图让司法者享有更多的权力,便会有意使用模糊性语言,采取原则性的规定。因此,法律中的模糊性语言并不都是缺陷或者统治者垄断权力的计谋,它们也可以作为国家分配权力的策略,为社会的法治理想服务。

与控制人类行为和为司法者提供裁判依据这一目的相适应,立法者通常会有计划地组织构成法律规范的语言。但是,观念一旦获得了语言的形式,就具有了相对的独立性,语言将摆脱主体表达观念时的特定语境的制约,"文本表明的东西不再与作者意谓的东西一致"。[②]这预示着,"表达的困境"和"解释的需要"必将出现。

## 四 语言的短板:法律中的"理性不及"

尽管立法者可能有意在法律中使用模糊性词语和概括性规定,但是,对于法律的规范目的,他们总是想表达得尽可能清楚,至少,他们会力图使法律规范语言的意义导向他们所作的

---

[①] 〔美〕弗里德曼:《法律制度》,李琼英、林欣译,中国政法大学出版社1994年版,第308页以下。

[②] 〔法〕保罗·利科:《释义学和人文科学》,剑桥大学出版社1981年版,第139页;转引自张汝伦《意义的探究——当代西方释义学》,辽宁人民出版社1986年版,第248页。

价值判断。然而，语言是否会忠实地服从于立法者的意愿呢？法律，曾经被认为是人类理性在社会领域的最高的体现者，是否也会遭遇"理性不及"①的状况呢？

如前文所述，在迄今为止我们所知道的各种法里，法的规则无不采用成熟的语言来表述。"法和语言间的不可分割的紧密联系同时也表明语言对法的制定和适用产生的影响：法的优劣直接取决于表达并传播法的语言的优劣。"②语言并非单纯的符

---

① 在《自由秩序原理》一书中，哈耶克对新经济形态下的知识构成作了分析，认为知识并不只是理性知识（rational knowledge），"理性不及"（non-rational）和非理性（irrational）的因素也很重要。这样，指导人们行动的知识就包含以下因素：（1）理性知识的因素。它们是那些有意识的和明确的知识，亦即能使我们陈述此事或他事为何的知识。理性知识包括科学知识、有关特定事实的知识、专家知识、一些关于知识在何处以及如何去发现所需信息的知识等。他认为，不能将这种知识仅限于科学知识，科学知识不能穷尽那些为社会经常使用的明确的和有意识的知识。（2）"理性不及"的因素。指融入我们环境之中的过去的经验，包括我们的习惯、技术、偏好、态度、工具和制度等，它们是人们对于环境所作的一切调适的结果。它们不能由理性去有意识地把握，但与明确知识一样，是我们行动得以成功的不可或缺的基础；甚至成功地运用我们的智能本事，也需依赖于对这些理性不及的因素的不断的使用。（3）非理性因素。这种知识通常并不为人们所意识到，通常会被忽视不顾，而且还常常被视为一种障碍，而非一种帮助或一种基础性条件，但是这种知识却是我们实现目的的基本条件。不过，在哈耶克的观念里，非理性因素也是一种"理性不及"（参见〔英〕弗里德利希·冯·哈耶克《自由秩序原理》上册，邓正来译，生活·读书·新知三联书店1997年版，第20页以下）。邓正来先生指出，理性不及并不指知识获取的不完备。理性的缺陷是人类（无论是一个人或者是一个组织）所固有的，不可改变（参见http://dzl.legaltheory.com.cn/info.asp?id=10172）。如果说"理性"是这样一种思维方式，即"相信已知条件可以完备得知，用这一些已知条件，依靠逻辑推理，就能得到指定问题的确定结论"；那么，"理性不及"就是指，很多时候没有办法"得到完备初始条件"，不能"依靠逻辑推理，得到确定结论"。在这一意义上，理性不及也可以说是"确定性的丧失"。

② 〔德〕伯恩·魏德士：《法理学》，丁小春、吴越译，法律出版社2003年版，第74页。

号，在各种场合，语言的功能都首先在于它的意义。当我们用语言表达了法律，"法立即就会与语言所保留的观念内容联系起来。一旦必要，才从这些观念内容发展为法学专有的含义。语言的这种含义首先方便于法的规则的表述；然而，语言的这种含义也令人担忧，因为法也因此而继承着语言的不精确，而且这种含义限制着法的规则的含义，因为它总是根植于某一个特定的语言共同体的语言和思维的种种传统里"。① 历史与文化的观念内容随着语言进入法律，当我们理解法律时，这些"先有"的东西就不知不觉支配着我们的视界。我们"眼里的"法律将在语言、观念的引导下，释出自身的意义，而不只是简单呈现立法者制定它们时赋予它们的意义。于是，法律规范内容的客观性问题变得十分复杂。另外，人的思维相对于其思维对象来说本来就具有抽象的性质，而当人们用作为符号的语言来充当这种抽象思维的工具时，语言符号本身具有的抽象性质及其作用也就完全显示出来了。② 语言本身所具有的"表达困境"，③ 使其无法完全满足法律表达的需要。因而，成文法不可避免地具有不合目的性、不周延性、模糊性、滞后性等缺陷。④

首先，日常语言与数理逻辑及科学性语言不同，其意义通常并不是十分明确的、清晰的，这是因为，"任何词（言语）都

---

① 〔德〕H. 科殷：《法哲学》，林荣远译，华夏出版社 2002 年版，第 177 页。
② 王健平：《语言哲学》，中共中央党校出版社 2003 年版，第 19 页。
③ 语言表达困境可以分为内在困境和外在困境。内在困境是指主体把内在的思想外化为外部语言而发生的困境状况，它是发生于主体内部的"无以名状"感；外在困境指主体虽然已经以某种语言描述了外部世界的本质或现象，但是总感觉到语言没有能真正地匹配外部世界，感到"言不达意"（参见王宏维《论语言和语言困境》，《哲学研究》1989 年第 1 期）。
④ 徐国栋：《民法基本原则解释——成文法局限性之克服》，中国政法大学出版社 1992 年版，第 137—145 页。

已经是在概括"。①通常,一个词所能拥有的只是一个意义范围,而不是唯一确定的含义,而且,即使是这个"意义范围",也并不存在一个可以准确把握的边界,我们理解的一般只是它的核心含义。在核心含义之外,语言的意义趋于模糊,就可能出现多重理解。"可能的意义在一定的波段宽度之间摇摆不定,端视该当的情况、指涉的事物、言说的脉络,在句中的位置以及用语的强调,而可能有不同的含义。即使是较为明确的概念,仍然经常包含一些本身缺欠明确界限的要素。"②当语言带着这些特征进入法律中,便可能使法律规范的内容未必总是十分明确,"特别是当法律规范所使用的概念与日常用语分离的程度较低时,法律概念就会产生拥有多重含义,即它与日常用语的含义区别不分明的现象。不仅如此,而且要使现存的法律对可能在未来发生的所有问题做出包罗万象的规定,不使用相当程度的抽象概念是绝对不可能的"。③对任何科学来说,术语的创造都是必要的工具。法律人也像其他职业团体或专门团体一样,常常在他们的工作中创造一些神秘的术语,因为他们想让法律语言在精密性和准确性方面超越日常生活的需要。④但是,即使是使用了抽象化的概念和专业术语,仍然不可能完全消除由语言的多义性所导致的歧义,以至于只要有理解的地方,就有可能出现误解。另外,正如人类的理性是有限的一样,由人类思维能

---

① 《列宁全集》第 55 卷,人民出版社 1990 年版,第 233 页。
② 〔德〕卡尔·拉伦茨:《法学方法论》,陈爱娥译,商务印书馆 2003 年版,第 193 页。
③ 〔日〕川岛武宜:《现代化与法》,王志安等译,中国政法大学出版社 1994 年版,第 289 页。
④ 〔英〕丹尼斯·罗伊德:《法律的理念》,张茂柏译,新星出版社 2005 年版,第 218 页。

力发展而来的语言也具有有限性。英国语言学家、语言功能学派代表人物哈利迪就认为，语言是人类把自身的经验从客观世界切割出来，用以表达、报道、许诺、请求、给予、索取，等等。人类经验是无限的，而表达人类经验的语言却是有限的。语言的这种有限性，使得某些人类经验不可言说，也就是无法经由语言得到理解，因此，语言不可能反映人类经验的全部内容，而只能反映人类经验的某个片断。[①]那么，法律即使是将自己的视野局限于特定的社会生活领域，立法者也不可能预见到法官将要面临的所有问题；表达法律的语言本身，基本上也没有描绘该领域全部生活事实的能力。

其次，为了追求法的安定性，人们总是希望法律的语言尽可能精确。但是，对法律而言，精确并非总是好事。过度抽象化的法律概念由于将它所描述的对象的特征舍弃过多，一方面会使非法律专业人士产生理解上的困难，另一方面，其高度的概括性也可能会忽略事物的某些重要特征，进而削弱自身对对象的解释能力。正如考夫曼指出的，语言上的极端精确，只能以内容及意义上的极端空洞为代价。仅以抽象化的概念形成构成要件，是难以适应规范社会生活的需要的，司法机关难免要突破那些过分狭隘的概念，那么就会发生对司法失去控制的危险。[②] 所以，法律一般毋宁采取一种类型化的规范方式，而法官也须采取类型化的思考方式。如此一来，立法权与司法权之间的界限究竟应该如何划定，又成为尖

---

[①] M. A. K. Halliday, "Language Structure and Language Function," in J. Lyons (ed.), *New Horizons in Linguistic*, Harmondsworth: Penguin Books, 1970.

[②] 转引自〔德〕卡尔·拉伦茨《法学方法论》，陈爱娥译，商务印书馆2003年版，第17页。

锐的问题。

再次，语言、思维、社会现实在本质上的差别以及非同步发展，是语言表达产生困境状态的重要原因。语言既然根源于人类的社会生活实践，它就不可能是一个封闭的、静止的系统，社会生活和社会思想的变化必然反映到语言中，进而带来语言自身的变化。这意味着，语言的含义不是固定不变的，而是可变迁的。但是，法律一旦制定，就需要保持相对的稳定。如此，这样一些问题就会产生：（1）由于语言的含义已经发生了变化，原本意义清楚的表达现在变得不清楚了。（2）变化了的语言含义仍然清楚，但新的含义致使法律规范的字面意义与规范目标背离，原来能够导致正义的解释现在可能导致非正义。（3）法律概念的意义范围定型后，就会以其效力和自身固有的逻辑在法律实践中发挥作用，法官在确定的意义上沿用它们，久而久之，会导致法律肌体的僵化；而由于社会生活的变迁，法律语言原有的含义已经不能满足调整现存社会关系的需要，某些正当的利益得不到保护。语言与社会生活的共同变化，使得相对静止的法律文本与它所要处理的社会生活事实之间不可能做到"点对点"的观照，总有人类关系的某些地带不能被法律覆盖，法律始终滞后于社会生活的真实情状。

复次，语言的意义是在语言的具体运用中才相对地确定下来的，只有在特定的语境中，语言才能被真正理解，而司法者不可能与立法者获得一种共时性的存在，法官即使试图将自己置于立法者的位置，也不可能完全理解立法意图。"文字虽为表达意思之工具，但究系一种符号，其意义须由社会上客观的观念代之。因而著于法条之文字，果能表达立法者意思否，自非立法者所能左右。"①由于文本语言不具有对话处境的那种当下性，文本指称就不像口头的指称那么确定。"在文本中，直指指称实际上被悬置起来。文本的指称不再是直指指称。"② 同样一个不准确的日常生活语言的概念在不同的法律中被用于不同的规范目的，所以，对立法者作出的不同定义，必须根据各自的调整目的来理解。③但是，绝大多数的立法历史表明，立法机关并不能预见法官可能遇到的所有问题，因而，也就不存在任何与这种问题相联系的"意图"。④有时，立法者认为他们已经将法律表达得十分清楚，实际情况也的确如此，但是司法者仍然可能会对法律产生不同的理解，此时立法者的"意图"就只不过是法官个人的看法罢了。这就是说，文字意义的客观性具有相对性，它对信息及价值的传递不是绝对"保真"的，在传递过程中，存在信息畸变和价值损耗的可能。

最后，如洛克所说，语言的目的之一是用语言来传达人们关于事物的知识，但是，"人们的观念如果不符合于实际的事物，则他们的文字便不能传达出关于事物的知识"。人们的观念"不符合于实际的事物"，既有客观上的原因，也有主观上的原因；前者来自语言本身的缺陷，后者来自人们对语言的滥用（误用）。⑤法律的不周延，固然主要是人类理性能力的有限以及

---

① 郑玉波：《民法总则》，台湾三民书局1979年版，第39页。
② 张汝伦：《意义的探究——当代西方释义学》，辽宁人民出版社1986年版，第250页。
③ 〔德〕伯恩·魏德士：《法理学》，丁小春、吴越译，法律出版社2003年版，第84页。
④ 〔美〕约翰·亨利·梅利曼：《大陆法系》，顾培东、禄正平译，法律出版社2004年版，第45页。
⑤ 参见〔英〕洛克《人类理解论》，关文运译，商务印书馆1981年版，第462页。

社会生活纷繁复杂、变动不居使得立法者客观上不能预见所有情形所致；但是，立法者主观方面的某些因素，也可能会导致法律缺陷的产生。比如，虽然立法者已经预见到了某一情况，但基于价值判断上的失误，而未能将这一情况表达在法律中，使法律出现漏洞。或者，立法者虽然将预见到的某一情况表达在法律中，却未能很好地使用语言工具，造成法律表达上的技术性欠缺。这种技术性欠缺可能是法律规范语言的含混不清，也可能是法律规范逻辑的自相矛盾。前者会造成法律文本难以理解，甚至根本不可解释；后者会带来法律适用上的困难，即：当司法机关"以法律为准绳"时，产生的结果有可能正好违背法律的规范目的，而要想追求规范目的，司法者又不得不逾越法律的明文规定。立法者"不能恰当地描摹现实，于是，便颁布了抽象的和因此必然是误解现实的法律，用这些法律，它未实现其总体目标，也许甚至导向意愿者的反面"。[1]既然法律是由人来制定的，那么我们就不得不接受人的弱点所带来的一切遗憾。

语言的界限就是我们自身认识的界限，人类理性能力的有限性根源于有限性的语言。概念法学的失败和"法典万能"神话的破灭业已证明，立法者试图通过语言达到完美法治的梦想只能是"梦想"，人类理性能力的有限，使我们根本上无法制定出完全适应社会生活需要并足以应对未来的法律。但是，我们却不能因为法律中存在"理性不及"的状况，就怀疑理性精神的力量；不能因为法律中不可避免的不确定性，而放弃对确定性的追求。

---

[1] 〔德〕阿图尔·考夫曼、温弗里德·哈斯默尔主编《当代法哲学和法律理论导论》，郑永流译，法律出版社2002年版，第305页。

作为一种社会调整手段，法律规范首先要进行价值的选择和确认，在此基础上，其行为指引功能、社会保护功能才能有效发挥。而价值的选择和确认有赖于规范的表达，因为在各种实践的场合，法律的意义需要根据法律规范的语言来确定，而不能只根据某种抽象的"价值"去推断"隐藏在法律背后的立法者的意图"。所以，当立法者完成了对某一社会事实的价值判断之后，针对该社会事实的"规范的表达"，就具有了至为重要的意义。尽管我们始终想通过人类的理性能力创造符合自身需要的法律，但是由于上述原因，法律语言所建构的意义系统的功能可能并未指向法律既定的规范目标。而"木桶原理"告诉我们，桶的容量取决于最短的一块木板。如果我们把语言看作法律这个木桶的"木板"，那么法律语言表达上的缺陷就是其中的短板，它导致的后果或许并不仅仅是法律解释及适用上的难题，而更可能是法律价值的流失。所以，在法律中，语言技术的意义绝不仅仅是"工具的"，它同时也是"价值的"。对立法者而言，语言也不仅仅是技术，它同时也是权力。只有当"工具"与"价值"相统一、技术满足于权力的正当性时，才能保证司法机关在"以法律为准绳"的时候，也同时实现法律自身的追求；相反，如果法律本身存在缺陷，那么形式上"以法律为准绳"的司法活动，恰恰有可能背离法律自身的追求。

语言是思想的载体，"作为一个普遍的规律，必须认为任何规范一旦得到清楚的理解，就总是能用语言表述"。[①]在语言"能指"的范围内，语言依然是法律存在的基础；在人类理性能力

---

① 〔英〕麦考密克、〔奥〕魏因贝格尔：《制度法论》，周叶谦译，中国政法大学出版社 1994 年版，第 44 页。

可以抵达之处，理性永远是人类获得自信的前提。法律中的"理性不及"，使得法律经由语言所进行的权力分配不可能在立法阶段终局性地完成，而必须将这一任务向后延伸到司法过程中。在此意义上，必须承认司法能动主义之合理性。在司法过程中，法官并不只是按部就班地将立法者的权力分配方案付诸实施，更多的毋宁是在从事权力平衡或再分配的工作。

## 五　权力的再分配：司法中的语言工具和语言权力

无论是机关、团体、个人，都总是倾向于追求自身利益的最大化，这就可能在行为时侵犯到相关主体的权利。当利益冲突的各方将争议交由司法机关裁决时，司法者的任务就是依据法律设定的标准，对被模糊了的权力的边界重新加以界定，并在法律对权力的分配不明朗或者不公平时，依据法律的原则、精神或者社会的一般正义标准，对之进行平衡——这实际上是一种权力的再分配。在此过程中，法官面对的一方面是争议的事实，另一方面是立法者制定的权威性的争议解决方案——法律文本。在简易案件中，法律可依据逻辑推理的方式直接适用时，立法权与司法权之间的界限是清楚的；而对大多数案件来说，事实的不典型使得法律规范不能直接适用，立法权与司法权之间的界限就不那么清晰了——所谓法律规范"不明确"通常即在此情况下产生——因此法官必须先对法律在此情形下的真实意义进行阐明，始得适用。

前文已经提及，解释活动也是一种语言实践，语言不仅是解释者的工具，也是解释活动的对象要素。因此，加达默尔认为，"整个理解过程乃是一种语言过程"。①语言表达的特点是，它不是把思维和客体作为一个实体直接输送给他人，而是传达关于思维内容和客体特征的信息，接收信息的人只有对这些信息进行再加工，才能由语言形式回复到思维和客体本身。是故，任何理解都必须经由解释，这是超越语言表达困境的需要。语言的意义不是一次性地呈现的，而是在实践中逐步展开的，因此，文本的解释和文本的表达属于同一个语言意义的输出过程，拒绝解释的文本其意义输出总是未完成的。笼统地说，法律解释也是为了克服表达困境，但是，法律解释还有更为直接的目的，就是要解决具体案件的法律适用问题。对司法者而言，其解释工作的客体是立法者的语言产品，在利用该产品的功能加工具体的案件时，法官经常会发现该产品不够精细，因而他们不得不对它进行一定程度的改良。但是，他们不能改变该产品的基本结构，只能对之进行擦拭、打磨、润滑、校准，他们完成这项工作的基本工具仍然是语言，他们的策略仍然是语言技术。法律解释所要面临的第一个问题，是立法者与司法者之间的关系问题，所以，我们有必要通过对法律解释活动的权力分析，来说明语言在司法过程中的意义。

曾经，在大陆法系国家，"分权理论的极端化，导致了对法院解释法律这一作用的否定，而要求法院把有关法律解释的问题都提交给立法机关加以解决，由立法机关提供权威性的解释，用以指导引领法官"。②这实际上是把法律解释也看作立法

---

① 〔德〕汉斯-格奥尔格·加达默尔：《真理与方法》上卷，洪汉鼎译，上海译文出版社1999年版，第490页。
② 〔美〕约翰·亨利·梅利曼：《大陆法系》，顾培东、禄正平译，法律出版社2004年版，第39页。

权的一部分，禁止法官解释法律，就是禁止他们逾越司法权在政治架构中的边界，这种观念产生的前提是对"人类能够制定出尽善尽美的法律"的理性能力的确信。20世纪以后，分权理论和人们对理性主义的态度已经发生了很大的变化，相应地，人们对立法者和法官作用的看法也发生了变化。在是否承认法官造法是法的渊源上，欧洲大陆国家长期犹豫不决，因为这种承认既与权力分立相矛盾，又与法律制度完善性的教条以及立宪国家的基本观念相违背。[①]但是，对于法官在司法活动中的主观能动性，大陆法系国家已经能够抱以较为宽容的态度，禁止法官解释法律的教条不再是牢不可破的观念了。现在，"罗马法系倾向于认为，解释法规的主要目的乃在于确定构成有关法规基础的意图或目的"；因而，一般反对这样的解释理论，即：将法规语词本身作为确定该法规内容的唯一基础。[②]在一定程度上承认法官灵活适用法律的权力，也是为了实现法律自身的目的；所以，法官虽然可以不受成文法律外在形式（语言）的限制，但是仍然必须受法律内在精神的约束。

但是，对于"立法意图"是否存在或者"法律目的"能否被发现，有人却心存疑问。主观解释论者就认为，独立于解释者之外的立法原意是不存在的，法律一经制定，其意思就成为一种客观存在，所以解释者无法也无须探究立法者当时的意思；法律的含义因时代的变化而变化，因而对法律的解释也应当因

---

[①] 〔德〕H. 科殷：《法哲学》，林荣远译，华夏出版社2002年版，第183页。
[②] 〔美〕E·博登海默：《法理学：法律哲学与法律方法》，邓正来译，中国政法大学出版社1999年版，第527页。

时代的不同而不同，法律解释的任务就是在法律条文语义可能的范围内，寻找现在最合目的的解释；法律的漏洞是不可避免的，法律解释具有弥补这些漏洞的功能，所以应当赋予法官以自由解释法律的权力。

上述几种对待法律解释的态度，表达的实际上是这样一种问题，即：法律文本及规范语言对于法官是否具有绝对的权威性，以及这种权威性在程度上的差异。否定司法者解释法律的权力，就是强调法律对于司法者的绝对权威，而且它坚持的是一种以语言为限度的外在标准；客观解释论虽不固守法条语言本身的绝对权威，但仍然强调语言背后的"立法者意图"或者"规范目的"，它坚持的是一种客观的目的论的标准；主观解释论"应当赋予法官以自由解释法律的权力"的主张，则不但动摇了法律语言形式所具有的权威性，而且将"规范目的"的判定标准建立在了法官个人的正义观念基础之上。

法律解释是一种实践活动，解释论上可接受的标准也只能存在于实践之中。正如马克思所指出的："人的思维是否具有客观的真理性，这不是一个理论的问题，而是一个实践的问题。人应该在实践中证明自己思维的真理性，即自己思维的现实性和力量，自己思维的此岸性。关于离开实践的思维的现实性或非现实性的争论，是一个纯粹经院哲学的问题。"[1]在马克思看来，人类的物质实践活动不仅决定着观念和文本的内涵和实质，也决定着观念和文本的演化、更替和被扬弃的命运。绝不可能存在与人们的物质实践活动相分离的、独立的观念和文本实践活动。人们关于理解和解释活动、观念和文本的任何争论，一旦离开

---

[1] 《马克思恩格斯选集》第1卷，人民出版社1995年版，第58—59页。

了实践活动这一现实的标准，就成了无意义的事情。[1]因此，只有将问题放置到法官适用法律的实践活动中，才能对法律解释的本质有所理解。

加达默尔的理解本体论诠释学思想认为，应用是一切理解的一个不可或缺的要素，这种理解的应用性表现在：首先，理解乃是一个语言应用的过程，理解展开的过程自始至终贯穿着语言的应用；其次，理解本身就是一种应用，是"把某种普遍东西应用于某个个别具体情况的特殊事例"。在加达默尔看来，应用便是诠释，诠释便是理解；不仅理解和解释是同一的，而且理解、解释和应用也是同一的。在这方面，加达默尔认为法律解释学可以为整个人文社会科学界提供一个理解、认识问题的方法上的典范。对某一法律条文原意的认识，与实际应用该法律条文，乃是同一个过程，法律文本是在应用中被理解的。于此，应用便具有了双重指向性：它既指向现时态的生活，也指向文本本身。因之，加达默尔还十分强调理解过程的开放性，强调表达者和理解者的"视界融合"，他认为，理解就是读者与文本之间展开的对话过程。"当我们试图理解某个文本时，我们并不是把自己置入作者的内心状态中，而是——如果有人要讲自身置入的话——我们把自己置入那种他人得以形成其意见的视域中。……我们在这里进入了一个有意义物的领域，该有意义物无须再返回到他人的主体性中。"文本的意义永远超越它的作者，因此，理解就不只是一种复制行为，而始终是一种创造性的行为，理解必须把文本和读者自己具体的诠释学境遇联系

---

[1] 俞吾金：《马克思的权力诠释学及其当代意义》，《天津社会科学》2001年第5期。

起来。在规范的具体化的适用过程中，诠释者跨越着一般与普遍之间的鸿沟，补充着一般原理的先天不足，他们扮演的是一个创造性的角色，而不仅仅是对普遍的规则进行简单的演绎操作。①

在具体的法律实践中，法官对待法律的策略可能既超出了客观解释论者的理论预期，也超出了主观解释论者的理论想象。文本的指称和意义当然是相互制约的，但是，由于文本能够脱离特定的表述语境和表达者的主观意向而相对独立地存在，文本语言的意义又可能突破它直接的指称。面对法律，法官经常会考虑规范目的，但却不一定遵循立法者为追求这一目的而设定的"路径"（规范方式）；同时，所谓"自由解释"也并非毫无羁束，无论如何，法官都不会认为自己对案件的处理是在没有法律根据的情况下作出的。"不得拒绝裁判"和必须"依法裁判"的原则，使得法官即使是在法律并不明确的时候也要履行其职责，并须不断表明自己的裁判是依据法律作出的，而法律解释就是用来证明某一概念含有一定的意义，从而使该判决正当化的技术。②因此，法官解释法律的"着力点"在于解决具体的案件中的法律问题，并使判决正当化，而不是体察立法者的立法意图。当然，符合立法意图也是判决正当性的理由之一，但不是充足的、唯一的理由。在中国，即便法官个人不享有解释法律的权力，然而，"面对僵死的法条文字，法官们，无论是

---

① 参见〔德〕汉斯－格奥尔格·加达默尔《真理与方法》上卷，洪汉鼎译，上海译文出版社1999年版，第370页以下；陈弘毅《当代西方法律解释学初探》，载梁治平编《法律解释问题》，法律出版社1998年版，第27页；彭启福《理解之思——诠释学初论》，安徽人民出版社2005年版，第43—44页。

② 参见〔日〕川岛武宜《现代化与法》，王志安等译，中国政法大学出版社1994年版，第289页。

出于正义的目的还是出于私利，往往会通过裁剪事实来'制作'案子，使之表面上看来符合法律。……作为理性的个人，法官会根据自己所受的约束条件来选择自己的行为方式。他们不仅能够选择一定的解释规则下的解释方案，而且能对解释规则本身做出选择：即使无法选择更改解释规则，也能选择规避这些规则"。①这是否意味着，对于解释之自由的最后限度，立法者既无法预料也无法控制，只有法官们在具体案件中根据实际情况才能加以掌握？

法律局限性的存在，使得司法者解释法律和灵活适用法律的要求具有了非常坚强的理由。同时，"法官们总是要表明自己的判决有法律根据"这一现象又说明，无论法官实际上怎样灵活地对待法律，他们仍然接受法律最基本的制约。一般认为，在各种法律解释方法中，文义解释具有优先性。"典型的解释方法，是先依文义解释，而后再继以论理解释"；"惟论理解释及社会学的解释，始于文义解释，而其终也，亦不能超过其可能之文义，故如法文之文义明确，无复数解释之可能性时，仅能为文义解释，自不待言"。②麦考密克和萨默斯对不同解释方法在各国法律制度中的运行情况进行考察分析后，提出了一种阐明各种解释方法之间优先次序的成文法解释模式。他们认为，在解释成文法规时，依照如下顺序考虑论述类型：（1）语言学论述；（2）体系论述；（3）目的－评价性论述。并进一步认为，除非有更好的理由需要进一步考虑层次（2），否则即得认可在

---

① 郑戈：《法律解释的社会构造》，载梁治平编《法律解释问题》，法律出版社1998年版，第75页。
② 杨仁寿：《法学方法论》，中国政法大学出版社1999年版，第101页。

层次（1）上明确的解释是合理的；如果有充足的理由使用层次（2），除非有某种理由需要进一步考虑层次（3），否则即得认可在层次（2）上明确的解释是合理的；如果进一步考虑层次（3），则仅有那种为全部可适用的论述最有力支持的解释才被认为是合理的。[1]在该模式中，语言学论述具有最初的优先性；而体系解释，因其本身在于满足法律体系之内在逻辑上的一致性，所以实际上也是语言技术上的标准。至于目的论的解释，同样不能将法律语言的含义完全置之不顾，毕竟，法律的"目的"也是蕴含在规范语言之中的，法官最后即便需要对法律做目的论的解释，也必须坚持客观解释论的立场，即：他仍然应当根据法律规范语言所提供的语境（规范逻辑），来识别法律的规范目的。由此可见，法律对法官解释的制约性力量，首先来自法律的语言。立法者与司法者不只是作者与读者的关系，法律与法律解释也不只是文本与理解的关系；从法律的本质出发，我们可以认为：法律语言的意义边界，首先应当被看作国家划分立法权和司法权的权威性标准，因此必须得到充分的尊重。

究其实质，法律解释权和法官自由裁量权不过是立法者在无法通过立法活动消除法律自身缺陷的情况下，不得已让渡给司法者的极小一部分"立法权"，其目的是维护法律相对的稳定性和增强法律的适应性。凯尔森就认为，法律的创立和适用作为国家的两种基本职能，其界限不是绝对的，而是相对的；大部分国家行为往往既是创立法律的行为，又是适用法律的行为。例如在英美法系，法院的判决既是适用一般规范的行为，又是

---

[1] 〔荷〕伊芙琳·T. 菲特丽丝：《法律论证原理——司法裁决之证立理论概览》，张其山、焦宝乾、夏贞鹏译，商务印书馆2005年版，第5页。

创立个别规范的行为,可以说,司法权中当然地融合着少量的立法权在内。①将少量的立法性质的权力授予司法者,只是为了实现法律自身的目的;因此,立法者不会希望让渡出去的这部分权力走向自己的希望的反面,他们不会轻易否认法律文本所具有的权威。即使是在英国这样的国家,法官具有创立新的规则的权力,但是理论上仍然认为,司法造法的权力,本质上与真正的立法作用有别。司法造法只是在追求法律规定的逻辑含义,通常不能超越这个范围,或是在涉及成文法案的解释时,不能超过这些法案的语义结构。"法官应当避免使自己卷入政策性决定"的原则被认为非常重要,因此在疑义发生而必须做一抉择的时候,法官也应当基于逻辑上必须一致的考虑,而不能为法律以外的因素所左右,譬如社会目的、道德、正义或便利。②

虽然法律同为一般公民的行为规范和司法者的裁判规范,但是,这并不意味着法律作用于司法者和作用于一般公民的方式是相同的。公民个人只是根据法律对权力的分配,享有自己的权利,对于"分配方案"的法律本身,他们不能提出异议;而司法者由于是在具体落实法律的权力分配方案,在此过程中,法官个人的意见或多或少也会表达在最终的分配结果当中。"很显然,法官是受法律制约的,法律不允许法官恣意做出判断。但是,当依据条文的字句所做的形式逻辑推论的结果与法律体系的最终的理想和目标相矛盾时,法官就不能将形式逻辑推导出来的结果宣称为审判的结论。"因为,法律条文中的概念和逻

---

① 参见沈宗灵《现代西方法理学》,北京大学出版社1992年版,第171、174页。
② 〔英〕丹尼斯·罗伊德:《法律的理念》,张茂柏译,新星出版社2005年版,第212页。

辑只是实现法律体系中蕴含着的理想的工具，"如果审判的结果为了手段而去牺牲了目的，那么这将有悖于法官的使命"。①问题在于，所谓"法律体系中蕴含着的理想"，也就是法律的规范目的或意图，并不是明明白白写在那里的，它仍然需要司法者通过对法律规范文本的解释才能揭示出来。而且，对某一法律规范的阐释，未必只能导出唯一确定的目的或意图。正如哈特指出的那样："在困扰着法院的大多数案件中，无论是法规中的规则，还是判例中的规则，它们所包含的可能结果都不止一个。在比较重大的案件中，总是有一个选择的问题。在此，法规的一些用语会具有两可的意义，对判例的含义'究竟是'什么也会有对立的解释，法官将不得不在其间做出选择。"②至于如何选择，就完全取决于法官本人的良知、智识和社会的一般正义观念，这些语言和逻辑之外的准则，毕竟不如规范语言那样容易被遵守，因此，直接决定当事人权利的分配的，实际上是法官的权力性语言，即司法判决——在将法律的分配方案现实化的过程中，它通常会做一定程度的矫正和平衡。这表明，法律判断中经常包括价值判断。"当法官决定采纳类推适用的方式与否时，当法官'衡量'相互冲突的法益或利益时，或者，当法官考量生活关系的新发展及改变时，他们都须要以价值判断为基础。"③

---

① 〔日〕川岛武宜：《现代化与法》，王志安等译，中国政法大学出版社1994年版，第245页。
② 〔英〕哈特：《法律的概念》，张文显等译，中国大百科全书出版社1996年版，第13页。
③ 〔德〕卡尔·拉伦茨：《法学方法论》，陈爱娥译，商务印书馆2003年版，引论第19页。

波斯纳也认为："当法官遭遇的制定法不明智时，就如同下级军官遭遇命令不明确时一样，法官必须调动自己的一切想像和移情的能力，他要努力将自己置于创制该制定法的并请求予以解释的立法者的位置上，他们不能只研究字面含义，他们必须努力理解立法者当年所面临的问题。"他进一步分析认为，这种"想象性重构"又有其局限性，个人有个人的价值，让法官想象自己是立法者或许并不可行。加之，对立法原意的识别不能离开立法目的，而探求立法目的的线索有时并不是十分清楚的。当想象性重构和目的性解释都不成功时，或是当这些技巧只表明争议问题将由法院根据其能力自行决定时，制定法的解释就蜕变为一种政策性决定。[①]实际上，在英国，"法官应当避免使自己卷入政策性决定"的原则也从未被认真地遵奉，"涉及价值的选择是大部分判决制作过程中的重要特征。法官像其他人一样，无法使他们自己与他们所属的社会或团体中蕴涵的价值形态隔离，而且很少有法官能有意识地努力来保持公正或摒弃感情以消除这类因素的影响"。[②]可见，司法者解释法律的活动并不只是单纯地阐释法律规范含义的语言实践活动，它也是通过语言行使权力的活动；这种活动也不只是消极地执行法律对权力的分配，而且还直接决定权力的分配。法律规范的语言所设定的边界，绝不是司法者唯一遵守的标准，他们有各种理由突破这一边界，并有同样多的理由证明其衡平行为的正当性。

法律需要经由解释才能被适用，而司法判决却直接具有强

---

① 〔美〕理查德·A·波斯纳：《法理学问题》，苏力译，中国政法大学出版社2002年版，第344页以下。

② 〔英〕丹尼斯·罗伊德：《法律的理念》，张茂柏译，新星出版社2005年版，第212页。

制执行的效力，因此，司法判决中的语言如同法律规范语言一样，被加上了权力的"咒语"，并能直接支配个人的权利，改变个人的命运。"从此意义上说，人们日常在法律上对权利的享有，并非立法者法律规定的结果，而是诠释者诠释的结果。"①法官的立场体现在其裁决中，由于裁决内容涉及权利的分配，而其中又容易带有法官私人性的价值判断，"他必须充分证立该裁决以使当事人、其他法官乃至整个法律界所接受"；尤其是在法律已经被解释的场合，"法官必须说明他为何选择了该种对法律规则的特定解释"。②在此，语言又成了法官用来证明判决合法性的工具，经过论证，判决不但具有了权威，还可能获得较强的社会公信力。

拉伦茨认为，虽然法律的解释都必须是对规范适当并且有充分根据的认识，可以主张其为"正确的"解释；但是没有一个解释可以主张它是终局并且可以适用于任何时间的、"绝对正确的"解释。"它绝不可能是终局的解释，因为生活关系如此多样，根本不能一览无遗，再者，生活关系也一直在变化之中，因此，规范适用者必须一再面对新问题。"③只要社会生活中不能避免权利的冲突和利益分配的失衡，司法的这一调节作用就始终应当得到承认。可以说，正是司法者公开或隐蔽地参与了社会权力的再分配，法律的所有局限性才变得可以让我们忍受。对于法律这架机器，当然需要有较为严格的操作规程；但是，

---

① 谢晖、陈金钊:《法律：诠释与应用》，上海译文出版社2002年版，第174页。
② 〔荷〕伊芙琳·T. 菲特丽丝:《法律论证原理——司法裁决之证立理论概览》，张其山、焦宝乾、夏贞鹏译，商务印书馆2005年版，导论第3页。
③ 〔德〕卡尔·拉伦茨:《法学方法论》，陈爱娥译，商务印书馆2003年版，第195页。

我们显然没有理由反对操作者在此操作规程的基础上，出于效用（使机器更好地运转）的考虑而发展自己特殊的技巧。

在法官处理案件、形成判决的过程中，法律解释不是法官唯一的手段，法律推理也是他们的基本工具和方法。形式逻辑是以语言为基础的思维方法，与法律解释相比，主要以形式逻辑为手段的法律推理似乎是较少涉及价值判断的、客观中性的技术行为过程。然而，果真如此吗？

法律的制定是为了追求人类一定的目的，因此完全符号化的人造语言虽然可以满足逻辑上的可论证性，却无助于规范目的的构造。法律规范大多仍然需要利用包含价值判断的日常语言来表达。在法律实践中，即使是逻辑的法律方法，亦不能以其具有相对客观的面目，而要求规范目的服从于推理结果。相反，在语法、逻辑、目的论三者相冲突而产生疑问时，可证实的、真实的规范目的具有选择上的优先地位。这是因为："在法学和法律实践中首先涉及到的不是逻辑，而是通过规范实现目的的目的论。借助各规范实现调整目的，这是法的核心……规范制定和规范适用所重视的形式逻辑在法律实践中是目的论的仆人。"[①]法官裁判的形成，当然不能违反逻辑法则；但是，倘若为了逻辑上的圆满而忽视了法律的规范目的，就更不可取。由于法律采用的是类型化的规范方式，要在具体案件中实现规范目的，无法离开价值判断。

在英美普通法中，类推是很受重视的一种方法。为了能够合理运用类比推理，必须知道案例 A 与案件 B 之间有"相关

---

[①] 〔德〕伯恩·魏德士：《法理学》，丁小春、吴越译，法律出版社 2003 年版，第 309 页。

的"相同点，而没有"相关的"不同点。然而，即使是看起来相似的案例之间也在许多方面存在区别。类推者的主要任务就是确定何时存在相关的相同点和不同点。①不管类推者如何选择，都属于一种价值判断；无论他认为案例 A 所确立的原则是否应该适用于案件 B，都会牵涉个人对社会目的与伦理标准的看法。"也就是为了这个缘故，所谓'逻辑的论据'尽管汗牛充栋，终究不能消除人类制作选择的需要，而选择的根据又往往是有意或无意，慎重或轻率的价值判断。"② 大陆法系之所以反对以类推的方式适用刑法，根本原因即在于，类推乃是一种补充法律的方式，通过这种方式，法官所做的价值判断已接近于立法者，在以类推方式定罪的场合，无异于为刑法增加了新的罪名，这与罪刑法定原则尖锐抵触。③所以，虽然在私法领域，类推是必不可少的思维方法和法律适用方法，而在刑法中，通常认为只在有利于被告的情况下始得允许。

那么，三段论的演绎法，又是否是一种完全排除了价值判断的纯粹技术呢？法律规范要适用于实际发生的案件，首先需要确定案件事实，即找出三段论中的小前提。拉伦茨揭示出，在判断案件事实是否符合法条的构成要件时，我们可以通过感知、通过对人类行为的解释或者通过其他社会经验提供的基础

---

① 〔美〕凯斯·R. 孙斯坦：《法律推理与政治冲突》，金朝武、胡爱平、高建勋译，法律出版社 2004 年版，第 79 页。
② 〔英〕丹尼斯·罗伊德：《法律的理念》，张茂柏译，新星出版社 2005 年版，第 219 页。
③ 笔者认为，"法律解释"概念应当作狭义理解。类推并不是一种法律解释方法，而是一种法律思维方法和法律漏洞补充方法。这是刑法禁止类推的根本原因（参见周少华《"类推"与刑法之"禁止类推"原则——一个方法论上的阐释》，《法学研究》2004 年第 5 期）。

进行判断；但是，如果欠缺可用的"一般经验法则"，则判断者必须比较、"衡量"诸多事实，必须依法律规定的观点来评断各该事实的重要性。而假使将案件事实涵摄于法律规范的构成要件之前，必须先依据"须填补的"标准来判断该案件事实的话，判断者就必须作价值判断了。假使价值判断是一种采取立场的表现，那么它首先是判断者的立场。即使在法庭中，纯粹"感性的"评价也不能完全排除，因此法律家的任务就在于设法使评价"客观化"。有时，待判断的事件正好发生在某种边界地带，法律就此欠缺精确的界限，于此间作此种或彼种裁判均无不可。在此情况下，"即使法官不能作终局彻底的论证，其仍应依合乎义务的裁量，为法定标准或类型所要求的裁判"。如果两种以上不同的裁判都有各自的正当理由，那么最后就取决于法官个人的价值理解及确信。[1]就此，霍姆斯在其1897年写就的著名文章《法律之路》中也说："逻辑形式的背后是针对相互冲突的立法理由的相对价值与轻重程度作出的判断。当然，这往往是未经道出且不知不觉的判断，然而却是整个司法过程的根基与核心所在。……我认为法官自己并未充分认识到他们有责任权衡社会利益的利弊得失。"[2]法律适用是一个极其复杂的过程，在此过程中，法官远远不只是法律这架机器的保守的操作员，他们在向这架机器输送待加工的原材料（案件事实）时，也同时做着材料拣选的工作，在制作"正义"这种产品的配方中，已暗自加入了个人"辨证施治"的智慧。

---

[1] 〔德〕卡尔·拉伦茨：《法学方法论》，陈爱娥译，商务印书馆2003年版，第165页以下。
[2] 转引自〔美〕A.L.考夫曼《卡多佐》，张守东译，法律出版社2001年版，第224页。

我们分析法律推理中存在价值判断的成分，绝不是暗示法律适用中存在法官个人擅断的风险，更不是主张应当将价值判断从法律推理中排除出去（这正是概念法学曾经的妄想），而是想表明，与法律解释一样，司法过程中的另一种语言技术——法律推理，同样包含着真实的权力内容，它绝不可能只是一种技术。权力意味着支配，在被裁决的案件中，当事人的权利和利益通过法律推理，亦可能受到实质性的影响。

在法庭审理、辩论过程中，我们同样可以看到，语言技术是如何支撑着权力对权利的分配的。在法庭会话中，问话人设定话题，并且通过对话题的控制，获取他们所需要的信息。问话人常常采取重复提问、暗示、话题的突然转换等策略，达到控制话题、获取所需信息的目的。在专制主义究问式审判模式中，庭审是法官"一言堂"的断案过程，审判不过是国家权力实现社会控制的手段，个人权利在这一过程中不受重视，因而当事人只有"如实回答"的义务，而没有自主表达和申辩的权利。即使是"如实回答"，法官仍然可以不容置疑地打断当事人的陈述，或者在认为话题偏离"正确的"方向时，随时进行纠正。这种法官主导的审判方式，极容易导致权力对权利的压制。因此，在现代法治社会，十分重视将当事人个人话语引入司法的决断机制中，通过正当程序对话语权的协调与控制，使享有权利的各方参与到权利冲突的解决过程之中，让当事人意见得到充分的表达，创造了有利于保障个人权利和公平、正义之实现的审判方式。"法治社会的司法推理是由法律制度规定了的控、辩、审三方共同参与的法庭辩论活动。正是通过辩论，才使正当理由（控诉利益、辩护理由、判决理由）越来越凸现、案件事实越来越清楚、法律解释越来越趋于一致，从而达到适用法律的最佳效果。"①

哈贝马斯的"法律商谈"理论认为，一个司法判决的正当性不但取决于其所适用的法律规范本身的正当性，还取决于作为关于规范的适用的对话的司法程序是否符合理性对话的标准和要求。在这方面，把这种对话的辩论过程制度化、规范化的程序法具有关键作用。②哈氏认为："法律程序的规则将司法判决实践建制化，其结果是，判决及其论证都可以被认为是一种有特殊程序支配的论辩游戏的结果。……审理程序中社会角色的分配也建立了检察机关和辩护人之间（在刑事诉讼中）或者原告与被告之间（在民事诉讼中）的对称性。这使得法庭能够在审理过程中以不同方式扮演不偏不倚的第三方角色：或者是主动地发问，或者是中立地观察。在取证过程中，诉讼参与各方的举证责任也多多少少是有明确规定的。审理程序本身也按竞争的精神设置成追求各自利益的各方的竞赛。"③在大陆法系的抗辩式审判方式中，事实是以语言为中介的，在将案件"客观事实"提升为"法律事实"的过程中，诉讼参与人的语言技能发挥着重要作用，所以诉讼程序中需要有充分的陈述和辩论。在英美法系，"交叉询问"是保障程序公正的重要制度，它是在证人各自作证后，再接受对方当事人或律师的询问，以验证其语言的真实性。总之，在现代法治国家，诉讼程序的正当性主要

---

① 张保生：《论司法解释与司法推理的包容性》，载刘士国主编《法解释的基本问题》，山东人民出版社 2003 年版，第 197—198 页。
② 陈弘毅：《当代西方法律解释学初探》，载梁治平编《法律解释问题》，法律出版社 1998 年版，第 21 页。
③ 〔德〕哈贝马斯：《在事实与规范之间》，童世骏译，生活·读书·新知三联书店 2003 年版，第 287 页。

表现在通过对话语权的合理分享,来达到权利与权利之间的协商性一致;赋予当事人以表达意见的权利,就是承认其有资格参与涉及自身利益的分配决策,这是民主在司法程序中的体现,或许,这也是现代社会"权力"与"权利"不再绝然分隔的体现。

由于法律本身无法做到以个别化的方式处理问题,我们必须对司法过程寄予希望,而不能在法官的个人因素与司法擅断之间画等号。法律无论如何也不会变成数学,凡是涉及价值冲突和社会道德问题的地方,都不可能完全排除个人决定的因素。"任何实在法都有漏洞,而正义的原则仅仅提供一些基本出发点。面对具体的个案,永远也不可能放弃个人所感觉到的正义的活生生的声音;这种声音是永远不可能被排除的。……在法官的身上,实现抽象的正义制度和个人正义的这种生动活泼的结合,因此,法官是法律生活的占主导地位的形象。在他身上,个人的正义和制度的正义的对立,通过个人的、社会道德的决定而被克服。在他的工作中,法得到完善。"[①] 立法者通过法律对社会权力的初次分配,表达的只是一般的、抽象的正义;而司法者通过对个案中具体权利的决断与平衡,使法律正义价值现实化、具体化、个别化。

由此,我们可以将司法过程看成社会权力分配的衡平机制,或者看成社会权力的再分配过程。通过这一过程,司法者可以在相关原则之下不断地熨平"法律织物上的褶皱",[②]使其更加完

---

[①] 〔德〕H. 科殷:《法哲学》,林荣远译,华夏出版社2002年版,第186页。
[②] 〔英〕丹宁:《法律的训诫》,杨百揆等译,法律出版社1999年版,第13页。

美地披在正义女神的身上,"使法律中权利义务的安排更加精致、更加系统、更加完善"。① 通过司法的镜子,我们始能看清法律的面容。而语言是什么?它是"权力的眼睛"。

## 六 结语

正如邓晓芒教授指出的那样,在中国的传统思想中,既缺乏逻各斯精神,又缺乏个体自由的超越精神。前者表现在,对语言的蔑视是中国哲学自古以来各家各派一以贯之的通行原则,人们对由人制定的法律法规和契约历来缺乏神圣感和普遍性要求;②后者表现在,传统的宗法等级社会所确立的一切伦理规范都以养成人的不敢超越或只敢"内在"超越为目的,极大地束缚了个体人格的发展和个人自由的施展。③一直到现代,在改革开放后的今天,在市场经济的强大压力下,中国人才开始意识到普遍的法律是保护个人利益的有效手段,但在内在的观念上和文化心理上仍无实质性的触动。④既然,我们正在力图走出"前法治国家"的阴影,两种理性精神——尊崇语言的逻辑精神和追求自由的超越精神——的培植就首先需要被强调。一切

---

① 谢晖、陈金钊:《法律:诠释与应用》,上海译文出版社2002年版,第174页。
② 参见邓晓芒《论中国哲学中的反语言学倾向》,《中州学刊》1992年第2期。
③ 参见邓晓芒《论中、西辩证法的生存论差异》,《江海学刊》1994年第3期。
④ 邓晓芒:《思想自述》,载贺照田主编《学术思想评论(第十一辑)·颠蹶的行走:二十世纪中国的知识与知识分子》,吉林人民出版社2004年版,第386页。

"具体的法治"之正义性,都需要建立在这两种理性精神的基础之上——前者代表对法律之确定性的信仰,后者则意味着对法律实质正义的追求和对个人权利的尊重。

在法律中,语言技术不仅是工具理性的反映,也是价值理性的承担者。语言不是权力的来源,但它却是分配权力的工具。或者也可以说,在立法者和司法者那里,语言本身就是一种权力。规范之所以能够控制我们的生活,乃是因为规范语言被赋予了权力的性质。语言如此重要:立法者试图通过意向性的语言,将人类的生活导向理性、秩序井然的状态;司法者在立法者的语言框架内,以其自身的语言直接建构我们的生活;而作为社会生活参与者的个人,则需要在语言权力的密林中,寻找生活的自由。但是,我们却不能因此就变成语言的奴隶,我们必须是语言的主体。立法者通过语言,确立了社会权力的分配原则,而语言所表征的分配方式本身,证明着规范的正当性。因此,在民主法治国家,规范必须基于公开的讨论(规范证成的对话)而形成,在规范的适用过程中,不能以公共语言权力压制或者排斥个人的话语权利。

法律是神圣的,建构法律的语言也是神圣的,认真地对待语言就是认真地对待权力(权利),就是认真地对待每一个言语着的、活生生的个人。

# 法律解释的观念与方法[*]

法律必须经由解释方得适用。在法官的工作中,法律的适用和法律的解释是合二为一的,有解释才有适用,有适用必有解释。因此,关于法律解释的一系列观念与方法的讨论,也必须从法律适用的角度来考虑。

## 一 法律解释的形态问题

在传统的多数法律被法典化的法律制度中,"法律解释",也就是将规范条文适用于相关的事实行为的活动,是"法的适用"的常态。[①]所以,解释是发生在法律适用过程中的,是与具体的案件相联系的活动。在这个意义上,法律解释乃是法官个人的创造性活动,正因为如此,法学理论上所讨论的法律解释问题一般就是指法官的"适用解释"。然而在我国,情况有些不同,在我国现有的法律解释体制下,解释法律的权力由我国最高立法机关和最高司法机关分享,法官个人的法律解释权并未得到制度上的确认。所以,我国法学界所讨论的法律解释问题,

---

[*] 本章内容曾拆分为两篇文章分别发表于《东方法学》2009 年第 2 期和《环球法律评论》2010 年第 6 期。

[①] 参见〔德〕伯恩·魏德士《法理学》,丁小春、吴越译,法律出版社 2003 年版,第 312 页。

要么是指最高立法机关所作的"立法解释",要么就是指最高司法机关所作的"司法解释",再就是对西方法律解释理论的演绎;而真实存在的、更具有实践意义的法官"适用解释"却一直不被重视,这就使得"适用解释"既缺乏制度上的合理位置,又缺少理论上的规范指引,从而成为我国法律实践中的"灯下黑"。

我国最高司法机关以"解释""规定""批复"等形式发布的司法解释,并不是针对具体案件中的具体问题而作出的,它们仍然是一种抽象的、一般性和规范性的解释。抽象解释所作的只能是"类型化"的作业,从而必然表现出立法的性质。说它具有立法的性质,意味着不能把它简单地归结为法律实施,即法律在具体个案中的适用;同时,也不能把它归结为立法。[①]它既不能创设规范,又不针对具体的案件,其存在的必要性似乎值得追问。这样的司法解释虽然能够使法律更加抽象和一般的规定得到一定程度的明确化、具体化,对于司法实践具有一定的指导意义,有利于维护法律的统一性;但是,其存在的问题也是显而易见的。

第一,很多情况下,司法解释所提供的对下级司法机关的指导其实是不必要的,因为司法的职能就是要将抽象的法律规定适用于生动具体的案件事实,为了拉近规范与事实之间的距离,只要适用法律,司法者(法官和检察官)就不得不对法律规范的意义加以澄清和具体化。而最高司法机关发布的抽象性的司法解释并不能提供适用于每一个个案的明确性指导——既

---

① 参见张志铭《法律解释的操作分析》,中国政法大学出版社1999年版,第22页。

然立法无法做到这一点，抽象的司法解释也同样难以做到这一点。而且，现实生活的复杂性使得真实发生的案件千差万别，最高司法机关不可能针对每一个疑难案件都发布一个司法解释；何况，所谓"疑难案件"往往意味着其中存在特殊情况，针对疑难案件的法律解释只能是一次适用的，而不可能通过抽象的、一般性的司法解释来"决疑"。

第二，法律解释的目的本来在于通过解释行为使法律的规范内容明确化、具体化，以满足社会生活的具体需要。然而，抽象的、一般性的司法解释在这方面有时不仅不能起到积极的作用，反而抑制了法律自身的成长。为什么这么说呢？因为"立法本身就是一种艺术，有时立法恰恰是通过一种弹性的规定而为法律的灵活性发展奠定了成长的基础"，很多情况下，通过立法上的弹性因素，立法者实际上是有意要将法律具体化的权力赋予司法者，以增强法律的灵活性；"而在这种情况下，最高人民法院横插一杠子，反而将问题模式化、格式化、固定化，其结果必然是不利于法律的发展"。[1]经过司法解释的过滤之后，立法为法官预留的创造性机制被凝固住了，立法上的灵活性因素被最高司法机关截流，司法权被集中在司法机构的顶端，下级法院对法律适应性的积极功能被忽视了。

第三，我国的法院体制本来就具有强烈的行政化色彩，而现行司法解释体制又在一定程度上强化了这一色彩，使得上下级法院之间具有典型的"科层制"结构，司法权力被组织到一个等级森严的网络之中，而且这种严格的等级制的特征远较传

---

[1] 武建敏：《司法理论与司法模式》，华夏出版社2006年版，第42页。

统的大陆法系国家明显。①其造成的后果就是，下级法院和法官在办案时，过度依赖最高司法机关的司法解释，若无相关的有权解释，就不会处理疑难案件。在行政化思维支配下，法官在审判过程中遇到难以解决的法律问题时，习惯性的做法就是请示上级法院，直至请示最高法院作出"批复"。由于下级司法机关以及法官个人对司法解释的严重依赖，司法解释成为法律以外的另一种权威性的知识，具有了补充法源的性质。虽然在我国的刑事判决书中不得引用司法解释作为判案的依据，但实际上，司法解释对审判活动发挥着重要作用，甚至是决定性的影响。这已经成为法官难以独立的一个重要因素，在司法解释这一权威知识的庇护下，法官个人逐渐遗忘或者有意回避了自己的责任。

第四，司法解释被人广为批评的另一个弊端是，它常常导致立法权与司法权之间的界限模糊，我国刑事司法解释日益呈现出"二级立法化"或者"准立法化"的趋势，司法实践中更是普遍出现了越权性刑事司法解释在事实上优先于刑法文本而适用的反法治现象。②某些司法解释在相当程度上突破、创新了罪刑规范，这事实上等于扩大了刑法适用的范围，从而对刑法的确定性构成威胁，松动了法治赖以实现的基础。

基于以上原因，抽象性、规范性的司法解释是否有存在的必要，成为我国法学界激烈争论的一个问题。2000年，全国人大通过了《中华人民共和国立法法》（以下简称《立法法》），

---

① 参见〔美〕米尔伊安·R·达玛什卡《司法和国家权力的多种面孔——比较视野中的法律程序》，郑戈译，中国政法大学出版社2004年版，第26页。
② 参见梁根林《罪刑法定视域中的刑法解释论》，载梁根林主编《刑法方法论》，北京大学出版社2006年版，第156页。

该法第 42 条规定："法律有以下情况之一的，由全国人民代表大会常务委员会解释：法律的规定需要进一步明确具体含义的；法律制定后出现新的情况，需要明确适用法律依据的。"根据这一规定，有人认为，法律解释权专属于全国人民代表大会常务委员会，并且断定《立法法》实际上是排斥"两高"通过发布抽象性、规范性司法解释释文的方式参与刑法解释的。[①]对于这一看法，笔者不能完全赞同。

因为《立法法》既然是规范立法活动的专门法律，它所说的"法律解释"只能理解为"立法解释"，并不涉及对司法解释的限制或排斥问题，我们并不能由《立法法》第 42 条的规定推导出该法禁止"两高"进行抽象性司法解释的结论。何况，尽管迄今为止"两高"的司法解释大多是抽象的和一般性的，但是这并不意味着所有抽象的和一般性的司法解释都具有"创设规范"的性质；也就是说，只要司法解释本质上仍然是在"阐明"法律的意义而不是在"立法"，就没有与《立法法》所规定的法律解释权相冲突。所以，司法解释的合法性主要取决于它是否超出了司法权的范围，而不是取决于它是一般抽象的还是具体细微的。所以，在重构我国法律解释体制的时候，我们首先需要反思的可能是司法解释对法官适用解释的取代和遮蔽，而不是最高司法机关是否有权发布司法解释。

笔者认为，在司法权的范围内，司法解释作为一种关于法律意义的一般性的看法，如果确实能对司法实践提供一种有益的指导，我们就不必迫不及待地加以否定。值得强调的倒是，

---

[①] 参见梁根林《罪刑法定视域中的刑法解释论》，载梁根林主编《刑法方法论》，北京大学出版社 2006 年版，第 156—159 页。

即便最高司法机关发布的司法解释继续在我国的法律实践中发挥制度性的作用，也不能忽视法官的适用解释问题。法律解释的目的是消除规范与事实之间的隔阂，所以任何法律解释，都应该是针对具体问题而发生的，在这个意义上可以认为，"只有在场的法官才真正地具有法律解释权，其所作出的解释也才真正地具有解释的合理性价值"。[①]基于这个理由，笔者这里所说的"刑法解释"固然包括了"司法解释"概念在内，但更主要的则是指法官的"适用解释"。

在西方国家，法律解释的常态一般都是指法官在适用法律过程中对法律所作的理解和阐释，法律解释是法官当然的权力。比如在法国刑法中，规定了"拒绝审判罪"（法国《新刑法典》第 434－7－1 条），因此，法官有进行审判的义务，并且，案件所面临的法律上的任何疑难问题都应当由法官来解决。这样，法官便当然拥有解释法律的权力。如果刑法规定不甚明确，或者刑法的规定可能作多种解释时，法官应当努力深入理解法律规定的真正意义，并按此意义来适用这些规定。[②]

目前，尽管我国法律没有赋予法官以解释法律的权力，但实际上，不被承认的事情未必就没有发生，在法官适用法律的活动中，无时无刻不伴随着对法律的解释。"面对僵死的法条文字，法官们，无论是出于正义的目的还是出于私利，往往会通过裁剪事实来'制作'案子，使之表面上看来符合法律。……作为理性的个人，法官会根据自己所受的约束条件来选择自己

---

① 武建敏：《司法理论与司法模式》，华夏出版社 2006 年版，第 45 页。
② 参见〔法〕卡斯东·斯特法尼等《法国刑法总论精义》，罗结珍译，中国政法大学出版社 1998 年版，第 139 页。

的行为方式。他们不仅能够选择一定的解释规则下的解释方案，而且能对解释规则本身做出选择：即使无法选择更改解释规则，也能选择规避这些规则。"① 法律没有赋予基层法官以解释法律的权力，只是意味着基层法官对法律所作的解释不具有普遍的效力，而并不意味着法律能够绝对禁止法官在个案中对法律所进行的事实上的解释活动。因为"法律是普遍的，应当根据法律来确定的案件是个别的。要把个别的现象归结为普遍的现象，就需要判断"，② 这种判断既有对事实的判断，也有对法律的判断。法官对"明文规定"的判断和理解，实质就是一种解释法律的活动。

法官的适用解释外在地主要反映在判决的理由阐述部分。随着我国法治化程度的提高，法院判决的说理问题越来越受重视，最高人民法院早在1999年就倡导"增强判决书的说理性"，提出要"公开判决理由"，③这实际上就是要求法官必须通过对法律的合理解释来论证自己判决的正当性。当然，在法院判决总体上仍然相对简单、论证不足的现实下，法官的适用解释更多的是以一种隐蔽的、难以察觉的方式进行的，这导致了法官适用解释的不确定性。因此，对于法官适用解释，一方面需要一定的制度建构加以规范，另一方面也需要法学理论界提供系统的方法论上的指引。

---

① 郑戈：《法律解释的社会构造》，载梁治平编《法律解释问题》，法律出版社1998年版，第75页。
② 《马克思恩格斯全集》第1卷，人民出版社1995年版，第180页。
③ 参见《人民法院五年改革纲要》，《中华人民共和国最高人民法院公报》1999年第6期。

## 二　法律解释的必要性

从绝对意义上讲，法官的自由裁量权和适用解释会威胁到法律的确定性。但是，从追求实质公平与个别正义的角度而言，又应当赋予司法机关以一定的自由裁量权和解释法律的权力。即便是最注重法的安全价值的刑法，其实践也不可能完全排斥法官的裁量权与法律解释权。

关于法律解释的必要性，通常的论证理由是：首先，法律的规范是抽象的、普遍的，具有抽象性的普遍规范只有经过解释才能够成为解决具体问题的标准；其次，法律本身具有稳定性，而稳定性的法律要想适应社会纷繁复杂的变化状况，只能对法律进行解释；最后，法律在制定的时候，受人的认识能力限制，不可能成为解决问题的永久规则，只有经过不断的解释，才能适应其自身完善的需要。[①]还有人认为，法律解释的必要性在于：第一，法律解释的必要性取决于法的客观性质，法的客观性质要求人们对它予以充分的理解和尊重，按照其本来面目认识法的价值；第二，社会的发展及其秩序化趋向需要通过法律解释来补救规范的漏洞；第三，法律所承载的是一种公共信息，必须通过解释才能确切地给接受者以启示，为利用者所利用；第四，法律存在不确定性，需要通过解释谋求确定性。一言以蔽之，是"法律所蕴含和隐含的客观性、不确定性、非完

---

[①] 参见张文显《法理学》，高等教育出版社、北京大学出版社2003年版，第326—327页。

善性、非直观性而使法律解释具有了必要性"。[①]在此，法律解释问题被看成"成文法的局限性的反映和要求，在所有以成文法为法的主要形式的国家，这个问题都是普遍存在的",[②]法律解释的目的似乎仅仅是弥补成文法之不足。

这种看法当然道出了法律解释必要性的一些真实理由，但是也有人认为，这样的一种论证思路是站在"立法中心主义"的立场上对法律解释必要性所作的论证，它所隐含的"立法中心主义"的思维模式构成了我们理解法官适用解释的一个主要障碍。实际上，法官解释的合理性不仅来自法律规则本身的局限性，而且来源于司法本性的必然要求。司法行为的特质在于解决具体问题，而解决具体问题需要法官拥有实践智慧。这种实践智慧就是法官能够根据实践的需要灵活地驾驭法律规则和具体问题，作出合理性的司法判决。在这里，法官对于法律普遍规则的解释不是由于规则是抽象的、普遍的，即使法律的普遍规则很具体，法官也面临着如何将法律规范与具体的案件相对接的问题，正是在这种对接中才有真正意义上的法律解释，或者说，是对接的需要产生了对法律文本进行解释的必要性。[③]可见，法律解释最根本的必要性，在于法官必须运用法律规则解决眼前的案件，并使案件的处理结果能够被法律的观点和社会的观点所接受。"不得拒绝裁判"和必须"依法裁判"的原则，使得法官即使是在法律并不明确的时候也要履行其职责，并须不断表明自己的裁判是依据法律作出的，而法律解释就是

---

① 李道军：《法律解释的必要性》，载刘士国主编《法解释的基本问题》，山东人民出版社2003年版，第387—397页。
② 张文显：《法理学》，高等教育出版社、北京大学出版社2003年版，第327页。
③ 参见武建敏《司法理论与司法模式》，华夏出版社2006年版，第44—47页。

用来证明某一概念含有一定的意义，从而使该判决正当化的技术。①如果不是为了法律的适用，法律自身的局限性问题就是没有意义的，解释也是不可能发生的。所以，我们应当跳出"立法中心主义"的狭隘立场，在立法和司法的全景视野中来理解法律解释的重要意义。

正因为解释的必要性产生于法的适用，所以每一个法规范均需要进行解释。即使"表达清楚的条文"也需要解释，这是因为法条所具有的法学意义，可能与通常的理解有所不同。②也就是说，法规范只能按照其法学的意义适用，故在适用之际，需要首先通过解释对法条的法学意义加以明确，以免按照通常的理解误解法律。正如拉伦茨所说，法律文字是以日常语言或借助日常语言而发展出来的术语写成的，这些用语除了数字、姓名及特定技术性用语之外，都具有意义的选择空间，因此有多种不同的说明可能。正因为有多样的说明可能性，语言才具有丰富的表达力及配合各该情势的适应力。假使以为，只有在法律文字特别"模糊"、"不明确"或"相互矛盾"时，才需要解释，那就是一种误解，全部法律文字原则上都可以，并且也需要解释。需要解释本身并不是一种——最后应借助尽可能精确的措辞来排除的——"缺陷"，只要法律不能全然以象征性的符号语言来表达，解释就始终必要。③法官必须把他应该判决的

---

① 参见〔日〕川岛武宜《现代化与法》，王志安等译，中国政法大学出版社1994年版，第289页。
② 参见〔德〕汉斯·海因里希·耶赛克、托马斯·魏根特《德国刑法教科书（总论）》，徐久生译，中国法制出版社2001年版，第190页。
③ 参见〔德〕卡尔·拉伦茨《法学方法论》，陈爱娥译，商务印书馆2003年版，第87页。

个别的具体的个案与组成实在法的法制的或多或少是抽象把握的各种规则联系起来。规则和案件是他的思维的两大界限。他的考虑从案件到规则，又从规则到案件，对二者进行比较、分析、权衡。案件通过那些可能会等着拿来应用的、可能决定着判决的规则进行分析；反之，规则则是通过某些特定的个案或者案件类型进行解释。就此而言，法学的思维就是判断，法律的工作就是行使判断力。为了能够建立规则和案件的这种联系，人们当然对规则的内容必须有准确的把握；人们必须理解规则，为了能够正确地应用它，也就是说，使它在各种个案里发挥适用效力——它是为了发挥这种效力才被制定出来的——必须知道它的含义。因此，在法学的思维里，赋予法律规则的解释以一种很重要的作用，就此而言，法学属于解释性的科学。[1]法律非经解释，便不能适用。在法官的工作中，法律的适用和法律的解释是合二为一的，有解释才有适用，有适用必有解释。虽然法律之适用目的在于解决社会纠纷，但是在操作层面而言，法律之适用却是在处理法律规范与社会生活之间的关系问题，亦即在法律规范的理想生活与社会现实的真实生活之间进行价值沟通，以建立社会生活的秩序，并促进人的幸福和实现人的发展。

以刑法为例，法适用意味着，依据通过抽象描述的犯罪行为（犯罪构成要件），并以刑罚为法律后果的法律，对某一行为科处刑罚。对具体案件适用法律，意味着将抽象的大前提（犯罪构成要件）与源于实际生活的小前提（案件事实）发生关系，

---

[1] 参见〔德〕H. 科殷《法哲学》，林荣远译，华夏出版社2003年版，第197页。

发生关系后的结果是法官的判决。这一过程，是以解释为基础的。[1]在适用法律之前，司法者必须先搞清楚罪刑规范的意思，因为"法定的规范必须经过澄清、精确化之后才能适用，此点正是法官所应提供的贡献"[2]虽然罪刑法定原则对刑法提出明确性的要求，但是无论如何，刑法都不可能完整、精确到无须解释的地步。"事实上，一个刑法条文规定的含义，总是首先通过法官的解释，才会在确定无疑的意义上'被确定'。"[3]所以对刑法而言，解释也是必然的，尽管早期古典学派否定法官解释法律的权力，试图将法官的使命限定在"判定公民的行为是否符合成文法律"上，[4]但是法律实践的真实状况却一再表明，司法绝不是简单地适用形式逻辑三段论的过程，罪刑法定的明确性要求也必须通过解释才能实现。[5]因为刑法所规定的犯罪行为是类型化的行为，他们与实际发生的犯罪行为之间是存在距离的；也就是说，现实生活中发生的犯罪行为或多或少都有些"不典型性"，刑法条文的抽象性正是相对于具体犯罪行为的不典型性而言的。何况，由于人类事务本身的特点，某些犯罪行为的特征难以通过精确描述的方式加以规定，规范性的犯罪构成要素不可避免。因此，要将抽象的刑法规范适用于具体案件，就必

---

[1] 参见〔德〕汉斯·海因里希·耶赛克、托马斯·魏根特《德国刑法教科书（总论）》，徐久生译，中国法制出版社2001年版，第188页。

[2] 〔德〕卡尔·拉伦茨：《法学方法论》，陈爱娥译，商务印书馆2003年版，第14页。

[3] 〔德〕克劳斯·罗克辛：《德国刑法学总论》第1卷，王世洲译，法律出版社2005年版，第85页。

[4] 参见〔意〕贝卡里亚《论犯罪与刑罚》，黄风译，中国大百科全书出版社1993年版，第13页。

[5] 参见劳东燕《罪刑法定的明确性困境及其出路》，载梁根林主编《刑法方法论》，北京大学出版社2006年版，第183页。

须通过解释将法律所规定的事项具体化，于是，刑法之解释就成为适用刑法的必要步骤。刑法解释的功能固然在于克服成文刑法之局限性，但是如果从"法律只有通过解释来发现、补充和修正，才会获得运用自如、融通无碍的弹性"这一点看，[①]刑法解释也是追求刑法之适应性的一个重要手段。

无论我们承认与否，法官的适用解释在司法实践中都必然是客观存在的，只要还有司法，就一定有法律的适用解释。"在司法行为中，法律解释不仅仅是一种让文本得以展现的方式，而且也是一种论证的力量。法官正是通过对法律的解释在重新构造着法律……这种构造不仅满足了法律文本的目的性追求，而且满足了生活在现实社会中的普遍的人们的行动理性的要求。"[②]因此，即使法律有"明文规定"，也仍然存在解释的必要。法律的确定性要求并不排斥对法律的解释，它只会对解释的界限提出要求，因为对"明文规定"进行解释并不意味着逾越"明文规定"。所以，即便我国的法律并没有承认法官拥有解释法律的权力，法官仍然可以根据法律的目的，对法律的"明文规定"进行合理性的阐释。

## 三 法律解释的基本观念

在西方及日本法学理论上，法律解释的观念存在"客观主义"与"主观主义"，或者说"严格解释"与"自由解释"的

---

[①] 参见季卫东《法治秩序的建构》，中国政法大学出版社1999年版，第88页。
[②] 武建敏：《司法理论与司法模式》，华夏出版社2006年版，第39页。

对峙。虽然观点纷呈，但总体上，"客观主义"或"严格解释"论的核心观念是，法律是法官判案的依据，法官不能创造法律，法律的解释就是对法律本身所具有的含义的客观说明；"主观主义"或"自由解释"论的核心观念是，法律的含义本身具有不确定性，法官的判决活动其实是一种主观性的行为，法律解释也不过是在法律掩饰下的法官个人的价值判断。

在我国法学界，并没有形成上述理论上的对峙。虽然有人主张"要保障法律解释的客观性",[1]也有人强调法律解释实际上所具有的主观性，甚至认为法律无法解释,[2]但是更主流的意见似乎是那种"在主观主义与客观主义之间别开生面的第三条道路"。在《法律解释的真谛》一文中，季卫东先生就试图作出一种努力，以便探讨"如何在承认解释的主观性的前提下排除适用法律、做出决定过程的恣意，怎样为客观的规范秩序提供制度化的条件，并且使它在实践中具有技术上的可操作性"。[3]陈金钊也在"实用法学的第三条道路"的思路上观察了法律解释学的转向，认为在法律解释过程中，"既不全是客观主义，也不是主观主义理论在起作用，而是理论与文本共同制约着法律解释者"。[4]范进学则提出了法律解释的"情理性"问题，认为"法解释过程是受制于法律文本与法律事实客观性的法律解释者主观创造性的活动，具有主观性；但法解释结论却是法解释主体

---

[1] 参见梁慧星《民法解释学》，中国政法大学出版社2000年版，第185页。
[2] 参见苏力《解释的难题：对几种法律文本解释方法的追问》，《中国社会科学》1997年第4期。
[3] 参见季卫东《法治秩序的建构》，中国政法大学出版社1999年版，第89页。
[4] 参见陈金钊《法律解释学的转向与实用法学的第三条道路》，载刘士国主编《法解释的基本问题》，山东人民出版社2003年版，第247页。

遵循法解释程序原则的主观性判断客观化的产物,具有客观性",所以,情理性解释就是"主观性与客观性的统一"。①我国法学界之所以更容易接受主客观相统一的第三条道路,或许诚如季卫东先生所说,是反映了一种法律上"天人合一"的思想状态,但是如果说得更透彻一些,原因其实在于:法律作为人类生活世界的实践方式,其在方法论上不得不取向于"中庸之道"。因为人类的实践活动本身就是规律性和主体性的结合,实践法学的立场不能不同时虑及作为规律性的法规范和作为主体性要求的价值判断,并力图将二者加以调和。因此可以认为,法律解释观念上的"第三条道路"的确在较高程度上契合了司法权运作的真实状况。

与"客观主义"和"主观主义"相伴随的,分别是"严格解释"(strict construction)与"自由解释"(liberal construction)的法律解释观念。严格解释论者认为,刑法对于人民之生命、自由与财产关系重大,严格解释乃是为确保人权所必需;尤其在分权理论下,司法对法律的自由解释无异于对立法权的侵犯,故应坚守严格解释,以维护国家之体制。自由解释论者认为,自由解释并不等于"从宽解释"(broad construction),而是在不受解释方式限制的前提下,探求法律之真义。②

对法律解释的传统认识以"概念法学"为典型代表,它盛行于19世纪的法典编纂过程中。按照这种观念,立法者是理性的,对于立法所要解决的问题,他们不仅具有科学圆满的认识,

---

① 参见范进学《论法解释的情理性与客观性》,载刘士国主编《法解释的基本问题》,山东人民出版社2003年版,第414—418页。
② 参见王玉成《社会变迁中之罪刑法定原则》,台湾大伟书局1988年版,第305页。

还拥有充分的表达能力和准确的表达手段，手段就是语言的确定性和形式逻辑的完备性，因此，法律在内容上可以完整无缺、明确无误，它们与具体的个案事实能够形成恰当的对应关系。在这种情况下，法律适用者甚至可以直接、机械地适用法律，而无须解释法律。即使认为需要解释法律，也不过是对法律体现的立法原意的客观反映。[①]在概念法学的影响下，法律适用"严格规则主义"，整个19世纪，法律解释理论上也因此盛行严格解释论。

20世纪初兴起的"自由法学"对概念法学进行了强烈的抨击，对司法中的形而上学进行反叛。自由法学的主要特征是：反对成文法规是唯一法的渊源的观点，重视社会现实中的"活法"和"自由法"的作用；重视法官的能动作用，主张扩大法官的自由裁量权，允许法官根据正义原则和习惯自由地创制法律规范。[②]自由法学击碎了概念法学"立法者万能"和"法典万能"的迷梦，认为如果司法者拘泥于法律条文的字句，将使法律僵化，所以"必须兼顾人类社会生活及经济的层面，'自由'地发现法律之奥义，而后法律始可成为'活生生'的法律"。[③]在自由法学影响下，20世纪曾经一度流行法律的自由解释论。自由解释者的主要论证理由是：（1）自由解释并非必然超越立法之意旨；实际上立法意旨欠缺节制力量亦属事实，自由解释恰足弥补此蔽。（2）国家制定法律，无论民事或刑事，均系为人民或代表人民全体之利益，不必要亦不可能以统一之严格解

---

① 参见张志铭《法律解释的操作分析》，中国政法大学出版社1999年版，第50页。
② 参见张文显《二十世纪西方法哲学思潮》，法律出版社1996年版，第131页。
③ 参见杨仁寿《法学方法论》，中国政法大学出版社1999年版，第93页。

释规则，来维护每一个个案中的双方正义。自由解释毋宁更符合时代之精神与社会正义之要求。（3）严格解释之历史基础为对抗专制与擅断。目前专制政治与司法擅断日渐没落，行政与立法由人民选举者居多数；因此，基于维护宪法之尊严而采用严格解释，事实上已失其理论上的依据。（4）严格解释之另一背景，乃在消除重刑之肆虐，希望借严格解释以为缓和。因重刑犯如死刑之类，在许多国家已经废除，此项严格解释之背景已不复存在。对于其他大部分系中度以下之犯罪仍采严格解释原则，非无商榷之余地。①

自由解释的主张固然有其合理之处，但是极端的自由解释将导向"规则怀疑主义"，与法治理念多有背离，所以，人们虽已承认法律解释中的价值判断问题，但是并没有人接受毫无约束的"自由解释"。尤其是在刑法解释上，由于自由解释说所标榜的"刑法解释无限性"仍难为世人所接受，通说仍采信严格主义。②法官对刑法的解释，无论如何不能超越刑法条文文义可能的范围，尤其是不能通过解释将刑罚处罚扩展到立法者并未明文规定的行为，此即刑法的严格解释原则。在严格解释原则下，刑法的解释一般应当采取客观解释的立场，以刑法条文客观的意义与目的为解释的目标。这也是维护刑法之确定性的需要。

刑法严格解释原则不仅为刑法理论所主张，而且被某些国家的刑法典明确规定。比如 1994 年生效的法国《新刑法典》第 111-4 条即明文规定："刑法应严格解释之。"法国刑法学

---

① Professor Livings Hall, Strict or Liberal Construction of Penal Statutes, 48 Harv. L. Rev. 748（1935）.
② 参见王玉成《社会变迁中之罪刑法定原则》，台湾大伟书局 1988 年版，第 306 页。

者认为，严格解释原则是罪刑法定原则的一个直接的必然结果。因为，既然只有广义的法律才有权以刑罚威慑来禁止某些行为，限制个人的自由，那么，法官就不得托词进行"解释"，在法律之外增加并不断地惩处立法者并未明文规定加以惩处的行为。

在实质意义上的罪刑法定原则下，刑法严格解释原则的基本要求是：（1）刑法有明文规定时，法官无权将其扩张适用于立法者未指明的情况。凡是法律没有明文规定的行为均不受惩处。某一类似的行为，情节甚至可能还要轻一些，但因为有规定也会受到惩处，法律没有规定的行为则不受到惩处。（2）对于不利于被告的规定，法官有义务依照法律的字面意思进行严格解释，但是对于有利于被告的规定，法院可以作出宽松的与扩张的解释。（3）如果刑法的规定不甚明确，或者刑法的规定有可能作多种解释时，法官应当努力深入理解法律规定的真正意义，并按此意义来适用这些规定；如果法官不能做到真正抓住立法者的思想，就应当作出有利于被告人的解释。（4）在法律有"疑问"的情况下，法院没有义务一定要采取"最利于被告的限制性解释"，如同在法律的规定不甚明确的情况下一样，法官应当首先借助于一般的解释方法，从中找出法律的真正意义；如果疑问仍然存在，法官则应作出有利于被告人的解释。（5）对刑法的限制解释并不等于说要对刑法进行逐字逐句的解释，刑法严格解释原则仅仅是禁止法官以自己的主观想象取代立法者，尤其是禁止他们以类推的方式来阐述理由。[①]可见，刑法严格解

---

[①] 参见〔法〕卡斯东·斯特法尼等《法国刑法总论精义》，罗结珍译，中国政法大学出版社1998年版，第137—143页。

释原则所主张的并不是一种刻板的、简单复写法律文字的解释方法，在确保刑法基本价值诉求的前提下，严格解释原则当中也包含着对灵活性的容纳。刑法解释的上述基本尺度，目的在于兼顾刑法适应性的同时，尽量防范法官法律解释权的滥用，以实现罪刑法定原则之人权保障功能。

## 四 法律解释的方法与规则

### （一）法律解释的方法

根据传统理论，"解释法律"属于司法机关正当与特有的职责，换言之，司法机关所扮演的角色并非创制法律，而是"阐明"现行法的真正内容，并且在疑义发生的时候，给予权威性的解释。[1]这说明了两个问题，一是司法者解释法律的活动本身并不违反权力分立的原则，二是司法机关不享有造法的权力。因此，在承认司法机关享有解释法律的权力的情况下，解释的界限就成为最重要的问题了。法律思想史上关于法律解释问题的讨论，也主要是关于如何解释的问题，而不是应不应该解释。

刑法解释的界限何在，通常也会影响到罪刑法定原则真正的规范效力，因为过度扩张的刑法解释，可能掏空罪刑法定原则的基础内涵。[2]在解释问题上，刑法虽有基于罪刑法定原则而产生的特殊要求，但是在解释方法上，并没有区别于其他法律

---

[1] 参见〔英〕丹尼斯·罗伊德《法律的理念》，张茂柏译，新星出版社 2005 年版，第 209 页。

[2] 参见林钰雄《新刑法总则》（上），作者 2006 年 9 月台湾自版，第 44 页。

的特殊解释方法。原则上，可用于其他法律的解释方法，也可用于刑法的解释——当然，这里所说的"解释方法"是狭义的，而不是广义的。

按照我国台湾地区学者杨仁寿先生的归纳，广义上的法律解释包括以下内容：

1. 狭义的法律解释：（1）文义解释；（2）体系解释，包括扩张解释、限缩解释、反对解释、当然解释；（3）法意解释；（4）比较解释；（5）目的解释；（6）合宪解释；（7）社会学解释。其中（2）至（6）项合称为论理解释。

2. 价值补充：（1）不确定法律概念之补充；（2）概括条款之补充。

3. 漏洞补充：（1）类推适用；（2）目的性限缩；（3）目的性扩张；（4）创造性补充。

杨仁寿先生认为，狭义的法律解释、价值补充以及漏洞补充，"三者虽均属广义的法律解释，惟其义不尽相同，不宜混为一谈"。狭义的法律解释，系指法律规定不明确时，以文义、体系、法意、比较、目的或合宪性等解释方法，探究法律之规范意旨。价值补充介乎狭义的法律解释与漏洞补充之间，乃系对不确定法律概念及概括条款之一种解释方法。漏洞补充系指对于法律应规定之事项，由于立法者之疏忽、未预见或情况变更，致就某一法律事实未设规定，造成"法律漏洞"，应由司法者予以补充。法律规定不明确，系属法律解释问题；而法律欠缺规定，则系补充问题。①

就刑法的解释而言，虽囿于罪刑法定原则而不得进行漏洞

---

① 参见杨仁寿《法学方法论》，中国政法大学出版社1999年版，第98—100页。

补充，但是狭义的法律解释方法和价值补充仍然是允许的。刑法之解释，不仅可以采用"直接解释"的文理解释方法，而且可以采取"间接解释"的论理解释、系统解释（体系解释）、沿革解释（历史解释）方法。[1]人类法律观念的进步使刑法早已走出了"拒绝解释"的古典时代，刑法理论上虽然仍主张严格解释，但是，同其他法律的解释一样，"文义可能的范围"仍然是刑法解释的最后边界。严格解释只是刑法解释的原则，而不是刑法解释的具体方法，所以，严格解释原则本身并不构成对任何狭义解释方法的排斥，也不意味着对刑法适用过程中价值补充的否定。刑法之所以禁止类推适用，根本理由也正在于"类推"是一种漏洞补充方法，而不是一种（狭义的）法律解释方法。从"法无明文规定不处罚"和"法律解释必须在文义所及的范围内为之"的基本理念出发，我们完全可以推导出，罪刑法定原则实际上不排斥任何一种解释方法。因为狭义的法律解释方法本身不会构成对罪刑法定原则的威胁，真正与罪刑法定原则相冲突的是解释过程对罪刑法定之人权保障功能的忽视。如果放弃了人权保障这一基本的界限，即便是"缩小解释"也可能是违反罪刑法定原则的;[2]因为字面含义上的缩小在规范效果上，也可能带来扩大刑罚处罚范围的结果，这也是刑法严格解释原则所不允许的。另外，如果缩小解释明显地违背立法目的，即使没有扩大处罚范围而威胁刑法的人权保障功能，从刑法的社会保护功能的要求来说也是不应该的。所以，无论采

---

[1] 参见蔡墩铭《刑法精义》（上），作者2002年11月台湾自版，第20—21页。
[2] 参见张明楷《刑法分则的解释原理》，中国人民大学出版社2004年版，第21页。

取何种解释方法，最基本的是不能违背罪刑法定原则的精神，不能忽视刑法自身的目的。"按规定罪刑法定主义之原则，只要是在法文所可能含有的意义范围内，就法一般及刑法之目的而言是妥当的，则在论理上、目的论上，有时可以作狭义解释，有时可以作广义解释。从而，作为目的论的解释时，无论是缩小解释或扩张解释，凡是与法律的精神合致，而又属在成文法文词之意义范围内解释时，即非违反罪刑法定主义之原则。"[①]

刑法解释的对象是刑法规范，[②]这就意味着，只有当法律有规定时，才谈得上对法律的解释，对于法律没有规定的事项，不存在解释的问题。解释学理论认为，解释并不是无中生有的"境外生象"，它必须面对一定的文本而进行，这是在对解释学发展历史的考察中得出的必然结论。闪耀着解释学大师们智慧光芒的思想，都认同了文本对于解释行为之发生的前提价值，即：无文本，则无解释。一般解释学强调一切解释都针对文本而产生，法律解释学当然也无法脱离文本而进行。[③]同时，法律解释具有一定的客观性，"对于解释者来说，解释就是把自己置身于由那些文本所支持的解释关系所指出的含义中"；[④]基于解释者与文本的这种关系，解释不可能成为随心所欲的事情。如果司法机关将法律并未明文规定的某种行为纳入一个既成的法律规范，就已经不是在解释法律，而是在解释行为，是通过对行

---

① 梁恒昌《罪刑法定主义之思想》，载刁荣华主编《中西法律思想论集》，台湾汉林出版社1984年版，第340页。
② 参见陈兴良主编《刑事司法研究——情节·判例·解释·裁量》，中国方正出版社1996年版，第297页。
③ 参见周光权《刑法诸问题的新表述》，中国法制出版社1999年版，第285—298页。
④ 梁慧星：《民法解释学》，中国政法大学出版社1995年版，第134页。

为的解释而"造法"。就刑法之适用而言，即使是在最宽松的解释原则之下，司法机关也没有这样的权力。

在罪刑法定原则司法化过程中，面临的真正难题或许是：如何判定法律是否有"明文规定"？法律的"明文规定"是否真的明确、具体、无歧义？如果法律的"明文规定"含义事实上并不清楚，那么法律的真实意思或合理含义是什么？如果在这些问题上缺乏有效的判断标准，那么何为"严格解释"也就很难把握了。

虽然同样需要针对一定的文本，"法学的解释"与"文学的解释"是有所区别的：后者的任务在于"剥现作者写于他的精神作品中的思想，亦即追思作者所已想过的"；前者的任务则在于"追寻写于精神作品自身的意旨，不管它是否曾为任何人有意地放进去"，亦即"将被思考过的事情，再继续思考到底"。它们都是以该精神作品，在这里即法律规范，为解释标的。因而不管是该精神作品之作者的主观意旨，或是存在于该精神作品之客观意旨，都必须附丽在该作品上。是故整个解释活动，必须以该作品和它所包含者为范围。在这里即法律解释必须在文义所及的范围内为之。[1]如果超出了法律规范的文义范围，就不是法律解释，而是规范创造。德国刑法学家罗克辛指出，解释与原文界限的关系绝对不是任意的，而是产生于法治原则的国家法和刑法的基础上；因为立法者只能在文字中表达自己的规定。在立法者的文字中没有给出的，就是没有规定的和不能"适用"的。超越原文文本的刑法适用，就违背了在使用刑罚力

---

[1] 参见黄茂荣《法学方法与现代民法》，中国政法大学出版社2001年版，第259—260页。

进行干预时应当具有的国家自我约束，从而也就丧失了民主的合理性基础。因此，刑法领域应当将"可能的词义"作为解释的界限，这个框架内的解释本身就能够起到保障法律的预防性作用，并且使违反禁止性规定的行为成为应受谴责的。[①]

当然，在刑法中，刑法本身具有规范内容的不完整性，罪刑限于法定的范围之内，因此法定范围之外的法律盲区，尽管在一定意义上可以说是一种法律漏洞，法官原则上也无权去补充。但这个法律盲区的形成，原因不一，类型不同，究竟出于"立法技术的瑕疵"，还是出于"立法政策的缺漏"，自允许法官品格的作用，通过解释予以区分，而持不同的处理方式。如果是属于立法技术上的瑕疵，应认为法院在一定条件下，有权制定补充性规则，以填补法律规范内容的空缺。[②]这种情况，发生在刑法中的不确定法律概念和概括性规定上时，法官有权通过价值补充，予以补充。此时，法官受到的限制是刑法规范的规范意旨与目的，亦即，对不确定法律概念和概括性规定的阐释最终不能超出它们所在的具体刑法规范的规制范围。

但是，尽管严格解释原则对刑法之解释提出了很多要求，刑法解释本身仍然是对刑法之灵活性的重要体现。因为在解释刑法文字之际，法官的价值判断必然在其中发挥作用，即便是在运用狭义的法律解释方法时，也不能完全排除法官在解释过程中的价值判断。德国法学家魏德士指出，法律文本总是不受时间限制地传达着一种客观的、永恒的规范内容这一命题是法

---

① 参见〔德〕克劳斯·罗克辛《德国刑法学总论》第1卷，王世洲译，法律出版社2005年版，第86页。
② 参见刘文仕《刑法类推与司法造法》，台湾学林文化事业有限公司2001年版，第21—22页。

律形而上学的非现实主义信条。①所以，彻底的客观解释是不可能的。在对不确定法律概念和概括性条款的解释中，就更需要法官根据法律之外的某些社会标准（比如正义观念）进行价值补充。"很显然，法官是受法律制约的，法律不允许法官恣意做出判断。但是，当依据条文的字句所做的形式逻辑推论的结果与法律体系的最终的理想和目标相矛盾时，法官就不能将形式逻辑推导出来的结果宣称为审判的结论。"②因为，法律条文中的概念和逻辑只是实现法律目的和理想的工具，"如果审判的结果为了手段而去牺牲了目的，那么这将有悖于法官的使命"。

其实，并不只是在法律的形式要求和规范目的之间产生明显的冲突时才需要法官进行价值判断，即便是只需进行文义解释时，也难免需要价值判断。正如哈特指出的那样："在困扰着法院的大多数案件中，无论是法规中的规则，还是判例中的规则，它们所包含的可能结果都不止一个。在比较重大的案件中，总是有一个选择的问题。在此，法规的一些用语会具有两可的意义，对判例的含义'究竟是'什么也会有对立的解释，法官将不得不在其间做出选择。"③至于如何选择，就完全取决于法官本人的良知、智识和社会的一般正义观念。

刑法解释的灵活性特质还体现在，在遇到法律的规定不甚明确的情况时，"限制解释"规则仅仅是禁止刑事法官凭想象出

---

① 参见〔德〕伯恩·魏德士《法理学》，丁小春、吴越译，法律出版社2003年版，第78页。
② 〔日〕川岛武宜：《现代化与法》，王志安等译，中国政法大学出版社1994年版，第245页。
③ 〔英〕哈特：《法律的概念》，张文显等译，中国大百科全书出版社1996年版，第13页。

发并取代立法者，尤其是禁止他们以类推的方式来阐述理由，但是，法律丝毫不禁止法官在其找到法律的意义时，对法律作出解释并适用之。"刑法应严格解释"这一规则是受自由思想的影响而产生的，是为"个人"利益而确定的，这一规则不可能反过来针对个人，所以，它并不自然而然地适用于所有的刑法规定，我们应当区分"不利于被告的规定"与"有利于被告的规定"。如果说法官有义务严格解释"不利于被告的规定"，也就是说，有义务严格解释那些确定什么是犯罪与相应刑罚的规定，但是，并没有任何障碍阻止法官对那些"有利于被告的规定"作出宽松的与扩张的解释。"刑法应严格解释"规则并不强制刑事法官仅限于对立法者有规定的各种可能情形适用刑法，只要所发生的情形在法定形式范围之内，法官均可将立法者有规定的情形扩张至法律并无规定的情形。正是基于这一思想，现在刑法理论普遍认为，即使是类推适用，在有利于被告的情况下也是允许的。而且，对刑法的限制解释并不是说要对刑法进行逐字逐句的解释，法官可以依据立法者的思想与意图，订正某一法律条文在事实上或语句上的错误。[①]

（二）法律解释的规则

无论法官实际上怎样灵活地对待法律，他们仍然必须接受法律最基本的制约。也就是说，在严格解释原则下，刑法的解释应该遵循一定的方法原则。法律解释的规则涉及不同解释方法的优先性问题。理论上，优先性的情况可以有三种：严格的优先性、初始的优先性和特定的优先性。如果某种形态的解释

---

[①] 参见〔法〕卡斯东·斯特法尼等《法国刑法总论精义》，罗结珍译，中国政法大学出版社1998年版，第139页以下。

论点在所有案件或某一类案件中优于其他某种、某些或所有形态的解释论点，那么它就具有严格意义上的优先性；如果某种形态的解释论点在所有案件或某一类案件中要求提出相反证据或解释论点的人承担证明责任，那么它就具有初始意义上的优先性；在不存在严格或初始意义上的优先性的案件中，优先性只能在特定意义上存在。①

一般认为，在各种法律解释方法中，文义解释具有优先性。"典型的解释方法，是先依文义解释，而后再继以论理解释。……惟论理解释及社会学的解释，始于文义解释，而其终也，亦不能超过其可能之文义，故如法文之文义明确，无复数解释之可能性时，仅能为文义解释，自不待言。"②麦考密克和萨默斯在对不同解释方法在各国法律制度中的运行情况进行考察分析后，提出了一种阐明各种解释方法之间优先次序的成文法解释模式。他们认为，在解释成文法规时，依照如下顺序考虑论述类型：（1）语言学论述；（2）体系论述；（3）目的-评价性论述。他们进一步认为，除非有更好的理由需要进一步考虑层次（2），否则即得认可在层次（1）上明确的解释是合理的；如果有充足的理由使用层次（2），除非有某种理由需要进一步考虑层次（3），否则即得认可在层次（2）上明确的解释是合理的；如果进一步考虑层次（3），则仅有那种为全部可适用的论述最有力支持的解释才被认为是合理的。③在该模式中，语言学

---

① 参见张志铭《法律解释的操作分析》，中国政法大学出版社1999年版，第176页。
② 杨仁寿：《法学方法论》，中国政法大学出版社1999年版，第101页。
③ 参见〔荷〕伊芙琳·T. 菲特丽丝《法律论证原理——司法裁决之证立理论概览》，张其山、焦宝乾、夏贞鹏译，商务印书馆2005年版，第5页。

论述具有最初的优先性；而体系解释，因其本身在于满足法律体系之内在逻辑上的一致性，所以实际上也是语言技术上的标准。至于目的论的解释，同样不能将法律语言的含义完全置之不顾，毕竟，法律的"目的"也是蕴含在规范语言之中的，法官最后即便需要对法律做目的论的解释，也必须坚持客观解释论的立场，也就是说，他仍然应当根据法律规范语言所提供的语境（规范逻辑），来识别法律的规范目的。由此可见，法律对法官解释的制约性力量，首先来自法律的语言。立法者与司法者不只是作者与读者的关系，法律与法律解释也不只是文本与理解的关系；从法律的本质出发，我们可以认为：法律语言的意义边界，首先应当被看作国家划分立法权和司法权的权威性标准，因此必须得到充分的尊重。

在德国的法律实践中，不存在关于所有解释论点在所有案件中的严格或初始的优先性排序，也不存在任何一种解释论点在所有案件中的严格的优先性排序。但是，按照一般的解释观念，至少在以下场合，语义论点具有严格的优先性：(1) 在刑法领域，基于罪刑法定原则，语义论点的运用具有严格的优先性，而且基于刑罚可预见性的考虑，语言普通含义论点优先于专门含义论点；(2) 基于包含个人自由权的要求，在国家意图予以限制时，语义论点的运用具有严格的优先性；(3) 基于法律确定性这一首要目标的要求，在关于时限的规定方面，语义论点的运用具有严格的优先性。[①]实际上，这三种情况，广泛地存在于刑法之中，所以在刑法的解释上，必然要求首先进行文

---

① 参见张志铭《法律解释的操作分析》，中国政法大学出版社1999年版，第178页。

义解释，在文义解释不能揭示规范的实质性内容时，才可以进一步运用历史解释、体系解释、目的解释等方法。

在普通法系，制定法的解释同样首先要遵循字面解释规则，即从文字的一般的固有的含义中弄清立法机关的意图。然而由于文字的含义会有模棱两可的情况，现代的趋势是，当采用字面解释规则可能导致荒谬的判决时，则改取立意解释。这种解释必须是尽可能根据法律文字固有的、通用的和语法的意义对法律进行的解释，但是以不引起明显荒谬的结果为限。[①]美国制定法的解释规则是：（1）刑法的解释，应采严格解释，除非可能产生不公平的结果。因为只有立法机关才有权界定犯罪、规定刑罚，并于行为发生前预告应罚之行为，若允许法官自由解释刑法，则可能发生司法者界定刑罚处罚标准的可能。（2）司法者对犯罪行为的认定，必须以法定用语客观、公平且为一般人所理解的意义为准，除非适用该用语将产生不符合立法本意的结果，不得对其进行歪曲解释。（3）同一词语用于不同条文时，除有相关立法资料显示可以根据立法意旨对之作不同解释之外，应保持同一解释。（4）制定法明确规定犯罪构成要件的，司法者应遵循该犯罪之要件。（5）制定法用语不明确时，应根据制定法的整体意义加以确定，或者根据并未被制定法明确废止的、普通法上的原则及定义进行确定；制定法立法意旨不明确时，应做有利于被告的解释。（6）同一制定法不同部分用语有重大变更时，应视为"有意变更"。（7）法律明示之规定排除其他所有之规定，刑事制定法列举例外责任的，其他未列举

---

[①] 参见〔英〕R·J·沃克《英国法渊源》，夏勇、夏道虎译，西南政法学院1984年版，第125页以下。

之例外亦应排除。(8) 刑事制定法列举特定事物,附加"以及其他类似……"的,性质上与其所列举特定事物同一种类之事物均可包括在内。(9) 制定法之解释,不得变更或转移举证责任于被告。(10) 制定法除明示外,不得做有利于公诉人的假定。①

参考法律解释规则的制度实践,台湾地区学者王玉成归纳出了散见于司法实务及学者著作中的关于刑法解释的若干重要见解:(1) 刑法条文或条款文义明晰时,应依其所表达之意义做正确客观的解释;(2) 条文或条款文义不明者,应根据行为人利益原则,做有利于被告的解释;(3) 同一条文有两个以上解释并存时,依"从严解释"原则,做最有利于行为人的解释;(4) 不得做超法规的解释;(5) 除立法当时疏失外,立法者立法时所预见到的法律漏洞或法条列举事项以外的事实,为立法者有意之省略,不得依据法理补充或解释。②

还有人参照国内外法律解释规则的共性,并结合我国刑法实践中所采用的各种解释方法,提出了我国刑法实践应遵循的解释规则:(1) 文义解释具有绝对的优先性;(2) 体系解释只是在文义解释仍不能确定语词含义的情况下才可运用;(3) 目的解释只是在文义解释和体系解释仍不能确定其含义时,才可运用;(4) 法意解释只是在上述三种解释还不能确定其含义时,才可运用。③

---

① M. Cherif Bassiouni, Substantive Criminal Law (1978), pp. 63-64.
② 参见王玉成《社会变迁中之罪刑法定原则》,台湾大伟书局1988年版,第311页。
③ 参见李国如《罪刑法定原则视野中的刑法解释》,中国方正出版社2001年版,第201—203页。

笔者无意在上述材料的基础上提出新的解释规则，因为通常的观点认为，尽管法律解释不是随心所欲的，但是在各种解释方法之间并没有什么绝对的位阶关系。唯一一致的观点是，文义解释是法律解释的基础，刑法的解释更应强调文义解释的优先性。文义解释优先，其目的在于尽量保持法律解释的客观性，防止法官通过解释扩大法律干预公民个人生活的范围。

## 五 判例制度：法律解释的规范化模式

在承认法官的适用解释具有实践价值之后，如何来确保这种解释仍然是"解释"而不是创设规范从而侵犯到立法权呢？我们认为，将判例制度作为法律适用解释的一种规范化模式，不失为一种合理的选择。为了保证法律解释的客观性和法律适用的统一性，建立一种与法典化制度相适应的判例制度是很有必要的。

### （一）法典化制度下判例的法律地位

在普通法系国家，判例被作为一种法律渊源，因此存在所谓"判例法"，即以判例形式存在的法律。[1]普通法系判例制度的核心是遵循先例原则。"先例"被认为包含了一个原则，即在后来的有着相同的或相关的法律问题的案件中，这个原则可被看作规定性或限制性的原则，它至少可以影响法院对该案的判决，

---

[1] 参见〔日〕我妻荣主编《新法律学辞典》，董璠舆等译校，中国政法大学出版社1991年版，第797页。

甚至就是在遵循先例原则指导下决定案件。①也就是说，在判例中，真正对后来案件发挥作用的是其判决理由中包含的一般法律原则和规则，而不是判例的全部内容，所以"判例法"概念实际上是指称"司法判例中所规定的法律原则和规则的一般术语，是根据以往法院和法庭对具体案件的判决所作的概括"。判例法和成文法的主要区别在于：判例法产生于诉讼事件，而成文法可以预先通过，并适用于一般案件，而不仅仅是特定的案件。②

在大陆法系，司法判例不是法律渊源。大陆法系的法律观念认为，如果判例对其后法院判决案件产生拘束力，就必然违反禁止法官立法的原则。因此，在大陆法系的制度架构中，任何法院都不受其他法院判决的约束，至少从理论上讲是如此要求的：即使最高法院已对同类案件所涉及的问题表示了意见，它的下级法院仍然可以作出与之不同的判决。当然，这仅是理论上的要求，实践中并非如此。虽然没有"遵循先例"的正式原则，大陆法系的法官活动却显然受到判例的影响。不仅辩护律师会在法庭辩论中大量引用判例，法官判决案件也常常参照判例。美国法学家梅利曼由此认为，不管三权分立的思想对判例的作用如何评价，在事实上，大陆法系法院在审判实践中对于判例的态度同美国的法院没有多大区别。③在坚持成文法主义的国家，理论上虽然是将成文法作为法源，但从实质来看，判

---

① 〔英〕戴维·M·沃克：《牛津法律大辞典》，邓正来等译，光明日报出版社1989年版，第708页。
② 参见〔英〕戴维·M·沃克《牛津法律大辞典》，邓正来等译，光明日报出版社1989年版，第140页。
③ 参见〔美〕约翰·亨利·梅利曼《大陆法系》，顾培东、禄正平译，法律出版社2004年版，第47页。

例如同法源一般地约束着法院的判决。当法官能够在最高法院的一个或几个判决中找到似乎与他面前的案件有关的一条规则时，他将会遵循该判决中的规则，这在德国、英国和法国都是一样的。[1]在法官和律师的日常法律实践中，普通法和大陆法的区别远不如我们想象的那样绝对，大陆法系国家的法院，在很大程度上也会遵从上级法院的先例。这种遵从甚至可以达到这样的地步，即法院在事实上已经把法典中的某些似乎与现代习惯和理念完全格格不入的条款抛在一边，弃之不用，而不是被动地等候着立法机关对有问题的条款予以正式废除。[2]

在欧洲大陆，曾经长期存在"法典可能做到完整、连贯"的教条，然而这种教条并没有对判例产生实际的排斥作用。相反，由各种判例汇编成的书籍被法院用来填补法律规范的疏漏和调节法规之间的明显冲突。虽然，法规的内容仍保持不变，但是来自社会的压力使得它在意思上和适用上不得不经常改变。[3]当一个欧洲大陆的法官声称他能通过逻辑上的解释从法典中得出一系列概念、原则和结论时，在现实中，他正是通过先前的案例来理解法典中由寥寥几个字所构成的法律原则的含义。虽然他并不一定引用这些案例，但是其他的法官和律师都知道，他并没有根据法典中的寥寥几个字而重新创设出新的规则来帮助他审案。根据他宣布和适用原则的方式，其他法官和律师能

---

[1] 参见〔德〕K·茨威格特、H·克茨《比较法总论》，潘汉典等译，法律出版社2003年版，第383页。
[2] 参见〔比〕R.C.范·卡内冈《法官、立法者与法学教授——欧洲法律史篇》，薛张敏敏译，北京大学出版社2006年版，第41页。
[3] 参见〔美〕约翰·亨利·梅利曼《大陆法系》，顾培东、禄正平译，法律出版社2004年版，第43页。

够揭示它所依从的是过去发生的哪些主要案件。关于主要上诉法院判决理由的出版物也能够印证，大陆法系的法官对判例法有着或多或少的依赖。二战以来，德国法官中存在日益明显的采用准美国模式的倾向，所以到了今天，在德国法的许多领域，主要的判例公开地被认为提供了有效的法律规则。虽然遵循先例原则并未得到正式的认可，然而成百上千卷的案例报告得到出版，并且法国、德国和意大利的律师就像普通法系国家律师那样，通过举出先例将他们的辩护意见提交到高等法院，而这是常规的做法。①不过，尽管判例事实上对法院的活动发挥着一定的约束作用，在刑法领域，不同于民法范畴的是，法院判例原则上不具有"创设法律"的作用。②

在日本，法学界很重视对判例的研究，但是在制度层面，法学家不承认日本有刑事判例法，判例对以后的裁判只具有参考作用，而不是必须遵循的法规范。③日本学者较为主流的见解是，判例的约束性对于同种事件必须承认同种法律效果这一保证判决公正的立场来说是必要的。下级审判基本上必须服从处理同类事件的上级审判，特别是负有统一判例责任的最高法院的判决。根据《日本刑事诉讼法》第405条第2号，"凡认为和最高法院的判例相反的"，可成为上诉的理由。④不过，日本的最

---

① 参见〔美〕马丁·夏皮罗《法院：比较法上和政治学上的分析》，张生、李彤译，中国政法大学出版社2005年版，第190页以下。
② 参见〔法〕卡斯东·斯特法尼等《法国刑法总论精义》，罗结珍译，中国政法大学出版社1998年版，第117页。
③ 参见李洁《论罪刑法定的实现》，清华大学出版社2006年版，第364页。
④ 参见〔日〕西原春夫《日本刑法的变革与特点》，载西原春夫主编《日本刑事法的形成与特色》，李海东等译，中国·法律出版社、日本国·成文堂联合出版，1997年版，第10页。

高法院并不轻易变更判决，下级审判也不轻易做可能被最高法院否定的判决。此外，一般人为了不败诉，也必须遵从判例而行动。这样，判例的拘束力实际上是很大的，[1]人们"不得不承认判例在事实上具有拘束力"。[2]

这样，便引起了关于判例的地位及性质的争论。重视判例拘束力的人，倾向于认为判例是法源，而对此持否定意见者，一般也承认判例经过反复，可以作为习惯法而占据法源的地位。[3]不过，这种看法至多也只能在民事法律领域被接受，在刑事领域，由于罪刑法定原则排斥习惯法，判例"可以作为习惯法而占据法源的地位"的观点恐怕也很难获得支持。所以日本刑法学家西原春夫教授指出，尽管认为判例是法源的见解在一些地方还是有的，但在日本一般都否认这种见解，认为判例不过是作为法源的成文法的一种解释，即使在法院内部事实上有约束力，对外也可以作其他解释，而且就是在法院内部，成文法在执行期间，判例也有可能变化，因此将判例和成文法都解释为法源的做法是不合适的。[4]我国学者的观察结论，也是日本的判例在性质上具有司法解释的作用，这种解释性在判例的理由部分可以得到充分的反映。正因为判例是解释而不是法律，

---

[1] 参见〔日〕我妻荣主编《新法律学辞典》，董璠舆等译校，中国政法大学出版社1991年版，第797页。

[2] 参见〔日〕野村稔《刑法总论》，全理其、何力译，法律出版社2001年版，第56页。

[3] 参见〔日〕我妻荣主编《新法律学辞典》，董璠舆等译校，中国政法大学出版社1991年版，第797页。

[4] 参见〔日〕西原春夫《日本刑法的变革与特点》，载西原春夫主编《日本刑事法的形成与特色》，李海东等译，中国·法律出版社、日本国·成文堂联合出版，1997年版，第10页。

所以它作为判决只对当案具有法律效力。①

蔡枢衡先生曾经说，在罪刑法定主义下，成文法国家的判例是具体化了的刑法，成文的刑法是抽象了的判例，补充法律的欠缺而不违反罪刑法定主义的判例是值得充分留意的，因为这是刑法形态之一，本质上是和成文法相并行的，换句话说，这是和成文法合成一体的，假定忽视了，主观上是视野不完全，客观上是抛弃了全刑法的一部分。②这里似乎是说，判例和成文刑法是刑法的不同表现形态，它们是特殊与一般的关系，但是，判例的性质问题在此并不清楚，容易让人误认为承认判例为法律渊源。不过，从其"不违反罪刑法定主义的判例"的说法来看，应该认为刑事判例在内容上是与刑法一致的，只不过它是对刑法内容更具体的表达，因而不能认为它是独立于成文刑法的另一个法律渊源——这似乎才是对上述观点更合理的解读。

关于刑事判例的性质，目前我国的刑法学者大多认为它是司法解释的一种形式，这与德国、日本等大陆法系国家的看法是一致的。论者认为，司法解释可以分为规范性司法解释和个案性司法解释，刑事判例就是一种个案性的司法解释，这不仅在许多国家被认同，而且从判例本身的特征及功用看，也应当认为它是个案性司法解释。③也就是说，刑事判例和刑事司法解释分属于刑法适用解释的两个层面：前者是法官在审理具体案件过程中，就本案事实以及本案与先例的比较所作的解释，具有个案

---

① 参见李洁《论罪刑法定的实现》，清华大学出版社2006年版，第364页。
② 参见蔡枢衡《刑法学》，独立出版社印行，第124页；转引自张文主编《中国刑事司法制度与改革研究》，人民法院出版社2000年版，第532页。
③ 参见李晓明《论刑事判例在我国司法体系中的定位》，《法学评论》2000年第3期。

针对性；后者是针对法律规范的静态的解释，具有类的普适性。[1] 尽管有此差异，亦足以表明判例在性质上乃是法律解释的一种形式。所以，无论是在我国，还是在同样尊崇成文法典的其他大陆法系国家，不管判例实际上如何发挥作用和发挥怎样的作用，都只存在"判例"，而不存在"判例法"。判例中如果存在着法律原则或规则的话，那也是对立法上原本就存在的原则或规则的具体阐明和运用，而不是法官新的创设——至少理论上的信条是这样，而且大陆法系传统的司法制度结构本身也支持着这一信条。

### （二）法典化制度下判例的实践价值

大陆法系的成文法制度模式是要通过对于法典的确定性的追求来作为法官判案的依据，让法官完全按照成文法这种预先规定好的规范来行为，从而将一切都纳入成文法的规制当中。它是在科学主义的确定性观念的影响下而发展起来的，所代表的是普遍化的思维方式和行为方式。[2]这种制度模式虽然具有确定性的优点，但也正是它的这个优点带来了它的缺点，那就是缺乏应有的灵活性。成文法所建构的普遍化的思维方式导致了它对事物的特殊性的忽视，具体案件的丰富性、多样性、差异性常常不能被充分地照顾；尤其是当它把自己所建构的模型教条化之后，甚至会产生对差异性原则的排斥。比如，大陆法系法律观念固执地认为，法官创制规则是与罪刑法定原则相冲突

---

[1] 参见赵秉志主编《当代刑法理论探索（第一卷）·刑法基础理论探索》，法律出版社 2003 年版，第 441 页。

[2] 参见武建敏《司法理论与司法模式》，华夏出版社 2006 年版，第 167、170 页。

的，所以，判例不能被承认为法律渊源——尽管判例在实践中确实发挥着规范的作用。

笔者认为，"判例是否是法律渊源"和"判例是否在实践中发挥作用"是两个不同的问题，我们应该将它们分开来看待。否定判例作为法律渊源，并不意味着应当同时否定判例对于法律实践的价值。在法典化制度背景下，能否确立起一种与法治原则相容的判例制度，很大程度上取决于我们对判例的法律地位及其性质的看法。比如有刑法学者指出，除刑事实体法中的具体规则之外，罪刑法定之法还应该包括宪法以及未被刑事实体法所明示，但却体现和蕴含了刑法基本精神的法律原则和计划型刑事政策。而这些原则和政策并非像规则那样具有全有或全无的特征，相反，它们都是极富弹性的，因而具有很大的解释和操作空间并能解释大量具体案件的价值性规范。在与具体案件遭遇之前，它们更像是空洞的口号，但一经与具体案件结合，它们的实际力量和具体解释力便立刻显现出来，并以法官的判决为载体释放出自己的意义。因而，只有在一种实践的、法律解释学的语境中，判例制度的引入与罪刑法定主义的坚持之间才能实现协调。[①]笔者认同这样的看法，并想进一步指出：那种认为判例制度与法治原则不相容的观念，是建立在"判例是法官造法"的认识基础上的；如果我们把判例中的判决理由控制在解释法律，而不是创造规范的限度之内，那么法典化制度背景下能否建立判例制度的疑问就不存在了。既然在坚持成文法主义的国家，法官经常以隐蔽或者公开的方式在判决中发

---

[①] 参见吴丙新《修正的刑法解释理论》，山东人民出版社2007年版，第161—162页。

展刑法,不如建立一种常规的判例解释制度,即确立法官以判例解释法律的基本规则和判例对司法的指导规则,使判例形成的过程和发挥作用的方式得到制度上的管理,或许这才是一种合理的选择。

由于法典法和判例法各有其优缺点,所以当今世界两大法系法律制度模式相互学习,出现相互融合的趋势。我们承认判例所具有的实践价值,并不是单纯地为了追赶这种趋势,而是基于对判例制度的某些制度功能的认识,希望通过对这一制度的借鉴,克服法典制度的某些缺陷。法律作为主观意志的产物,其规范性和可预测性要求它必须具有稳定性,法典法把这种要求演变成了一种制度结构,从而具有超强的稳定性。但是,由于任何法律规范都不可能把所要调整的社会关系详尽具体地包罗无遗,更不可能与未来发展的社会关系吻合得天衣无缝;这样,在面对变动不居的社会生活状况时,法律体系内部就呈现出一种永恒的、难以彻底解决的冲突倾向:法律规范体系在获得稳定性的同时,却牺牲了它对社会生活事实与关系的适应性。整个法律调整的任务就是要寻找针对这一矛盾的调节器。大量立法,及时补充、修改法律,适时地颁布单行法规以及颁布最高司法解释等,都可以成为解决上述矛盾的办法,然而实践证明,这些办法往往都失之烦琐和迟缓,而且会导致法律丧失稳定性。相比之下,在面对规范的确定性与社会生活的复杂性和变动性的矛盾时,判例制度则可以较为从容地应对。"作为一种法律渊源,普通法之遵循先例原则之所以取得成功,主要在于它糅合了确定性与进化力的双重功能,而没有其他任何演进能够做到这一点。确定性被保证在合理的限度内,在此范围内法院依据普通法传统体系中的法律原理及规则以类比推理断诉,并且，根据已知技巧发展法律诉讼原则。进化得到保证在于（发现）法律原则的界限并没有永恒权威地固定下来，而是当一些案件出现时，通过显示其实际工作的折衷程序并证明在其实际运作中达到如何程度的伸张正义，从中逐渐发现法律原则的界限。"[1]由于判例具有灵活、具体、适时、针对性强等特点，人们认为，判例制度可以成为解决这一矛盾的重要调节器。

更重要的一点是，判例制度是以司法为中心的制度运作模式，它显著的特色在于：在适应社会生活的丰富性的过程中，判例制度也进行着司法知识的积累。即便这种知识的积累不是为了给立法提供司法信息，对于法律制度的实践而言也是富有意义的。普通法系以数个世纪的案例积累形成了自己的法律传统，虽然它没能像大陆法系那样发展出一个概念性框架，对普遍使用的概念与原则关注极少，[2]但是它的制度特点也使它具有无与伦比的优点。这种优点主要表现在："只要提供新的前提，普通法就具有使其发展的方法以满足对正义的紧迫需要，还可以将结果铸入一个科学体系之中"；而且尤为重要的是，"普通法还具有获得新的前提的能力"，司法判例将道德融入了法律，从而使普通法的生命力和稳定性越来越受到重视。[3]大陆法系的法律传统是一种"立法中心主义"的思路，由于对法律本身重视，所以司法过程强调的是如何利用立法者所提供的知识，而

---

[1] 〔美〕罗斯科·庞德：《普通法的精神》，唐前宏等译，夏登峻校，法律出版社 2001 年版，第 128 页。
[2] 参见〔比〕R.C. 范·卡内冈《法官、立法者与法学教授——欧洲法律史篇》，薛张敏敏译，北京大学出版社 2006 年版，第 125 页。
[3] 参见〔美〕罗斯科·庞德《普通法的精神》，唐前宏等译，夏登峻校，法律出版社 2001 年版，第 129—130 页。

不是积累自己的知识。在法国，判决书可以简单到不作任何理由说明，仅仅宣布判决结果的程度。这就导致了一个后果，即：大陆法系的刑事法律及其理论缺乏同司法实践的足够联系。因为判决没有被记录，反馈的渠道被切断，法律的专业人士无从获悉有关司法判决的事实和法律信息。这种体系不能从自身的经验教训中获取教益。大陆法系中判决的可预测性很低，因为没有判例的积累，而且法院判决也不公之于众，所以法官们在判案时不是依靠大量可资借鉴的判例，而是倾向于依赖同事们的职业建议。然而，这种建议不能为控辩双方所知悉，因为这是所谓口头法，其显著特征是发生于两三个法官私下之间。而与之相反，英美法系中记录的资料，事实上可使某一法官从另一法官处得到的建议公开化，从而被那些关心案件审判结果的人们获悉。[①]被公开的判例，不仅其正当性可以接受社会的监督，而且能够为公众提供预测司法行为的知识标准，有利于提高司法的透明度和增强法律的可预见性，这无疑可以维护法的安定性价值，使法律获得公众的信赖。就此而言，大陆法系的传统做法是有欠缺的。

在讨论判例制度的价值时，我们的法律学者最看重的是它能够弥补法典法的局限性这一功能。这虽然也是符合实际的看法，但究其实质，它也不过是一种"立法中心主义"的视角。我们由此可能忽略了一个更加重要的问题，即判例制度本身所具有的对法律的发展功能。在普通法系，疑难案件的判决过程就是先例得到明确或再生产的过程。而这种"再生产"先例过

---

[①] 参见〔斯洛文尼亚〕卜思天·M·儒攀基奇《刑法——刑罚理念批判》，何慧新等译，储槐植审校，中国政法大学出版社2002年版，第208—209页。

程的核心就是重新建构事实与"法律原则"之间的联系方式，从而修正或完善法律原则。而疑难案件中再生产先例的过程，既是普通法发展的重要方式，也突出地体现了普通法司法理性的主要特点。[1]而在大陆法系，法律发展的任务主要落在立法者的肩上，忽视司法判决制作者的立法空间，切断资料来源渠道，导致了另一重要后果，便是限制了立法者对法律规范的分化和改变的创造性。"立法者"通常为一群法学教授、高级法官和检察官，当修订法律的机会出现时，他们便就刑法规则的创造性改变而分工协作。在大陆法系，至多由 20 位成员组成的一群人从事刑法修订工作，但却少有资料并且与现实没有直接的联系。而在英美法系，会由人数多得多的律师、法官以及协助法庭处理法律问题的人来完成这一创造性的工作，实际上在刑事审判运作体系中工作的所有律师，都参与了解决要件组合问题的过程，为老问题提供新的可能答案，发现新问题，找出联系（比如宪法与刑法之间的联系），等等。此外，大陆法系的立法机关需要在相对短暂的时间内完成法律修订，而英美法系的法律变更程序却是法律运作体系的一部分，因此会有连续不断的创造性输入。[2]这样的差异表现在结果上，就是大陆法系的立法与现实之间总是存在一定的距离，而普通法则有着先天的社会亲和力。

不过，判例或者类似于判例的制度正式化、合理化需要一定的前提。首先，法律的稳定性和可预见性成为社会所追求的

---

[1] 参见李猛《除魔的世界与禁欲者的守护神：韦伯社会理论中的"英国法"问题》，载李猛编《韦伯：法律与价值》，上海人民出版社 2001 年版，第 179 页。

[2] 参见〔斯洛文尼亚〕卜思天·M·儒攀基奇《刑法——刑罚理念批判》，何慧新等译，储槐植审校，中国政法大学出版社 2002 年版，第 209 页。

法律的主要价值，法律而不是政策或者其他规则体系成为区别对错的真理体制，并且它试图将一切社会秩序纳入其规范范围中。其次，在一个较为成熟的社会中，大规模的立法任务已经完成，规则体系基本具备，社会的主要任务已经不是轰轰烈烈的立法工作而是更为日常的司法适用工作，社会从"有法可依"的企盼中转入对"有法必依、执法必严"的渴望。因此，司法者的经验就成为重要的财富，变成一种可以利用的知识性资源和权威。最后，司法者在其整体素质上，能够较为熟练地掌握法律规则，较为深刻地理解法的精神，正确评价各种案件的性质，敢于作出独立的法律判断。司法者和立法者之间不再存在优越性和权威性的差异，尤其是立法者对司法者并没有制度上的超越性，司法具有了相对于立法而言的独立和自由，以至于人们在观念上能够接受司法作为法的存在这一理念。按照这样的逻辑，有学者认为，我们目前的法治已经具备了这样的因素，因此，将判例因素导入现行刑事司法解释体制之中，也就具有了必然性和合理性，我们应当适当地借鉴判例在解决问题上的广泛性、灵活性、即时性等优势，确立相应的判例制度，以发挥判例在司法实践上的指导功能。[①]这样的呼声在我国法学界（包括刑法学界）越来越强烈，我们所要解决的问题已经不再是简单地肯定或者否定判例制度的合理性，而是需要进一步探究我们应当建立怎样的判例制度这一更具现实意义的问题。

### （三）法典化制度下判例的实质

大陆法系的思想方法是，它倾向于将全部法律领域作为充

---

① 参见林维《刑法解释的权力分析》，中国人民公安大学出版社 2006 年版，第 486 页。

分组织条理化的体系看待,并且最后完全按照这种法律结构的思想方法行事。所以在学问的起源上,普通法的学问是属于法庭的,而大陆法系的学问则是属于学究的。[①]法典法根本上就是一种学术性的体系建构,美国学者甚至认为,法典的最终版本在很大程度上也是一部学术性的著作。[②]这样的一种体系,在成就了概念性思维和法的确定性价值的同时,也在相当程度上扼杀了司法的创造性,并降低法律的社会适应性。正因为有这样的弊端,所以今天的大陆法系国家,不约而同地在体系性建构之外开始构筑各自的判例制度,在保有体系性思考的同时,也对问题的具体妥当性加以关注。法典化制度下,判例制度依然具有重要的实践价值,对此或许异议不多。剩下的问题仅仅是,在法典化制度前提下,如何建构我们的判例制度。

判例制度的样式,取决于我们准备给判例以怎样的法律地位,因为判例的性质也是由其法律地位所决定的。如果我们赋予判例以实体法法源地位,则意味着判例可以创造规则;因为,如果判例不能够创设规则,而只是运用法律已经设定的规则,那么承认其为实体法法源就没有什么意义。反之,如果我们不准备赋予判例以实体法法源地位,那么它就只能具有法律解释的性质,判例中的规则只能是已经隐含在法律中的规则,而不能是法官创立的规则。

吴丙新断言,虽然正统的大陆法系刑法理论并不承认判例对法官判断的影响,但随着学术界对司法运作过程的考察,司

---

① 参见〔德〕K·茨威格特、H·克茨《比较法总论》,潘汉典等译,法律出版社 2003 年版,第 109 页。
② 参见〔美〕马丁·夏皮罗《法院:比较法上和政治学上的分析》,张生、李彤译,中国政法大学出版社 2005 年版,第 189 页。

法之真相正在逐步摆脱学术意识形态的压制而日渐显现其本来面目,判例可以作为刑事司法实体法渊源的主张不仅在一些传统大陆法系国家的理论研究中得到重视,而且在实践领域已经获得了实证法律上的支持。[1]笔者注意到,这一观点的论据其实是德国、日本等国判例事实上"约束着法院的判决"的若干说法。但是必须加以区别的是,作为法源的"约束力"和作为有说服力的判决理由的"约束"是绝不能等而视之的:前者意味着一种必须遵守的强制,后者则仅仅是因为后来法院认为判例中对法律所进行的解释具有说服力而主动加以接受。所以,大陆法系国家虽然确有学说认为判例是法律渊源,但是它"在实践领域已经获得了实证法律上的支持"的说法却是不符合实际情况的。因为如果认为刑事判例是法律渊源,就意味着判例可以创立关于刑罚处罚的规则,而大陆法系国家的制度实践并未显露这样的趋向。

在法国,犯罪之成立必须具备"法有规定"的要件,也即是说,必须具有与司法裁判决定相对应的、广义上的某一法律条文的规定。当法律并未对其规定的某一犯罪的构成要件作出具体的表述时,法院可以按照法律的规定,对某一犯罪的要件作出归纳,通常可能需要由法官根据习惯去说明某一行为是否构成犯罪。但是习惯仅在某一具体的特别情形下,才能排除适用刑事法律,而不能创立刑事法律。[2]也就是说,法院可以解释犯罪的构成要件,但不能自己设立构成要件,这意味着,法院

---

[1] 参见吴丙新《修正的刑法解释论》,山东人民出版社2007年版,第157页。
[2] 参见〔法〕卡斯东·斯特法尼等《法国刑法总论精义》,罗结珍译,中国政法大学出版社1998年版,第117页。

的判例仅具有解释刑法的功能。而且,"法有规定"既然是"与司法裁判决定相对应的",那就意味着判例没有被承认为刑法的渊源。

在德国,法院判决对刑法的解释一直采取较为严格的态度。1899 年,帝国法院的一项判决(RGSt 29,111;32,156)拒绝了将未经许可使用电力能源的行为作为盗窃加以处罚,因为电是不能称为(物质性的)物品的。这个案件在 1900 年推动了立法机关在刑法中增加了"禁止不法获取电力"的条文。德国联邦最高法院在原文界限的框架中,也多次明确主张目的性解释,从而为避免客观解释的过分延伸提供了相当的保障;但是,为了避免目的解释失控,把可能的词义作为对解释的限制也经常被提到。尽管在许多案件中,德国的司法判决也在明示或默示地不理睬原文的界限,但是,对于那些超越法条原文文义的判决,要么被放弃作为判例,要么没有得到德国联邦法院的继续跟随。尤为重要的一点是,20 世纪后期开始,"一些新的判决重新表现出一种令人欣喜的回归法治原则的思考"。学理上,虽然还存在反对刑事法官应当受法律原文文字制约的观点,但这种观点被认为忽视了有关的宪法性规定,并未被广泛接受。[1]

日本的情况是,法院判决常常通过对刑法的灵活解释而大胆地发展刑法,以至于不少日本刑法学者都表示出了对罪刑法定原则命运的担忧。在日本的罪刑法定主义里,一度存在着"过于灵活的解释"这一很大的问题。之所以出现这种情况,是因为在日本的法意识里,常常强烈地追求具体妥当性的结果,

---

[1] 参见〔德〕克劳斯·罗克辛《德国刑法学总论》第 1 卷,王世洲译,法律出版社 2005 年版,第 84—89 页。

个别正义才作为法律的真正的实现被希求。在日本的判例中也有这种倾向，即判例常常基于处罚的必要而灵活地解释法律。日本的学者认为，这种思想方法与罪刑法定主义之间存在着激烈的矛盾。[1]日本的判例不仅有灵活解释法律的倾向，而且事实上具有拘束力。但是，日本的大多数学者还是认为，按照法律原则，判例在日本不能直接作为法源，而只是裁判机关所做的一种有权解释；它的拘束力也是"作为明示的有权解释"的拘束力，而不是作为法律渊源的拘束力。[2]或者至多，在其具有事实上的拘束力的意义上，认为"判例在成文法规的范围内具有法律渊源的特征"。[3]

可见，关于大陆法系判例作为实体法法源"在实践领域已经获得了实证法律上的支持"的说法是不能成立的。吴丙新为"判例作为刑事司法实体法渊源"寻求合法性支持的论据主要有两个：一是判例之刑法解释功能，二是法律概念之类型化特征。在笔者看来，这两个论据能够支持的结论仅仅是"刑法需要通过解释而适用"，并不能得出判例具备实体法法源资格的结论。而吴丙新的结论是："不管某一判例是由哪一级法院作出的，只要它符合了法律解释之合法性与妥当性的要求，那么它都应当具备刑事司法实体法渊源的资格。"[4]笔者认为，尽管论者承认即便是具备"法源资格"的判例也"并不具备通常意义上的法源

---

[1] 参见〔日〕坂口一成《罪刑法定主义的局限性在日本》，载赵秉志主编《刑法评论》第5卷，法律出版社2004年版，第259—260页。
[2] 参见〔日〕野村稔《刑法总论》，全理其、何力译，法律出版社2001年版，第56—57页。
[3] 参见〔日〕大谷实《刑法总论》，黎宏译，法律出版社2003年版，第45页。
[4] 参见吴丙新《修正的刑法解释理论》，山东人民出版社2007年版，第160—168页。

的形式",但他自认为是"实用主义"的上述观点当中仍然还是有一种误导。我们无法想象,"实用主义"如何反过来将自己纳入制度的界限之内。因为即便仅仅是一个"法源资格"的享有,也足以表明判例中的创造性程度可能已经远远超出了"解释"的范畴,其还能否与罪刑法定原则相协调便十分令人怀疑了。因此,"实用主义"最可能导致的后果或许是"过度诠释",而不是司法的独立性、统一性。

其实,更值得我们注意的问题不是判例是否具有"法律上的拘束力"的问题,而应该是判例在司法过程中的功能意义。大陆法系否定判例作为法源,所要否定的正是判例创立规则的功能,而不是判例解释法律的功能;正因为如此,大陆法系才一面继续坚守法律是刑法唯一法源的原则,一面对判例事实上所发挥的影响保持着宽容。因为大陆法系的法官在通过司法判决发展刑法时,绝对不会无视罪刑法定原则的存在,而是会对判决的创造性加以适当的控制,让人看起来只是在适用和解释刑法,并没有逾越法律的边界。在我国的刑事司法实践中,广泛、准确地行使适用解释,将大大提高我国刑法的效能,同时也可以减轻"两高"制作"司法解释"的压力。刑法的适用解释存在于刑事诉讼的全过程,体现在定罪、量刑的各环节,而判例的方法就是一种重要的适用解释的方法。[1]所以,在借鉴大陆法系而不是普通法系的判例制度模式的时候,我们必须明确一个前提,即:判例在性质上是法律解释的一种形式,应当在刑法司法解释体制内来构筑我们的刑事判例制度模式。

---

[1] 参见赵秉志主编《当代刑法理论探索(第一卷)·刑法基础理论探索》,法律出版社 2003 年版,第 440 页。

通过对日本立法与判例现状的考察，李洁教授认为，在日本，判例是对法条的解释，它只对当案有效，对其他案件不具有法律的拘束力。但是，日本最高司法机关的判例对司法的影响不容小视，一个判决，完全可能成为被诸多司法者实际上援引的裁判根据。尽管如此，一个判例只是一个或几个法官对某具体法律条文的解释，无论这种解释如何进行，其界限都应该是法律规定本身，即法律解释应以法律之语言表述中所具有的内容为限，如果法条的语言中没有这种东西，无论以何种理由将其揭示出来，其解释都是违法的。若以判例的形式作出，该判例本身的合法性也就值得研究。[1]

通过对日本立法和判例的借鉴，李洁教授重构了我国有权刑法解释的模式，即所谓"一元个体判决式"刑法司法解释模式。（1）一元：只有法院具有解释刑法的权力。因为刑法的解释是对刑法具体规范的适用，是让具体的案件事实符合法律规定的法律规范，这样的权力只有法院拥有才是正常的。（2）个体：只有法院中的法官具有司法解释的权力。既然法律解释是为了个案适用，个体的解释只能是法官的解释。（3）判决式：以刑事判决中的判决理由说明解释的内容。解释是针对具体事例的解释，是对具体案件如何应用以及为什么应用某法条进行判决的分析说明，这样的分析说明只能在具体的刑事判决中出现。李洁教授的这个模式是针对我国现行司法解释体制的不合理性而提出的替代性方案，她认为在这个解释模式下，对法条的解释是每一个法官的自然权力，而解释的方式就必须是说理

---

[1] 参见李洁《论罪刑法定的实现》，清华大学出版社2006年版，第366页。

的，这种解释以判决的形式出现也是符合解释的要求的。[①]我们可以看出，在李洁教授提出的刑法解释模式中，并没有加入我们想象的"判例制度"，而只是提出了以判决的方式解释刑法的思路。她认为，司法解释是法官就个案作出的解释，所以只对当案有效，而不具有一体遵循的效力。不过在随后的论述中，李洁教授指出，由于法官所作出的司法解释是有理由说明的，如果其说明可以说服人，当然也就可以被其他的法官所接受。如果被其他法官接受，从而对同类案件进行同样裁判，就会形成司法常例，而司法常例的形成也会促使一国之内司法的统一。而且，最高法院和高级法院可以选择部分有价值的案例予以公布，形成判例。判例虽然不是必须遵守的准法律，但无疑可以为法院提供一种参考。[②]显然，李洁教授无意于为判例制度的建构提供建言，但只要在她所提出的有权刑法解释模式的基础上再前进一步，我们就可以预想到在我们的制度背景下判例制度可能具有的样态——它或许只能是我国司法机关近年来正在非正式地、分散化地实践着的"案例指导制度"。而笔者则认为，我国目前的"案例指导制度"其实并未真正地实现制度化，不仅案例的形成机制还很不完善，指导性案例在司法实践中的作用也并未得到应有的发挥。有鉴于此，有必要建立一种正式化的"判例指导制度"，以便实现刑法解释的常规化和规范化。

首先，我们承认判例是一种有权司法解释，这是构思判例

---

[①] 参见李洁《论罪刑法定的实现》，清华大学出版社2006年版，第374—376页。

[②] 参见李洁《论罪刑法定的实现》，清华大学出版社2006年版，第377—378页。

指导制度的一个前提。在此前提下，笔者接受李洁教授所持的法官是法律解释主体的看法，并在修正的意义上，接受前文提到的吴丙新博士的一个观点，即"不管某一判例是由哪一级法院作出的，只要它符合了法律解释之合法性与妥当性的要求，那么它都应当具备刑事司法实体法渊源的资格"。笔者将其修正为：无论是哪一级法院所作出的判决，只要它符合了法律解释之合法性与妥当性的要求，并具有可仿效性和可参考性，就有资格被作为判例。然而，有资格作为判例的判决，必须通过一定的制度媒介才可能成为一种可以共享的司法知识形态，这就需要建立一个"判例的形成机制"。

"判例的形成机制"可以包括两项内容：（1）省级人民法院将地方各级法院（包括省级法院自己）作出的那些具有判例价值的典型案件的判决，进行选择和分类整理，将其公布为判例；（2）最高法院可以将自己制作的判决公布为判例，也可以从省级法院公布的判例中选择具有普遍意义的判例再行公布。需要说明的是，判例的公布应当采取明示的形式，即以带有"判例"字样的出版物正式公布（而不是像以前《最高人民法院公报》所公布的案例那样，并未明确它们是"判例"）。

从我国最高人民法院公布指导性案例的现状来看，它们基本上还不具备典型的判例特征。首先是因为，公布的案例少有判决理由，即使有，大多也没有得到充分的阐述；其次是因为，没有判决理由，也就意味着那些案例难以成为法律解释的载体；最后是因为，所公布的指导性案例的功能并未得到公开的说明，它们仅仅提供着一种默示的参考作用。所以，要真正发挥判例对司法的指导功能，就必须重视判例本身的质量，严格判例遴选的标准。判例遴选的标准应当是：（1）合法性。判例制作的程序合法，判例对实体法的适用正确，没有对法律作出超越解释标准的解释。（2）合理性。在内容合法的同时，判决理由还必须符合情理和社会一般的正义标准，尤其是在法律标准不明确时的处理，更应符合衡平的精神。（3）明确性。判决所阐述的适用法律的理由必须清晰、准确、完整，具有逻辑自足性和足够的说服力，尤其是判决要旨应得到提炼和归纳。（4）典型性。判例所涉及的法律适用问题带有普遍性，它对法律的理解具有一般的指导性和普遍的参考价值。

关于判例的效力问题，笔者认为应当确立判例的相对的拘束力规则。即：（1）最高法院公布的判例，原则上在全国范围内具有拘束力，当遇到同类案件时，如果没有特别的理由，地方各级法院应当遵守判例对法律所作的理解，作出相似的判决。（2）省级法院公布的判例，原则上在全省范围内具有拘束力，当遇到同类案件时，如果没有特别的理由，省下级法院应当遵守判例对法律所作的理解，作出相似的判决。（3）如果地方法院认为自己有理由作出与判例不一致的理解，应当以详细的理由加以阐述，但不需要向公布判例的法院请示。之所以不需要请示，意在保持各级法院相互的独立性和法官个人的独立性，充分尊重各级法院和法官在法律范围内的自由裁量权和法律解释权。当然，对于下级法院与判例不一致的判决，可以通过审级制度加以审查。在审级制度制约下，下级法院的法官不会毫无理由地冒着被上级法院改判的风险而作出明显与判例不一致的判决，除非他有意要这么做。

虽然有人认为，建立一种以法官裁量为中心的刑事司法解释体制，需要判例制度的配套，如果没有先例遵循制度或者类似制度，法官裁量权完全没有约束，不同法官的解释结论就可能千奇百怪，刑法面前人人平等将无从谈起，罪刑法定原则也无法实现；①但是笔者仍然认为，类似于先例遵循制度的制度未必就是要赋予判例以强拘束力的制度，如果我们承认法官的独立性，承认法官个人的法律解释权，那么就不必赋予判例以类似于法律的那种拘束力。实际上，即便在没有判例制度的今天，遇到疑难案件，或者为了让自己的判决更加可靠，或者仅仅是为了省事，法官也习惯于参照上级法院对类似案件曾经作出的判决行事。判例的真实效力应该是来自它的"说服力"，而不是"拘束力"。只承认判例具有相对的拘束力，不仅有利于基层法官在适用法律过程中发挥主观能动性，实现各案的利益平衡，也可以促使判例发布机关对判例本身的"说服力"予以重视，有利于提高判例的质量。其实，即便是在普通法系国家，在类似的案件中，后来的法院虽然必须考虑到先例，给予它们认为是适当的重视；但是法院不是被迫遵循先例，而是可以遵循，如果法院这么做，那是因为先例以其长处、以其推理说服了法院，不是因为先例具有权威性。②既然判例本质上仍然是一种法律解释，就没必要赋予它们不容怀疑的权威。所以，判例制度中也应当包含一种质疑机制，以实现判例的优存劣汰。即：如果法官对判例的说服力能够提出合理的怀疑，就可以作出与判例不一致的判决。如此，司法知识才有可能获得可持续的积累，法律也才可能获得可持续的发展。

判例制度的导入对立法而言，具有灵活性的意义，因为通

---

① 参见林维《刑法解释的权力分析》，中国人民公安大学出版社2006年版，第463页。

② 参见〔英〕戴维·M·沃克《牛津法律大辞典》，邓正来等译，光明日报出版社1989年版，第709页。

过判例对法律不断的解释和具体化，法律的内涵越来越丰富，并且在与现实的交流中被缓慢地发展。对司法而言，判例制度却恰恰具有确定性的意义，因为它将法律解释纳入了一种制度之中，并为法律解释提供了一种可以公开传播的载体。无论如何，一种以判例为依托的法律解释体制，必定有利于确保法官群体适用法律的统一性，从而维护法律的确定性和司法本身的可预测性。随着判例的不断积累，判例的这种功能会表现得更加突出。毋庸置疑的是，法治社会的基本价值是由立法和司法共同承担的，法律的确定性与灵活性之间的紧张关系也必须在这两个领域里谋求缓解的途径。在这方面，将判例制度作为法律解释的一种规范化模式，有其积极意义，它无疑将会增强法律的社会适应性。

# 从同案同判到差异化判决[*]

出于对司法公正的理想化追求，亦出于对"同案不同判"现象的现实性忧虑，近几年，"同案同判"不仅成为法学理论界热切关注的话题，也成为 21 世纪以来中国司法改革所追求的一个重要目标。在"同案同判"命题的背后，起支撑作用的乃是法律的平等适用观念，此观念不仅内含于"法治"概念，而且久已深入人心。正如学者所论："法前平等，司法公正，从东方文明到西方文明，从古至今，自有法以来就是司法的一个永恒主题，一个至高的价值追求。"[①]因此，在理论层面，作为司法公正最基本的表征之一，"同案同判"具有无可争辩的正确性。尽管如此，笔者还是认为，在实践层面，"同案同判"命题下的很多具体问题仍然值得我们倾力追究：我们所说的"同案"究竟是什么意思呢？我们所说的"同判"又是什么意思呢？在法治理念下，"同案同判"是否能够获得十足的合理性？如果不能，那么"同案不同判"在多大程度上是应该受到诘难的？在理想化的司法情景中，作为司法一致性要求的"同案同判"就是可能的吗？更重要的问题是，做到"同案同判"是否就意味着司

---

[*] 本章内容曾分散在三篇文章中，分别发表于《法学》2015 年第 11 期、《中国法学》2019 年第 4 期和《法商研究》2020 年第 3 期。

[①] 徐显明：《何谓司法公正》，《文史哲》1999 年第 6 期。

法公正（在"同案"间）的有效实现？本章将在刑事司法的视野内，对这些问题展开批判性的思考。

之所以立足于刑事司法来讨论"同案同判"这样一个具有普遍意义的司法问题，并不仅仅是顾及所谓"专业槽"的局限，而是基于这样的看法：在民事司法中，由于权利人处分权介入、当事人和解、法院调解以及证据规则等诸多因素的影响，实质上相同的案件常常会有极为不同的处理结果，且其合法性很容易得到规范性的论证，乃至于"同案不同判"成为司法的"常态"。因此，"同案同判"在民事司法领域的法治意义也就不若在刑事司法中那般昭彰。相反，在刑事司法领域，人们对法院判决确定性以及量刑公正的期待则抱有极高的预期，因为刑事案件的判决结果关涉个人重大权利的限制或剥夺，"同案同判"在此不仅具有要求法律平等对待的形式公平的意义，还具有比较而言的实体公平的意义。何况，如美国学者埃尔曼所言，在任何时代里，"面对现代文明事物中的最令人沮丧者之一"的刑法问题总是涉及人类的一些基本信仰与特征。因此，即使是在通过一种广泛的文化认同而在其他方面特色趋于一致的社会中，刑法问题仍然不可避免地会引起争论。[①]正因为如此，刑事司法中的"同案不同判"现象不仅常常激起一般社会公众的"道德义愤"，而且会引致法学家阶层的"法治忧思"，并被贴上"司法不公"乃至"司法腐败"的标签，在法治主义和道德主义的透视镜下受到义正词严的拷问。

---

[①] 参见〔美〕H. W. 埃尔曼《比较法律文化》，贺卫方、高鸿钧译，清华大学出版社 2002 年版，第 66—67 页。

于是，为了彰显人民法院"公正与效率"的世纪主题，[①]为了缔造"人民满意"的社会主义司法，[②]最高司法机关一直在做着旨在维护司法公正性、统一性、权威性的努力。其中，"同案同判"似乎又是这种努力的一个标志性的概念，成为衡量司法工作法治化水平的基本指标。在刑事司法领域，除发布了大量的司法解释以外，2010年9月《人民法院量刑指导意见（试行）》的出台、2010年11月《关于案例指导工作的规定》的出台，都可以看作最高人民法院在推进司法统一性方面的一种实质性的进展。自2011年12月最高人民法院发布第一批指导性案例开始，案例指导制度更是被视为解决"同案不同判"现象的一剂良方，而令学界寄予甚高的预期——能够"成为我国除法律、司法解释以外的一种规则形成机制"。[③]在此背景下，"同案同判"俨然成为"司法公正"的代名词，不仅在体制内外获得高度一致的认同，而且在宪政的意义上被进行理论

---

[①] 2001年1月3日，最高人民法院院长肖扬在《法制日报》发表题为《公正与效率：新世纪人民法院的主题》的文章，正式提出"人民法院在二十一世纪的主题就是公正与效率"。此后，关于"公正与效率"这一司法工作的"世纪主题"在肖扬的各种讲话中得到持续不断的阐释。

[②] 2002年，最高人民法院根据党中央"执政为民"的理念，提出了"司法为民"的要求。"司法为民"被认为是社会主义法治理念的核心内容，成为自2003年起每年的"最高人民法院工作报告"当中都会出现的一个关键词。2008年3月16日王胜俊当选最高人民法院院长伊始，在接受《法制日报》记者专访时即表示："人民法院一切工作要从群众满意的地方做起，从群众不满意的地方改起，以群众满意不满意作为评价标准，努力为国家安全、社会和谐稳定、人民安居乐业提供更加有力的法治保障和法律服务。"此后，王胜俊对"司法的人民性"多有论述。显然，"司法为民"与"司法公正"已经成为最高司法机关推进司法工作的两个主题，引领中国司法的未来。

[③] 陈兴良：《案例指导制度的法理考察》，《法制与社会发展》2012年第3期。

确证。①无论是对"同案同判"理想不假思索的赞许,抑或对"同案不同判"现象想当然的批评,都在法治的语境下获得了知识上的合法性。

然而,正因为"同案同判"具有世所公认的正确性,许多重要的问题恰恰被遮蔽起来:人们对"同案"和"同判"具体含义的理解并不一致,以至于不但过分夸大了"同案同判"的法治意义,而且过高估计了"同案不同判"现象的严重性。在对"同案不同判"现象如潮的批评声中,差异化判决的合理性问题更是成为一个冷门的话题,因为它貌似与法治背离,使人不敢轻易触碰。

笔者指出这一事实,并非想要颠覆人们对于"同案同判"正当性的确信(它实际上是无法颠覆的),而仅仅是想说明:案件的类同性并非法律生活的常态,案件的差异性才是司法实践的真实处境。也就是说,司法公正所面临的真正难题其实并不是"同案同判",而是差异化判决在个案意义上的合理性确证。在笔者看来,"同案同判"正当性的理据仅在于它对形式公平的表达,而对实质公平的实现,它却无法给出有力的论证。很多情况下,即便是通常意义上的"同案",差异化判决也并非就比"同判"更欠缺合理性。因此,无论是对于"同案同判"的理想,还是对"同案不同判"的现象,我们都需要进行更加理性的反思。当我们澄清了观念上的某些误区,或许就会发现,"同案同判"不过是我们虚构的一个法治神话。尤其是当我们在刑

---

① 参见白建军《同案同判的宪政意义及其实证研究》,《中国法学》2003年第3期;冯小光《试论民事案件同案同判的宪政意义》,《人民司法》2006年第12期;刘树德《刑事司法语境下的"同案同判"》,《中国法学》2011年第1期。

事司法的语境中粉碎这一神话的时候,我们的反思将更加透彻,更具有理论批判的一般性价值。

## 一 "同案"解析

显然,无论人们从何种角度论证"同案同判"的正当性,其背后都隐含着同一个前提性的理论预设,即:在司法实践当中,"同案"是普遍存在的现象;对于"同案","同判"不仅是合理的,而且是可行的。正因为有此理论预设,"同案同判"的正当性才几乎被认为是不言而喻的,是正义对司法的当然要求。

那么,这样的理论预设是否能够成立呢?

在回答此问题之前,我们首先需要搞清楚另外一个问题:人们所说的"同案"究竟是什么意思?或者说,判定一个案件与另一个案件是否属于"同案"的标准究竟是什么?因为对于"同判"的要求来说,其前提就是有"同案"的存在。正如有学者指出的那样,在法律适用过程中,只有在判定两个以上案件是否属于"同等情况"的基础上,方能继续作出是否应当予以"同等对待"的第二步判断。[①]因此,如果缺乏关于"同案"的判定标准,则"同判"亦将如沙上之塔,充满坍塌的风险。

### (一)"同案"的逻辑性理解

在"同案同判"命题出现的各种场合,人们都很清楚地知道,世界上不存在绝对相同的两个事物,司法实践当中也不可

---

① 刘树德:《刑事司法语境下的"同案同判"》,《中国法学》2011年第1期。

能存在两个绝对相同的案件；因此，"同案同判"当中的"同案"也就被合理化地理解成"同类案件"或"类似案件"。最高人民法院《关于案例指导工作的规定》第七条似乎也支持了这种流行的看法，该条文的表述是："最高人民法院发布的指导性案例，各级人民法院审判类似案例时应当参照。"案例指导制度建立的初衷就是"统一法律适用，规范法官自由裁量权"，对此，学界的理解则更为具体，普遍认为是为了解决"同案不同判"的顽疾，①或者，在最直接而显著的意义上说，案例指导制度或指导性案例所追求的价值目标就是"同案同判"。②因此，上述规定第七条的所谓"类似案件"似乎也就是关于"同案"最权威的注解。

以"类似案件"指称"同案"，可以轻易避开人们关于是否存在真正的"同案"的一切质疑。然而笔者却认为，从理论分析的严谨性出发，"同案同判"命题下的"同案"之合理的解释应该是指"同样案件"或"相同案件"。虽然这样的解释不过是"同语反复"，但它其实是在着力强调，"同案"不应当是暧昧的"同类案件"或"类似案件"，而只能是相对严格的"同样案件"或"相同案件"。在"同案同判"命题下，对"同案"的理解取决于论证的逻辑法则，而不是取决于主观的合理化阐释。亦即，如果要让"同案同判"的命题得以成立，"同案"只能被理解为什么，其实已经由该命题自身的内在逻辑决定了。如果不是在"同样案件"或"相同案件"这样严格的意

---

① 刘作翔：《案例指导制度的定位及相关问题》，《苏州大学学报》（哲学社会科学版）2011年第4期。
② 张志铭：《中国法院案例指导制度价值功能之认知》，《学习与探索》2012年第3期。

义上来界定"同案",则"同判"的主张也就不具有说服力,对"同案不同判"的指责亦将难以成立。

在此必须指出,笔者强调从严格意义上理解"同案",并不是笔者本人的主张,而是为了指明,若不严格理解"同案",则"同案同判"命题在逻辑上难以成立;而若要严格理解"同案",则"同案同判"命题就会面临诸多的实践难题。

关于"同类案件"与"同样案件"之间的差异,张志铭教授有着非常精到的分析,他认为:从表述形式看,"同样案件"与"同类案件"尽管只有一字之差,但给人的感觉却相去甚远。在两个事物之间做异同比较时,如果说它们"同样"或"相同",那么尽管不是意指绝对的"同一",重心却在同不在异,而如果说它们"同类"或"类似",则说的虽然是"同",意指实则为"异"。从定性和定量的角度来分析,"同样"或"相同"似乎既有性质上的肯定,也有数量上的肯定,而"同类"或"类似"则属于性质上的肯定,量化分析上的否定。因此,说"同类案件同样判决",就如同说两个不完全相同的案件要采取完全相同的判决,这在逻辑上似乎讲不太通,而说"同样案件同样判决"则因果关联分明。[①] 笔者非常赞成上述看法。因为从逻辑上分析,如果"同案"指的是"同类案件"或"类似案件",则"同案同判"实际上就是要求对"同类案件"或"类似案件"进行"同判"。正如法谚所云:类似者未必等同。(Nullum ismile est idem.)[②]因此,对"同类案件"或"类似案

---

[①] 张志铭:《对"同案同判"的法理分析》,《法制日报》2012年3月7日,第11版。

[②] 孙笑侠编译《西方法谚精选》,法律出版社2005年版,第201页。

件"进行"同判"无异于"异案同判"。如果为了抵御这样的论证,对"同判"也在不那么精确的意义上来理解,则"同案同判"就变成了"类似案件类似处理";但是笔者认为,由于"类似"并非"等同",所以与其说"类似案件类似处理"是对"同案同判"的表达,还不如说它事实上更符合"异案异判"的逻辑语法。

既然"同案"就是"同样案件"或"相同案件",那么,两个案件达到怎样的一致性才可以被认为是"同案"呢?

### (二)"同案"的判定标准及比较因素

由于刑事司法的目标就是要对特定的犯罪行为进行法律评价,并决定应当科处的刑罚,所有案件都要落实到作为最终法律效果的量刑结果上。"同案同判"所追求的,正是相同案件在最终结果上的一致性。但是,量刑结果不仅取决于行为的性质,还取决于体现行为的社会危害性大小和犯罪人人身危险性高低的各种事实因素。所以一般认为,一个待决案件与一个作为参照的已决案件是否属于"同案",需要有两个分析步骤,即案件性质上的定性分析和案件情节上的定量分析。[1]两个以上案件只有在"质"和"量"两个方面都"等同"时,才可以称得上"同案"。根据这一认识,笔者以为就刑事案件来说,不同个案如果属于法律意义上的"同案"的话,它们就应当具有以下四个方面的"类同性":(1)犯罪性质上的类同性;(2)犯罪情节上的类同性;(3)犯罪人情节上的类同性;(4)量刑情节上

---

[1] 张志铭:《中国法院案例指导制度价值功能之认知》,《学习与探索》2012年第3期。

的类同性。①缺一不可。

由于罪刑法定原则的存在，对犯罪性质的认定应该坚持法定标准，以刑法的"明文规定"为首要的判断依据。我国刑法采用了形式评价与实质评价相结合的所谓"混合犯罪概念"作为法定犯罪概念，并采用"定性+定量"的立法模式规定犯罪构成，因而我国刑法理论的通说认为，犯罪构成是刑法规定的，反映某一行为的社会危害性及其程度，而为该行为构成犯罪所必须具备的一切客观要件和主观要件的有机整体。犯罪构成是主客观要件的有机整体，是犯罪的社会危害性的法律标志，因此，犯罪构成就是认定犯罪的法律标准。"就认定犯罪的法律标准而言，除了犯罪构成之外再没有别的标准，也不能在犯罪构成之外附加其他任何条件，所以，犯罪构成是认定犯罪的唯一法律标准。换言之，行为符合犯罪构成，是认定犯罪的唯一根

---

① 关于刑法上的"情节"，理论上存在不同的认识，因而有几种不同的表述方式。第一种方式是，把刑法上的"情节"统称为"犯罪情节"，并根据其在行为评价中的意义，将犯罪情节区分为"定罪情节"和"量刑情节"（参见周光权《刑法总论》，中国人民大学出版社2007年版，第403页）。第二种方式是，把刑法上的"情节"称为"犯罪情节"，同时在"犯罪情节"之外又讨论"量刑情节"，但是对于二者之间的关系则未加讨论，不过从论者的具体行文看，"犯罪情节"和"量刑情节"显然存在交叉关系（参见张明楷《刑法学》，法律出版社2011年版，第493、502页）。第三种方式是，把刑法上的"情节"区分为"犯罪情节"和"犯罪人情节"，在此之外又讨论"量刑情节"，后者与前两者显然亦有所重叠（参见曲新久主编《刑法学》，中国政法大学出版社2009年版，第215—218页）。笔者认为，将刑法上的"情节"区分为"犯罪情节"和"犯罪人情节"有其合理之处，因为前者往往更多地表明行为的社会危害性程度，而后者则更多地表明行为人的人身危险性程度。至于它们与"量刑情节"的关系，笔者的看法是，既然"犯罪情节"和"犯罪人情节"是构成要件之外的、能够说明行为的社会危害性程度或行为人的人身危险性程度的事实情况，那么就可以认为，几乎所有的"犯罪情节"和"犯罪人情节"都是"量刑情节"。

据。"① 刑法针对每一个具体犯罪所规定的犯罪构成,既是区分罪与非罪、此罪与彼罪的法律标准,也是判断行为性质的法律标准。一般来说,不同个案中的犯罪行为如果具备完全相同的构成要件,符合同一个罪的犯罪构成,就可以认为它们在犯罪性质上具有类同性。

作为严重危害社会的行为,犯罪不仅具有质的规定性,还具有量的规定性。因此,不同个案仅仅在犯罪性质上具有类同性,并不能说明它们是否属于"同案"。在"罪性"同一性的基础上,只有"罪量"的比较也获得了等值的评价,才能最终确定它们属于"同案"。

按照白建军教授的说法,"罪量是关于犯罪严重性程度的综合评价",② 笔者接受这一说法,并认为,罪量是由可以说明犯罪行为社会危害性大小的各种客观事实即"情节"所共同决定的。而"情节"有"犯罪情节"、"犯罪人情节"和"量刑情节"之分,其中,对罪量有直接决定作用的是"犯罪情节"和"量刑情节"。"犯罪情节"是指超犯罪构成要件的事实情况,这些事实情况虽然并不影响犯罪性质(罪名),但是与决定犯罪性质的主客观事实具有密切联系,能够进一步说明犯罪行为的社会危害程度。正如张明楷教授指出的那样:认定犯罪性质,只是解决了应当适用的刑法条文,并没有完全选定法定刑,故不等于量刑的结果完全正确。在犯罪性质相同的犯罪中,犯罪情节不尽相同,因此犯罪的社会危害程度也不一样。要使刑罚与罪行轻重以及犯罪人的人身危险程度相适应,就必须使刑罚

---

① 张明楷:《刑法学》,法律出版社 2011 年版,第 100 页。
② 白建军:《罪刑均衡实证研究》,法律出版社 2004 年版,第 137 页。

与犯罪情节相适应。在刑法规定了不同层次的法定刑的犯罪中，分清各该犯罪行为的情节属于哪个层次，对于正确量刑具有特别重要的意义。即使某种犯罪只有一个层次的法定刑，犯罪情节对于如何在该法定刑幅度内选择刑种与刑度，也具有十分重要的意义。正是因为犯罪情节具有重要意义，而且犯罪情节又可以分为对犯罪人有利的情节（从宽情节）与对犯罪人不利的情节（从严情节），故需要全面掌握犯罪情节，掂量各种情节对社会危害程度的影响作用，考虑各种情节对决定刑罚的作用。[①]在此，本书所要考虑的问题是：正是由于犯罪情节可以反映行为的社会危害性大小，所以，犯罪情节的比较也就成为判断性质相同的两个案件是否属于"同案"的必不可少的步骤。

虽然符合同一犯罪的构成要件、犯罪情节相当的两个案件，在规范评价的意义上可以被认定为"同案"；但是，由于"同案同判"所追求的"同判"显然意指根据法律所作的最终评价结果——刑罚之量的"同"，所以在判断不同个案是否属于"同案"时，量刑情节也是必须考虑的因素。符合同一犯罪的构成要件、犯罪情节相当的案件，尽管在定性方面比较容易得到相同的法律评价，但是在具有构成要件要素意义的定罪事实之外，往往还存在很多可以反映罪行轻重以及行为人的人身危险程度的情况。这些情况不具有犯罪构成事实的意义，不能说明犯罪的基本性质，但却是量刑时应当加以考虑的，因而成为法律规定或认可的量刑情节。虽然量刑情节的基本功能是据以决定"刑量"的轻重或者是否免除刑罚处罚，但是由于刑罚本身就是

---

[①] 张明楷：《刑法学》，法律出版社2011年版，第493—494页。

对犯罪进行法律评价的工具,[①] 量刑情节实际上也是对"罪量"进行评价的事实因素。基于此,在不同个案是否属于"同案"的判定过程中,量刑情节当然是重要的比较因素和评价指标。

此外,在"同案"的判定过程中,另一个重要的比较因素和评价指标就是"犯罪人情节"。所谓犯罪人情节,是指与犯罪人的人身危险性密切相关,能够反映其人身危险性程度的犯罪人的个人情况。虽然我国《刑法》第61条关于量刑根据的规定中没有明文规定犯罪人情节,大多数刑法学者通常也只论及犯罪情节而未讨论犯罪人情节,"但是根据刑法总则的有关规定的精神以及实现刑罚特殊预防目的的需要,量刑时应当考虑犯罪人情节,这也是刑罚个别化原则的要求"。[②]严格地说,犯罪人情节本身并不直接反映危害行为的罪量,但是它可以反映行为人的人身危险性程度,因而从特殊预防的目的出发,此类情节也是量刑时需要考虑的因素。在刑法理论和司法实践中,诸如"犯罪人一贯的表现""前科"等犯罪人情节,被普遍认为应当作为酌定量刑情节发挥作用。在其他各方面完全相同的两个案件,如果犯罪人的某些个人情况明显反映出不同的人身危险性,则当然不能进行"同判",而应认为它们不属于"同案",宜作出不同的处理结果。

以上对"同案"的判定标准及比较因素的讨论,目的并不在于提供一个据以判定"同案"的理论标准和操作方案;恰恰相反,本书的目的是以此为基础,来揭示"同案"判定的复杂性和

---

[①] 参见周少华《刑法理性与规范技术——刑法功能的发生机理》,中国法制出版社2007年版,第195页以下。
[②] 曲新久主编《刑法学》,中国政法大学出版社2009年版,第215页。

艰难性。我们将会看到，在实践中，要想证明一个案件与另一个案件属于"同样案件"或"相同案件"，几乎注定是要失败的。

## 二 "同案"判定的实践难题

有人认为，"同案同判"的实现有赖于量刑事实与量刑模板的契合，因而实现"同案同判"就可归结为两个步骤：其一是量刑事实的发现，即全面查明影响定罪量刑的所有事实；其二是量刑模板的发现，即精确定位最为贴切的规范或先例。一旦完成这两个步骤，法官裁判就水到渠成，"同案"也必然归于"同判"。[①]按此说法，"同案"的判定似乎只是依据法律规定所作的一个逻辑判断过程，不存在什么特别的困难。然而，这样的认识并不符合事实。因为它所说的两个前提性条件——"全面查明"和"精确定位"，首先就很难达到。实际上，由于复杂的原因，"同案"的判定并不能在精确量化的意义上进行确证，不仅影响定罪量刑的事实难以穷尽，即使穷尽也无法在两个或两个以上的案件之间进行比较；而且所谓"最为贴切的规范或先例"，恐怕至多也仅具有相对意义，很难"贴切"到完全一致的程度。因此，所谓的必然归于"同判"，也就难免令人生疑。

我国《刑法》第61条明文规定："对于犯罪分子决定刑罚的时候，应当根据犯罪的事实、犯罪的性质、情节和对于社会的危害程度，依照本法的有关规定判处。"据此，量刑活动不仅应当建立在对犯罪事实、犯罪性质准确把握的基础上，还要充

---

[①] 兰荣杰：《程序视野中的"同案同判"》，《当代法学》2013年第4期。

分考虑各种"情节"以及行为"对于社会的危害程度"。这其实已经表明,量刑活动不仅是一项复杂的认识活动,而且是一项艰难的评价活动,它从根本上无法被简化成一个逻辑推演过程,而只能依赖于裁判者的专业智慧和实践技艺。也就是说,"法"由人"司",在任何案件的处理过程中,都不能忽略"人"的因素。所以,出于以下原因,"同案"将被不断消解,与此同时,"同判"的意义也将在现实面前趋于褪色。

第一,查清犯罪事实是明确犯罪的性质、决定刑罚的前提,然而,对事实的认定虽然应当"依照法律",但它并非全然客观的过程。

法律推理小前提的建构,即案件事实(定罪事实)的提炼,并不单纯是一个客观现象的发现过程。"因为不少事实构成特征与目的和(价值)评价相关",同时,"关于事实的问题(即哪个生活事件必须得到评价?)必然与相关法律规范的事实构成相联系";① 所以,即便是事实的认定,也依然包含着评价在内。

众所周知,刑事诉讼中的"事实"并非指纯客观的案件事实真相(客观事实),而是指按照法定程序、由合法证据证明了的"法律事实"。虽然刑事司法中所要认定的"事实"本身是客观的,但事实认定是人的一种认识活动,而认识活动本身又具有主观性,即"认识的客观性内容,是通过主观的人的活动表现出来的",因而,在诉讼活动中,"我们对案件事实的认识,只是一种相对的真实,而非绝对的真实"。②事实认定的目的在于

---

① 〔德〕伯恩·魏德士:《法理学》,丁小春、吴越译,法律出版社2003年版,第297页。
② 锁正杰:《刑事程序的法哲学原理》,中国人民公安大学出版社2002年版,第117、119页。

从案件的客观事实中提炼出具有法律评价意义的法律事实，根据此法律事实（犯罪事实），进一步作出具体犯罪行为是否符合刑法某个条文所描述的行为类型的判断。而正是由于事实认定具有一定的主观性，被司法者"加工"过的事实成为法律事实时，行为或行为人的诸多特征已经被舍去，而"取"与"舍"都是司法者的一种决断，其间很难避免决断者个人价值观念的影响。

而且，刑法通过犯罪构成所规定的具体犯罪行为并不真的"具体"，它只是一种"类型行为"；只有当某一个案件的具体犯罪事实被确切无疑地归入某一法定构成要件当中之后，案件事实才被最终定型为"犯罪构成事实"，构成要件也才成为具体化的构成要件。而这一工作，是由既理性又感性的法官来完成的。虽然我们一般都认为法官作为司法者所具有的理性能力与客观立场不言而喻，但是在世界范围内拥有丰富的司法实践经验的那些大法官们却不约而同地为我们揭示了这样一个真相："法官在做判决时并不是不带一丝感情地把法律条文按照逻辑顺序理性地堆砌在一起就好"；实际上，"判决中的形式逻辑其实都是无可避免地掺杂了大量灵光乍现的直觉判断，以及自由奔放、飘移不定的灵感元素"；判决书所呈现的外观和其真实的思考形成过程之间往往有巨大的落差，最终，法官的各种主观偏好"都将尽可能地包装在专业的法律论述底下"。[1]所以，某一危害行为能否被"涵摄"进合适的法定行为类型，往往会因法官个人对事实的评价以及对法律的理解不同，而产生相异的结论。

---

[1] 〔南非〕奥比·萨克斯：《断臂上的花朵：人生与法律的奇幻炼金术》，陈毓奇、陈礼工译，广西师范大学出版社2014年版，第45—55页。奥比·萨克斯是南非宪法法院前大法官。实际上，在霍姆斯、卡多佐、波斯纳等人的著作中，我们也不难发现类似的说法。

另外，刑事诉讼的"法律事实观"也意味着，事实认定还必须尊重基于一定价值考量的刑事程序的要求。但是，这种"正当程序原则"却并不总是有利于发现真相。在认定事实过程中，经常存在各种相互冲突的证据，对于相互冲突的证据，如果无法通过外在手段予以认可或排除，则法官可依"自由心证"原则自由地进行判断。[1]由于法庭发现事实真相的职责必须受到某些重要利益的制约，特别是受到由宪法保障的基本权利的制约，某些证据即使是有利于发现真相（比如非法获取的证据），也应予以排除，不得使用。而某种证据是否应予排除，除法律有明确规定者外，一般属于法官自由裁量权的范围，特别是在证据合法与非法的界限难以判明的情况下，更是取决于法官的个人见解。因此，正如有学者指出的那样，在刑事诉讼中，虽然"多数案件能够通过正当程序达到实质真实发现的目标，使刑事诉讼本身接近理想状态；但也有不少案件，正当程序与实质真实发现之间存在矛盾，形成鱼和熊掌不可兼得的局面，这就需要在两者之间进行权衡和选择"。[2]而在权衡和选择过程中，法官个人的价值判断必然也要发挥作用，所以，依法认定的事实必然已经是经过了价值判断的事实。事实认定常常是与行为的罪责评价联系在一起的，因此，它也将直接影响刑法实体规范的选择和适用。

---

[1] 尽管我国法律没有规定自由心证制度，但自由心证在我国的司法实践中是客观存在的，因为法官往往是依靠审判经验，自觉或不自觉地运用自由心证的原则性精神对证据进行审查判断。即使强调坚持实事求是的判断证据的原则，也存在一个主观对客观的认识过程，不可能完全排除法官的自由心证。

[2] 张建伟：《刑事司法：多元价值与制度配置》，人民法院出版社2003年版，第23页。

刑事审判是将刑法实体规范适用于具体案件的活动,而法律适用的真实状况是:很多情况下,法官都并不只是通过法律解释活动来判断某个刑法条文是否包含某种行为,而常常是通过对所认定事实的评价活动来判断该行为事实是否属于刑法条文所规定的行为类型——不是在解释刑法,而是在解释事实。在后一种情况下,法官对行为事实的认定、评价将决定某一刑法规范是否适用于该行为,可见,事实认定实际上也影响着刑法的适用范围。[①]比如,对于偷盗大街上的窨井盖的行为,是按照《刑法》第114条认定为"以危险方法危害公共安全罪",还是按照第264条认定为"盗窃罪"(很可能因"数额不大"不构成犯罪),很大程度上就取决于法官对行为的评价。因为,要证明盗窃窨井盖的行为是否会威胁到公共安全,并非易事,除非该行为已经造成人身伤亡的严重后果;而在并未出现此严重后果的情况下,行为是否存在对于公共安全的威胁就变成一个解释问题,而解释乃是主观加之于客观的东西,因而由此产生的结论也就不具有"唯一正确答案"意义上的那种确定性。

基于上述原因,实质上相同的案件可能不会被评价为法律上的"同案",而实质上不同的案件却有可能被评价为法律上的"同案",陷入"'同案'是'异案'"的悖论。

第二,法律规范虽然先于待决案件而存在,法律或许也有其客观的含义和特定的规范目的,但是作为法律适用前提的"规范的发现"却很难保证其客观性。

法律适用的逻辑推理不仅需要一个由案件事实构成的小前

---

① 参见周少华《刑法之适应性:刑事法治的实践逻辑》,法律出版社2012年版,第302页。

提，还需要一个由法律规范构成的大前提。法律规范虽然先于待决案件而存在，同时法律或许也有其客观的含义和特定的规范目的，但是作为法律适用基础的"规范的发现"——法律推理大前提的寻找——却也是一个难以绝对客观化的过程。

认定事实的目的是正确地适用法律。而适用法律时，首先需要判断行为的内涵与法律条文描述的内容是否相符，若能符合此构成要件该当的行为，则进一步探索行为的违法性及罪责状态，以作为定罪量刑的依据——这是大陆法系法律适用过程的一般情形。在我国，符合犯罪构成的行为便同时是具有违法性和有责的行为，因此，刑法的适用过程就是判断行为是否符合法律规定的犯罪构成的过程。而要将抽象的刑法条文适用于具体案件，法官常常需要首先对法律进行解释，以了解法律的意义。在对法律的概念、语句所作的解释存在两个及两个以上合理的结论时，法官就必须作出选择，这种选择实际上已经是在行使裁量权。由此可见，刑事法官的裁量权绝不只是存在于量刑问题上，它同样存在于构成要件的解释与构成要件符合性的判断过程中。[1]诚如曾任南非宪法法院大法官的奥比·萨克斯所言，"'判断'本身就默认了价值判断……虽然放在法律天平上的构成要件是客观的，但每个构成要件的个别权重，和最后综合出来的衡量结果，会因不同法官而有所不同"。[2]只要允许对

---

[1] 在传统的观念里，刑事法官的裁量权被认为仅存在于量刑领域。但是，对各种法律解释结论的选择，本质上仍然具有裁量的性质。本书更广义地来理解"裁量"这个概念，将所有涉及选择、评价、权衡的要素均纳入这一概念，以整体性地说明法律实践中的不确定性。

[2] 〔南非〕奥比·萨克斯：《断臂上的花朵：人生与法律的奇幻炼金术》，陈毓奇、陈礼工译，广西师范大学出版社2014年版，第129页。

构成要件进行解释，只要还有法官的判断，那么即便是对案件具有定型作用的法定构成要件，也不具有最终的确定性。

对刑法中的不确定法律概念和弹性规定的适用，突出地反映出法官在"规范的发现"过程中所具有的事实上的裁量权。当犯罪构成中存在不确定法律概念作为构成要件要素时，它们就属于规范性的构成要件要素，需要法官对该要素作出价值判断。与描述性的要素仅要求一种"感性的表象"不同，规范性的要素要求一种"精神上的理解"，因而前者可以直接被人们认识，后者则是"以一种评价为条件而存在"。[1]也就是说，规范的构成要件要素是一种规范性的表述，其具体内容需要借助法官个人的评价才能最终明晰和确定。根据张明楷教授的考察，在我国刑法中存在的规范的构成要素有三类：（1）法律的评价要素，即需要根据法律、法规进行评价的要素；（2）经验法则的评价要素，即需要根据经验法则进行评价的要素；（3）社会的评价要素，即需要根据社会一般人的价值观念进行评价的要素。[2]对于这些要素的评价虽然并非全无标准，但是，既然是评价，就必然受到作为评价主体的法官个人价值观的影响，因而在对规范的构成要件要素进行解释时，可能会形成不同的结论，并进而据此形成不同的判决结果。不过，大部分刑法学者认为，规范的构成要件要素与记述的构成要件要素的区分具有相对性，或者说二者的差异不是质的差异，而是量的差异。规范的要素

---

[1] 参见〔德〕克劳斯·罗克辛《德国刑法学总论》第1卷，王世洲译，法律出版社2005年版，第201页。

[2] 参见张明楷《刑法学》，法律出版社2011年版，第124页。

也具有"对事实的关联性",①而"在描述性特征中包含了规范性的特点",以至于我们可以"把大部分行为构成的特征看成一种规范性和描述性因素的混合,一会是这个要素占了上风,一会是那个要素占了上风"。②于是,"即使是记述的要素,仍需要法官作某种法律的价值判断。例如,杀人罪之客体,所称之'人'仍有解释上之问题。因而所谓记述的要素者,实际上均可称为规范的要素"。③如果我们接受这一看法,那么也就必须认为,在确定刑法所规定的犯罪构成时,根本无法完全排除法官个人评价因素的存在。也就是说,法官在处理具体案件时所选择的规范类型,已经是经过法官个人"想象性重构"的规范,而非全然是立法者提供的那个既存的规范。既然事实的认定和构成要件的确定都无法排除司法者主观因素的浸入,那么在犯罪构成符合性的判断上,也就不可能是绝对客观的。这意味着,相同的案件事实即使在定性问题上,可能都会存在不同的判断。

按照大陆法系犯罪成立理论模型,犯罪的成立除了需要符合犯罪构成之外,还需要具有违法性和有责性,而违法性和有责性的判断,同样蕴含着程度不同的裁量空间。因为违法性和有责性的判断,往往与判断者的社会经验、价值观念具有密切关系,存在相当的弹性,所以必然伴随着司法人员的裁量活动。④关于违法性的判断,需要考虑是否存在违法阻却事由,而违法阻却事

---

① 参见〔德〕汉斯·海因里希·耶赛克、托马斯·魏根特《德国刑法教科书(总论)》,徐久生译,中国法制出版社2001年版,第330页。
② 〔德〕克劳斯·罗克辛:《德国刑法学总论》第1卷,王世洲译,法律出版社2005年版,第201页。
③ 陈弘毅:《刑法总论》,台湾汉林出版社1983年版,第87页。
④ 参见周长军《刑事裁量权论——在划一性与个别化之间》,中国人民公安大学出版社2006年版,第74页。

由除了法定的违法阻却事由之外，还存在某些"超法规的违法阻却事由"。对于"超法规的违法阻却事由"，是否为法秩序所认可，显然需要法官根据裁量权作出判断。此外，法官还应当对符合该当犯罪构成的行为的可罚性加以判断，根据"可罚的违法性"理论，只有当符合该当犯罪构成的行为的违法性达到应当以刑罚加以制裁的程度时，才可能构成犯罪。而且，法官不但应当判断"可罚的违法性"的有无，还应当判断其程度轻重，因为该轻重在表示违法性程度的同时，也反映责任的量甚至应判处的刑罚的量。而责任的判断，针对的是符合构成要件的违法行为，是能够对该行为进行谴责的无价值判断。责任的内容——故意、过失——是面向个别行为人的意思的法规范的违反，因此，责任的判断基准必须是主观的，是以"能够期待按照法规范的命令、禁止做出实施合法行为的决定的行为人，是否决定实施了违法行为"为判断内容。责任判断既包括责任有无的判断，也包括责任程度即轻重的判断。而且，责任具有轻重程度之分，因此，即便是在法律没有明文规定的场合，关于什么程度的责任是可罚的责任的实质考虑也有必要进行。① 由此可见，无论是违法性判断，还是有责性判断，都不可能将法官的价值判断和裁量活动排除出去。

由以上讨论，我们可以得出的结论是，在法律适用过程中，司法者不仅要对案件事实进行提炼加工，还要对规范进行"提纯"，以便作出待决案件是否符合法定构成要件的判断。而这一过程，却充满了将法官个人价值判断混入法律体系的契机和可

---

① 参见〔日〕大谷实《刑法总论》，黎宏译，法律出版社 2003 年版，第 183—186、237—239 页。

能；更关键的问题是，法官个人价值判断在法律适用过程中又并非完全不合理，而是有其存在的合理性价值。因此，从认识论的角度看，在司法实践中，"同案"能否顺利地被认定为"同案"存在不确定性，而这种不确定性的根源又无法从制度上彻底消除。因此，实践中的"同案"并不会必然归于"同判"，而且在很多情况下，"同案不同判"也是可以得到合法性论证的——尽管其未必真的无可指摘。

第三，如同定罪事实的认定无法保证其客观性一样，量刑事实的认定同样无法排除法官裁量因素的存在，加之在量刑活动中，法官裁量权不仅必不可少，而且裁量内容十分广泛，每一个裁量因素都成为一个潜在的变量，从而大大降低了两个案件被评价为"同案"的可能性。

刑事司法的目标是解决犯罪人的刑事责任问题，确定与罪责程度相适应的刑罚；因此，事实的认定和规范的发现最终都是为量刑服务的。根据《刑法》第61条，量刑必须"以事实为根据"，作为量刑根据的"事实"指的广义的犯罪事实，它包括（狭义的）犯罪事实、犯罪的性质、犯罪的情节（包括犯罪情节、犯罪人情节、量刑情节）及对于社会的危害程度等内容。虽然犯罪事实的查证和犯罪性质的认定本身并不困难（尽管存在如前所述的主观性因素介入的问题），但是法官对各种犯罪情节的把握以及对犯罪行为社会危害程度的评估，却对案件判决结果的生成有着十分复杂而微妙的影响。这首先是因为，量刑所要参酌的事实因素极为繁多，它"不仅包括那些容易被感知的事实情况，如犯罪手段的残暴与否、犯罪后果的轻重等，同时还包括那些难以为人所感知的主观性量刑情节，如犯罪的动机、目的、犯罪后的态度等";①而且,在具体案件中,能够说明犯罪手段、后果、动机、目的及罪后态度的具体事实因素又都是极为繁多的。由此而论,虽然法律将很多事实因素规定为法定量刑情节,但是鉴于酌定量刑情节有其存在的合理性,对量刑可能产生影响的"具体事实因素"实际上是难以穷尽的。

真正复杂和微妙的地方在于,对量刑可能产生影响的"具体事实因素"不仅无限繁多,而且每一种因素当中又都包含着对法官裁量权的承认。"由于法定刑有一定幅度,并且可以在一定条件下突破法定刑,这便使审判人员具有一定的自由裁量权,而审判人员行使自由裁量权的事实根据,就是量刑情节。"②即便是法定量刑情节的适用,法官也享有不同程度的裁量权。因为据以体现法定量刑情节的量刑事实也是需要法官进行具体评价的,故而几乎所有法定量刑情节都不具有唯一确定的量刑功能,即使在单功能法定量刑情节的适用中,也会存在裁量。③至于酌定量刑情节对量刑的作用,更是完全取决于法官的判断,虽然其适用需要受"刑法精神"的指导,但毕竟属于法官自由裁量权的范围。因而,于酌定量刑情节而言,不仅那些能够表征行

---

① 周光权:《刑法总论》,中国人民大学出版社2007年版,第406页。
② 张明楷:《刑法学》,法律出版社2011年版,第503页。
③ 法定量刑情节中的裁量权主要表现在这样几个方面:(1)对于"应当"型的单功能法定量刑情节,法官虽然必须予以考虑,并按照法律规定的功能来使用,亦即在其"是否发挥作用"上法官没有裁量的权力;但是,对于其"发挥多大的作用",法官仍然享有裁量权。(2)对于"应当"型的多功能法定量刑情节,法官可以根据具体情况选择量刑情节的功能,并决定其对量刑所起作用的大小。(3)对于"可以"型的单功能法定量刑情节,法官有权决定是否适用。(4)对于"可以"型的多功能法定量刑情节,如同"应当"型的多功能法定量刑情节一样,法官可以根据具体情况选择量刑情节的功能,并决定其对量刑所起作用的大小。详论参见周少华《刑法之适应性:刑事法治的实践逻辑》,法律出版社2012年版,第313—315页。

为的社会危害性和行为人的人身危险性的具体事实因素需要留待法官在案件的处理过程中进行情境化的判定，而且这些事实因素对量刑是否发挥作用、发挥多大的作用，也都属于法官裁量权的处理议题。

如前文所述，不同个案之间必须求得定性分析和定量分析上的一致性，才能判定为"同案同判"命题下的"同案"。这就意味着，即使是符合同一犯罪的构成要件、犯罪情节相当的两个案件，如果其在影响量刑的因素上存在差异，仍然不能认为是"同案"。

量刑情节是对案件进行定量分析的最主要的指标，而由于与量刑情节相关联的量刑事实类型众多，每一种量刑事实又无可避免地需要评价和裁量，所以对案件进行定量分析时需要考虑的因素其实是非常多的。相应地，在判定两个案件是否属于"同案"时，需要进行比较的因素也就同样极为广泛。或许正是因为这个原因，对具体犯罪行为进行罪量评价要比行为的定性评价困难和复杂得多。正如白建军教授所揭示的那样，对"罪量"的认定是在一定的评价关系中完成的，评价结果不仅取决于评价标准，而且与评价主体有关。当我们说某某犯罪有多重时，其实是在说，某某评价主体认为该犯罪有多重。所以，同一种行为，有人认为是很严重的犯罪，有人则可能认为只是轻微的犯罪。并且，当同一种犯罪行为成为不同评价标准的度量对象时，该种犯罪行为的严重程度也会有所不同。[1] 某些性质不同的比较因素之间缺乏进行比较的基础，在变量极多的情况下，比较变得几无可能，所有试图用于证明"同案"存在的比较因

---

[1] 参见白建军《罪刑均衡实证研究》，法律出版社2004年版，第143—144页。

素最后都可能会成为否定案件类同性的因素，以至于几乎所有的案件都更容易被判定为"异案"。在两个案件之间，骨架性的基本情状是否具有类同性也许比较容易判定，但是那些"细枝末节"而又并非没有实际意义的情节之间的比较则是非常复杂和困难的。因为越是"细枝末节"越可能呈现不同的面貌，最终的结果很可能就是，所有试图用于证明"同案"存在的比较因素最后都会成为否定案件类同性的因素，以至于几乎所有的案件都更容易被判定为"异案"。两个案件即使有再多的相同点，只要出现一个具有法律意义的相异点，就足以否定"同案"的存在。因而要判定一个案件与另一个案件是否属于"同案"，无疑是一种冒险。即便是对案件具有定型作用的构成要件，也存在解释的余地；而只要允许进行解释，那么构成要件也不具有最终的确定性。我们可能会无奈地发现，当我们试图寻找"同案"时，发现的却总是"异案"。

更关键的问题是，"同案"的各种消解因素并非一种反常现象，而是法律实践的一种常态。因为我们既不应全然否定法官在刑事司法中所应享有的合理的裁量权，也无法彻底消除刑事司法中的主观性因素在决疑过程中的影响。所以，实质上的"相同案件"在实践中被评价为"同类案件"或"相似案件"（实质上的"异案"），其实是极为正常的。毕竟，法律问题不是真理问题，法律问题不必追求数学般精确的答案，它要求的只是一种相对合理性，是规则与裁量之间的一个平衡点，而这个平衡点依然存在着它能够游移的范围。因此，在司法实践当中，大量存在的其实是"同类案件"或"相似案件"，而不是严格意义上的"同案"。即或如白建军教授所坚信的那样，通过对同一罪名下的案件信息进行量化处理，把案件的各种属性换算为可比的量值，从而将案件之间绝大部分在法律上有意义的异同点科学、合理地组合起来，使千变万化的个案获得综合的可比性，①如此甄别出来的"同等罪量"的犯罪行为恐怕也不能认为就是"同案"。因为对案件异同点的判断本身就无法完全客观化，而且也并非所有具有法律意义的异同点都可以进行量化；更为重要的是，为了进行比较，对案件事实的某些特征可能不得不加以忽略，结果导致任何比较几乎都是不完全的。所以，即使是高度严谨的实证方法所证明的"同案"，仍然只不过是"同类案件"或"相似案件"，而严格地说，"同类案件"或"相似案件"仍然属于"异案"。

通过以上长篇大论的铺陈，这里想要表达的观点却是简明的：既然严格意义上的"同案"并不存在，"同判"也就不再那般庄严神圣。因而，对于认定的"同案"，在"类似处理"意义上的"异判"并非全不合理。在具体阐述这一观点之前，有必要先对支撑"同案同判"命题的基本观念进行一番理论上的清理，以便为后文的论述扫清障碍。

## 三 "同案同判"正当性理据之批判

本书揭示"同案同判"作为司法准则所面临的实践难题，并非意在否定它所蕴含的"平等"这一重要的法律价值，而是想说明这样一个事实：既然"同案"的判定充满了不确定性的风险，而"同判"过程中亦难免存在同样多的不确定性，那么

---

① 参见白建军《罪刑均衡实证研究》，法律出版社 2004 年版，第 370 页以下。

"同案同判"的实践功能就值得怀疑了。不是怀疑其形而上的层面,而是怀疑其形而下的层面。即,它如何能够成为一项具有可操作性的司法准则呢?"同案同判"实践上的难题乃是一种客观事实状态,应当是这种客观事实状态决定着我们的理论选择,而不是相反。所以,值得反思的可能是我们的观念与方法,而不是客观事实状态。基于这种认识,本书认为,我们有必要厘清问题发生的真正原因,以便能够解释如下疑问:作为一项世所公认的正义性原则,"同案同判"被作为司法准则来指导实践时,它为何反而变得可疑了呢?

"同案同判"是建立在法律的平等适用原则基础上的一种司法观念。在人类关于正义的观念中,最具普适性的因素莫过于"平等"和"公平(公正)"。所以在罗尔斯对"正义的原则"的讨论中,在原初状态被选择的两个正义原则就是建立在"平等"观念上的。[①]而法律历来被视为正义的化身,"法律家们赞扬或指责法律或其实行时,最频繁使用的词语是'正义(的)'或'不正义(的)',而且在他们的著述中好像正义的观念和道

---

[①] 罗尔斯对原初状态的两个正义原则的陈述是:"第一个原则:每个人对与其他人所拥有的最广泛的基本自由体系相容的类似自由体系都应有一种平等的权利。第二个原则:社会的和经济的不平等应这样安排,使它们(1)被合理地期望适合于每一个人的利益;并且(2)依系于地位和职务向所有人开放。"这两个原则综合的、体现更一般的正义观的表述是:"所有社会价值——自由和机会、收入和财富、自尊的基础——都要平等分配,除非对其中的一种价值或所有价值的一种不平等分配合乎每一个人的利益。"可以看出,在罗尔斯的论证框架内,第二个原则是对第一个原则的补充,它虽然阐述的是"差别原则",实则仍然立足于"平等"(参见〔美〕约翰·罗尔斯《正义论》,何怀宏、何包钢、廖申白译,中国社会科学出版社1988年版,第56—65页)。

德有共同的范围"。①也就是说，法律的平等适用原则所强调的，是法律对公民无差别的对待。从亚里士多德开始，"平等"就是"公正"的主要内容之一。而在较为普遍的观念中，"正义和公正并非是不同的价值，而是通往一致的法律价值的不同途径"。②因此也可以说，平等对待本身就是法律正义的基本要求。正义的法律，当然应该体现人们对"平等"和"公平"的期待，因而才会有"同样情况同样对待"（treat like cases alike）、"类似案件类似处理"（similar cases should be treated similarly）这样的古老信念。时至今日，"平等"和"公平"不仅被视为法律中不可或缺的基本价值，③更被视为司法的最高道德。

平等观念的法律化首先得益于西方近代启蒙思想家们对人类不平等现象的深刻批判，它能够在现代法治国家成为至高无上的原则乃是因为，从卢梭开始人们就认识到，正义的公平体制只能产生于民主政体，④而"平等是民主的最高美德"，因而平等原则必须成为民主社会的"最高指导原则"。⑤ 个人是民主体制的一分子，因而制定法律的每个步骤中都表达了所有公民平等的原则。于是，"适用法律人人平等"也就顺乎人心地成为几乎所有现代民主国家的一项宪法原则，它要求法律平等地对待每一个人，在司法领域，这一原则被具体化为"同等情况同等

---

① 〔英〕哈特：《法律的概念》，张文显等译，中国大百科全书出版社1996年版，第155页。
② 〔德〕G·拉德布鲁赫：《法哲学》，王朴译，法律出版社2005年版，第34页。
③ 参见〔美〕迈克尔·D·贝勒斯《法律的原则——一个规范的分析》，张文显等译，中国大百科全书出版社1996年版，第422页。
④ 参见〔美〕塞缪尔·弗莱施哈克尔《分配正义简史》，吴万伟译，凤凰出版集团、译林出版社2010年版，第78、85页。
⑤ 参见〔德〕考夫曼《法律哲学》，刘幸义等译，法律出版社2004年版，第228页。

对待"，亦即所谓的"同案同判"。

　　基于以上原因，关于"同案同判"的正当性问题，人们往往会首先将它放置在正义观念中加以阐述，进而在宪政的意义上被继续演绎。由此认为，"同案同判"不仅具有原始的正义性，而且是"适用法律人人平等"的宪法原则的必然要求。①由于"正义的核心是平等"，将体现平等观念的"同案同判"与司法正义联系起来，确实能够产生触动人心的道德力量；又由于平等原则是一项宪法性原则，将"同案同判"上升到基本权利的高度加以论证，也的确具有无可辩驳的逻辑支持。但是，这并不意味着"同案同判"的正当性理据在理论上无懈可击，相反，"同案同判"的理论逻辑其实是非常脆弱的。其最为脆弱之处在于，平等原则首先是一项纯粹形式性的原则，或者说，平等是正义观念的形式方面；而"同案同判"所追求的却是"结果"上的一致性。那么，一项形式性的正义原则如何能够保证"同判"的这种预期呢？

　　作为一项形式性的原则，"适用法律人人平等"的基本内涵是，法律确认和保护公民在享有权利和承担义务时处于平等的地位，不允许任何人有超越法律之上的特权。我国《刑法》第4条规定："对任何人犯罪，在适用法律上一律平等。不允许任何人有超越法律的特权。"这一规定是对《宪法》第32条第2款所确立的"公民在法律面前一律平等"的法治原则的体现。但是，由于该原则所要求的是法律对公民无差别的平等对待，

---

① 参见刘树德《刑事司法语境下的"同案同判"》，《中国法学》2011年第1期；白建军《同案同判的宪政意义及其实证研究》，《中国法学》2003年第3期。

它通常需要通过法律的程序性制度设计来加以保障。从贝勒斯关于刑法领域旨在确保"平等"与"公平"价值的一系列原则的阐述看，无论是无罪不罚原则、罪刑相称原则、刑罚个别化原则，还是合理机会原则及确定性原则，都是为了防止不公平地分配负担。也就是说，它们所提供的"平等"显然是一种机会平等，而不是结果的平等。[1]因为平等原则并不是要通过法律消除人与人之间的差异性，它只是要求法律的"平等对待"，而"平等对待"其实已经暗含着对不同特征进行区分的要求，所以哈特曾经正确地指出，在"同样情况同样对待"之外，还需要对之补上"不同情况不同对待"。但是哈特同时认为，虽然"同样情况同样对待"和"不同情况不同对待"是正义观念的核心要素，但它本身仍然是不完全的，并且在得到进一步的补充之前，它不能确定地指引行为。之所以这样，乃是因为任何一群人都在某些方面相似而在其他方面相异，并且有待确定哪些相似之处和相异之处是有意义的。[2]而司法的任务就是找出那些"有意义的"相同之处和相异之处，以便作出"同样对待"或"不同对待"的选择。但是，如前文所述，由于"同案"消解因素的存在，受到同等对待的"同样情况"并不一定产生出"同案同判"命题所期待的那种结果上的一致性。也就是说，即使"同样情况"得到了"同样对待"，法律程序也可能合理地导出差异化的判决结果，而这种合理导出的差异化处理结果并不违背平等原则。

---

[1] 参见〔美〕迈克尔·D·贝勒斯《法律的原则——一个规范的分析》，张文显等译，中国大百科全书出版社1996年版，第424页。

[2] 〔英〕哈特：《法律的概念》，张文显等译，中国大百科全书出版社1996年版，第157页。

在形式的平等原则看来，对于"同案"，只有"同判"才是合乎司法逻辑的。这种看法实际上是以法律规则体系完美无缺为前提的，并假定该规则体系是由机械主义的司法来运作的。而实际上，不仅法律规则体系不可能完美无缺，要求司法机关变成无思想的、标准化的案件加工流水线，也是不切实际的想法。尽管在当代的法律思想中，仍然有人坚信在法律问题上存在"唯一正确答案"，比如德沃金，就试图通过彰显"法律原则"的作用来弥补法律自身的漏洞，从而恢复司法的"安定性"和"确定性"这一古老的理想。德沃金的学说虽然影响巨大，然而却也引发了无数的争议与质疑，盖因其无法保证支持"法律原则"的体制本身的正确性，亦无法解决价值冲突时的决断问题，更无法保证"法律原则"的抽象性一定可以适用到新生案件上。所以，尽管"唯一正确答案"很有道德吸引力，它却最终无法彻底排除法官在具体案件中的价值判断，以至于法律问题的"唯一正确答案"不过是法官所认为的那个正确答案。[1] 在刑法理论上，虽然"任何相信纯粹报应主义刑罚观或纯粹功利主义刑罚观的人或许会相信对每个犯罪都存在（原则上）唯一正确的刑罚"，但是，"因为理论自身的问题，功利主义理论或报应主义理论不能获得相关道德法律问题的唯一正确答案"。[2] 实际上，无论是主导着人类生活的道德原则，还是人类自己创造的法律原则，一旦陷入绝对主义的思考，就必然带来自身无法摆脱的悖论——当我们根据这些原则合乎逻辑地找到"正确

---

[1] 参见林立《论"法律原则"的可争议性及为"柔性的法价值秩序"辩护》，《清华法学》第一卷，清华大学出版社2002年版，第76—108页。
[2] 〔美〕布赖恩·比克斯：《法律、语言与法律的确定性》，邱昭继译，法律出版社2007年版，第96页。

答案"时,却发现它并不是我们想要得到的那份正义。而且,一切致力于寻求"唯一正确答案"的法律理论,都不得不将自己的论证基础寄托在法律本身的完美无缺和对人的理性能力之确信上,而这个基础却是极不可靠的。既然如此,我们又怎能期望司法实践应以寻求案件的"唯一正确答案"为目标呢?

由于刑法是以类型化的规范方式调整社会生活的,所有的刑法规范,无论其文本表达多么明确,仍然具有相当程度的抽象性和一般性,这决定了刑法的适用不可能仅依形式逻辑的方法完成。要将抽象、一般的刑法规范适用于具体案件,法律必须从体制上提供一种可以将规范加以具体化的途径。因此,刑法规范体系终究不可能是一个完全封闭的体系,它必须具有一定的开放性;同时,要"将规则或原则适用于事件组合的不断变化,需要法官的创造性活动"。[①]就此而言,法律的平等对待并不提供对相同案件达至相同结果的保证,而且,司法的特性也决定了形式性的平等原则根本无法提供这样的保证。因为面对并非完美无缺的法律,司法者不可能只是机械地适用法律。只要承认司法的能动作用,那么法律上的"正确答案"就始终是由法律和司法共同塑造的,且不具有唯一性,而只存在一个"正确答案"的合理范围。法律指明寻找正确答案的方向,司法根据这个方向找到那个正确答案,只要司法找到的这个答案在正确答案的合理范围之内,就应当认为那就是法律本身的答案,如此,才能既保证司法判决的合法性,又维护司法自身的权威性。

---

[①] 〔美〕本杰明·N. 卡多佐:《法律的成长 法律科学的悖论》,董炯、彭冰译,中国法制出版社2002年版,第74页。

可见，作为与司法公正联系在一起的司法原则，"同案同判"显然需要进一步的论证。正如英国法学家彼得·斯坦和约翰·香德在其著作中所阐述的那样："平等并不是说对每个人都一样。如果实现了公平，平等的人也就会受到相同的对待，不平等的人就会根据其具体情况得到不同对待。个人之间的区别只能在有关基础上进行。从这个意义上说，公平要求做到不偏不倚。这种不偏不倚的要求，只是针对那些发挥权威性或指导性作用的人而言。法官在争议中不得由于一方富有或贫穷，或有德无德就采取偏向一方的态度。他唯一应当考虑的不同，就是法律规定他应当了解的并确实在做出判决时考虑的那些不同。从这个意义上，公平要求他在法律面前平等地对待争议各方。"[①]德国法学家考夫曼亦曾指出，作为一项纯粹的形式原则，平等原则仅是说，平等即是相同与不同的应予以有差异的且符合其本质的对待与处理。但其并未说明什么是平等或不平等（此问题对一法律构成要件之形成具有重要意义）以及如何的相同或不同的对待处理（此问题首先涉及法律效果之采取）。在此一观点下可以得出世界上没有完全相同或不同的，而经常只是在一比较观点的标准下或多或少的"相似"或"不相似"。平等只是不平等的抽象，反之亦然。在相同与相似间并不存在逻辑上的界限，实质的平等经常仅是相似的关联……此之平等通常是"使其平等"的行为，然此行为并非基于理性的认识行为，而是一定或首先意味着是决断、权力的表现。因此，平等即是一关系上的平等，一相当的，一类推。秩序只是基于一存在的类推，

---

① 参见〔英〕彼得·斯坦、约翰·香德《西方社会的法律价值》，王宪平译，郑成思校，中国法制出版社 2004 年版，第 3 页。

此存在的类推介于一致性与差异性之间,介于绝对平等与绝对不同之间。①因为法律推理本质上就是类比,而非演绎,所以法律在实际操作上经常存在两难困境的倾向性,规则的适用并不总是能获得结果上的一致性。由此可见,法律上的平等对待原则,其程序意义大于实体意义,它旨在保证对待的条件、标准无差别,反对法律上的歧视,而不是要求结果上的一致性。结果上的一致性,并不能说明得到了公平的对待;同时,结果上的不一致,也不能说明没有得到公平对待。

反观"同案同判"的理论诉求,"同判"主张所追求的恰恰是"同案"在结果上的一致性。也就是说,"同案同判"不仅要求平等对待,而且要求实质内容上的平等判决。在刑事司法中,"同案同判"命题的核心内容是,对于犯罪性质相同、罪责程度相当的案件,就应该作出相同的判决。值得深思的是,这种在实质结果上要求平等的观念,又恰恰是一种高度形式化的思维方式。因为在从"同案"到"同判"的过程中,仅仅具有一种逻辑的力量,而排斥了对虽为"同案"但仍然相互独立的两个个案的具体审查,从而可能忽略案件中的特殊性,不利于个案公正的实现。何况,具体到我国的司法实践,由于我们并没有将先例作为一种法律渊源,即便是指导性案例,也只是要求"各级人民法院审判类似案件时应当参照",这种"参照"显然不意味着必须如法律一样得到严格"遵守"。更为重要的问题是,迄今为止,我国最高司法机关发布的指导性案例的数量极为有限,还远远达不到全面"指导"所有案件的程度,部分

---

① 参见〔德〕考夫曼《法律哲学》,刘幸义等译,法律出版社 2004 年版,第 232—233 页。

指导性案例的代表性也并不显著，指导目标不具有类案指导（对同类案件一体指导）的价值。所以，法院在审理具体案件时，能够参照的权威性案例是极为有限的，大多数案件并无案例可参照，或者说，应当参照的案例在哪里并不明确。因此，在我国现行法律制度下，实际上并不存在什么制度性的约束，确保法官在判案时必须要与先前的某个类似案件进行比较，从而做到"同案同判"。法律适用的真实状况其实是，每一个案件都是"以事实为根据，以法律为准绳"单独进行审查的。从这一点来说，我们认为"同案同判"并不具有指导实践的方法论意义。

即便在拥有判例法传统的普通法系国家，先例被认为具有效率及确保法律可预见性的价值，它要求同样情况同样对待；然而，在法律现实主义者看来，有太多因素影响着法官对案件的表决行为，同样情况同样对待并不容易做到。比如法律现实主义的学术先驱卢埃林就曾指出："要求所有的人在同样的情况下得到相同的合理对待，这一点很奇怪，却几乎是一个普遍的正义理念。社会系统是多变的，因此当我们要去界定何谓'同样'的人、'同样'的情况或者'同样'的对待时会遇到无限的变化，不过我们仍然被要求接受这一时空观念。"[1]以卢埃林的观念看，我们所说的"同案同判"多半是一种不切实际的想法。"同案同判"只能做到同样案件在处理结果上的一致性，但是它并不能证明结果自身的正当性。如果离开了对案件事实的具体

---

[1] K. N. Llewellyn, "Case Law," *Encyclopedia of the Social Sciences*, Vol. 3, p. 249 (E. R. A. Seligman ed., 1930). 转引自〔美〕李·爱泼斯坦、威廉·M. 兰德斯、理查德·A. 波斯纳《法官如何行为：理性选择的理论和经验研究》，黄韬译，法律出版社2017年版，第91页。

考察和对案件特殊因素的考量，仅以"同案"为由就简单化地进行"同判"，至多仅能说明形式公正得到了实现，而不能说明实质公正同样得到了实现。比如，对于犯罪性质相同、犯罪情节和量刑情节相当的案件，通过定性分析和定量比较，我们固然可以得出是否属于"同案"的结论，但是，我们面对的毕竟是两个独立的个案，无论我们对两个案件的犯罪情节和量刑情节进行"项的比较"，还是进行"量的比较"，都很难判定为"相同"，而只能判定为"相似"——既然是"相似"，自然不排除差异化判决的可能。但是，建立在形式平等基础上的"同判"主张却消弭了对案件进行个别化处理的思考空间，并可能造成实质上的不平等。

虽然理性的人类总是致力于寻求生活的确定性，但是正如美国当代哲学家福格林所揭示的那样，控制人类体制的各种规则（包括法律在内）并不是相互一致的，我们也没有理由假定控制我们认知活动的规则要么致力于要么必定形成一个前后一致的系统。实际上，"两难困境的倾向性"是所有道德及法律体系的内在特征，因而即便是在一套规则体系内，人们也可能对同样的事实采用完全不同和不相容的方式来评价判断。这主要是因为，法律的处罚体制力求起到多种目的，包括威慑、防止（通过监禁）、改过自新和惩罚。然而，有时这些不同的目的无法和谐共处。[1]根据此观点，当我们面对同样案件而抱有不同的审判目的时，那种追求结果齐一性之平等的主张就是虚妄的。

在目的论下，人们会以不同的思路来把握同样的法律系统，

---

[1] 参见〔美〕罗伯特·福格林《行走在理性的钢丝上——理性动物的不确定生活》，陈蓉霞译，新星出版社2007年版，第45—50页。

"同案同判"对司法的那种结果的齐一性期待就会落空。然而我们却不能就此认为，目的性考量本身是法治的敌人；恰恰相反，几乎每一个司法判决都是目的论的产物。尤其是对于刑事案件的判决来说，有时是报应的目的成为支撑判决的理由，有时是预防的目的占了上风，有时则是多种目的共同作为判决合理性的阐释理由。既然各种论点都在刑罚的目的范围之内，那么即便是因此出现了"同案不同判"，亦属正常现象。也就是说，对"同案"的差异化判决并不意味着对平等原则的否定。

至此，我们已经不难发现"同案同判"命题背后的逻辑漏洞：它从"适用法律人人平等"这一形式性的原则出发，导出了"同判"这一具有实质内容的平等要素（结果的"同"），而这种"同判"却又仅具有形式平等的意义。表面上看，这似乎是一种很彻底的平等观，然而其中却隐含着一个更大的悖论，那就是，当"平等对待"被置换成"同判"意义上的"结果平等"时，恰恰可能导致一种实质上的不平等。因为"同案同判"所赖以实现的条件是以某种法治的理想模式为基础的，在这种理想模式下，"同案"必然导出"同判"，这实际上意味着司法评价的意义被取消了。但是，如果司法评价的意义被取消，"同案"根本无从确定，"同判"又从何谈起呢？而如果承认司法评价在法律适用中的意义，那么形式的平等对待就与案件结果无关。

当然，这并不是说案件结果不需要考虑平等原则，而是说，案件结果上的平等需要由实质的正义原则来进行评判，而无法经由形式的正义原则得到说明。实际上，几乎所有关于正义的理论都认为，形式的正义原则无法单独对正义问题作出合理的解释，形式的正义原则必须得到实质的正义原则的补充。在未得到实质的正义原则检验之前，我们无法在"同判"与"公正的判决"之间画上等号。本书认为，"同案同判"命题从"平等"这一形式的正义原则出发，又回到"同判"这一形式化的结论上，其至多解决了司法的统一性问题，却无法对司法权威、司法公正提供有效的论证。因此，在对"同案同判"命题的正当性理据进行反思和批判之后，我们的话题还需要继续向前推进。

## 四  差异化判决之理性审视

"同案同判"的主张是从"适用法律人人平等"的宪法原则轻易就可导出的，其正当性毋庸置疑；但是，其成立的前提是必须有"同案"。而本章前面的讨论已经表明，真正的"同案"很少存在，即使存在，也是很难判定的。法律判断是一种道德判断，因而法律方法并非一种纯科学化的方法。如美国学者夏皮罗指出的那样："寻找法律涉及的不仅仅是在法典中查看法条并读出答案。法律推理和法律研究不一样。它也并不遵循非个人的、技术性的、科学的程序。为了知道法律是什么，我们必须运用较高程度的判断，这种判断是一种不受特别详细化、可计量的规则和程序掌控的治理能力。"[1]由于"同案"判定的标准和过程无法保证自身的精确性、客观性，我们所宣称的"同案"也只是在比较的意义上而言的。而且即使两个案件可以

---

[1] 〔美〕斯科特·夏皮罗：《合法性》，郑玉双、刘叶深译，中国法制出版社2016年版，第306页。

被判定为"同案",在各种因素的作用下,导向同判的可能性也极低。只要每个案件都是独立进行司法审查的,那么即使是所谓的"同案",也没有一个必然的理由和法律程序一定能够确保"同判"。所以,一切宣称两个案件是"同案"的论断都是十分可疑的。而如果"同案同判"命题中的"同案"所指称的是"同类案件"或"相似案件",我们就不得不说,这样的"同案"仍然是需要进行个别化思考的。①因为既然是"类似",当然不必求"同",两个具有某些差异性的案件也可以是"类似案件"。相应地,"类似判决"当中,也就包含了差异化处理的可能性。

与"同案"之说相比,"同类案件"或"相似案件"只需要以案件的基本事实为判断标准,而不需要通过案件全部事实因素的比较去求"同"。如此,不仅"类案"存在的证明更为简单易行,而且对案件"类似性"的判断也更容易获得说服力。至此,我们可以较为肯定地说,真正让"同案同判"命题陷入理论困境的,不是上文所阐述的所谓"实践难题",而是我们对"同案同判"命题的绝对化。

"同案"必然归于"同判",即使能够被实践的话,它也是以这样两个前提性的假设为基础的:其一,法律本身完美无缺,可以将自身的普遍正义毫无损耗地输入个案当中;其二,法官是高度理性的案件加工者,能够完全客观地理解并适用法律,且能保持始终如一。而这两个假设是不存在的。不仅法律本身不可能完美无缺,法官在案件的裁决过程中,也不可能仅仅是一个毫无道德判断的机械司法者。"当法官需要行使自由裁量权

---

① 参见周少华《同案同判:一个虚构的法治神话》,《法学》2015年第11期。

去裁判案件的时候，也就意味着他没有办法在所有案件中仅仅机械地将法律规则适用于案件事实从而获得最终的裁判结果，他有时候会不得不求助于自身对于政策的直觉，而这种直觉又通常产生于法官的意识形态。"① 而且，不仅法律规则无法机械地适用，法官对案件事实的提炼也常常不是通过机械的方式而绝对客观地完成。尤其是在刑事案件中，对犯罪事实的认定和评价虽然通过犯罪的构成要件来把握，但是却充满了道德判断的可能性。对刑罚的决定，更是一个需要发挥法官个人判断的领域，正如我国台湾地区著名刑法学家林山田先生所言："刑罚必须经由法官的裁量，始得施行，刑罚系具有目的性的法律制裁手段，刑罚裁量系决定刑罚的运用方式与刑罚的轻重程度，故在决定过程中必须顾及刑罚的目的观。"②刑罚不仅具有目的性，而且刑罚还有多种目的，多种目的交织组合的情形在不同案件中也是不可能一样的。因而，"同案同判"本身并不意味着平等原则得到体现，何况在平等原则的基础上，司法还必须实现其他目标。所谓个案公正，乃是对各种正义目标加以平衡的状态。正是因为如此，一旦我们将"同案同判"变成一项纯粹形式化的司法准则，其在实践中的方法论价值就被消解了。

因此，我们必须从"同案同判"的绝对主义，回归到相对主义的"类似案件类似判决"。这不仅是方法论的回归，也是价值的回归。回归的主要理由在于：（1）"同案同判"的原始命题本来就是"类似案件类似判决"，当我们将其表达为中国化的

---

① 〔美〕李·爱泼斯坦、威廉·M. 兰德斯、理查德·A. 波斯纳：《法官如何行为：理性选择的理论和经验研究》，黄韬译，法律出版社 2017 年版，第 91 页。

② 林山田：《刑法通论》下册，北京大学出版社 2012 年版，第 348 页。

"同案同判"时，语言的客观含义所呈现出来的就是一种绝对主义的观念，并进而反映在某些法律学者的理论主张中。（2）绝对主义的"同案同判"所带来的是高度形式化的法律思维，而司法实践是以问题为导向的，需要在兼顾形式要求的同时，最大限度实现个案中的实质正义；于是，为了澄清"同案同判"形式化思维带来的不合理性，我们不得不对"同案"与"同判"不断地进行重新界定，这本身也说明"同案同判"的说法极不严谨。（3）由于形式化的绝对主义"同案同判"观念的存在，人们对"同案不同判"现象的认识也呈现出绝对化，不加分析地一概将其视为司法公正的敌人，从而也否定了合理的差异化判决。

当我们将"同案同判"回归到其原始命题"类似案件类似判决"时，不仅"同案同判"的实践难题可以得到相当程度的化解，我们对"同案不同判"现象的认识也会变得更加客观理性。更为重要的是，如果"同案同判"命题中的"同案"所指称的是"同类案件"或"相似案件"，我们就不得不说，这样的"同案"仍然是需要进行个别化思考的。也就是说，"类似案件类似判决"必然包含着对差异化判决的容纳，这对于实现个案公正无疑具有重要的方法论上的价值，也更具实践理性。

司法的本质目的在于实现个案公正，而"同案同判"所追求的主要是形式意义上的平等；因而，作为一项正义原则，"同案同判"并不能构成对差异化判决的否定。

如前所述，一切被宣称为"同案"的案件，其实都不是建立在对案件全部事实因素进行比较的基础上来确认的。要"同案同判"，其前提是必须先对案件事实进行归类，也就是在提炼案件事实的基础上，确定它与先前的哪一个案件属于"同案"。

但是,"由于对案件事实的分类活动不可能是演绎性的,因而分类工作在本质上是一种任意性的行为。……在某种真正的意义上,任何一个特定的分类都无法被称作是'正确的'或'不正确的',也无法被称作是'合理的'或'不合理的'"。[1] 即便演绎性的思维方式能够帮助法官很容易地做到"同案同判",但是却无法帮助法官准确地认定"同案"。也就是说,一个案件与另一个案件是否属于"同案",无法通过逻辑的方式加以判定,那些被宣称为"同案"的案件,并不具有确定无疑的可靠性。我们固然可以根据法律的标准对案件进行分类,但是,这种分类充其量是一种大归类,它或许可以说明数个案件属于"类似案件"或"同类案件",却不能解决它们是否属于"同案"的问题。也即是说,这种分类不是"同案同判"意义上的"同案"判定。同案的判定只能通过对案件的各种事实因素的比较来确定,而由于诸多方面的原因,这种比较永远都是不充分、不完全的比较,总有一些事实因素无法被考虑到。如果是否属于真正的"同案"都很可疑,那么"一致性"的处理结果或许就既不能说明法律的确定性得到了维护,也不能证明法律的平等原则得到了落实。

"同案同判"是一种绝对主义的思考方式,因而它对"同案"必然提出"同判"的要求,在这种绝对主义的思考方式下,"同案不同判"自然被认为是对法治的违反。相反,"类似案件类似处理"是一种相对主义的思考方式,它不仅符合"只有类似案件而无相同案件"的现实,也包容了对所有案件的个别化

---

[1] 〔美〕理查德·瓦瑟斯特罗姆:《法官如何裁判》,孙海波译,中国法制出版社2016年版,第47页。

思考，亦即它是一种承认差异化判决的司法理念。一旦我们是在"类似案件类似处理"的意义上来理解"同案同判"，那么一切关于"同案同判"的证成理由都不足以构成对差异化判决的否定。

尽管几乎所有法律程序的目标都在于防范法官裁量权的滥用，但是，在几乎所有的法律制度中，法官的裁量权又都是实现个案正义所必不可少的工具。即使是在刑事司法领域，虽有罪刑法定原则的存在，法官的裁量权也是广泛存在的。解决量刑不均等刑事司法的公正性问题，并非就要挤压甚至否定法官的量刑自由裁量权，因为"滥用量刑自由裁量权固然可以导致量刑不均乃至量刑不公，但片面化的'同案同判'同样可以导致量刑不均和量刑不公"；在量刑规范化改革中，将"同案异判"等同于"量刑不均"，进而以追求"同案同判"为目标的改革主张具有很强的误导性。[①]既然司法是联结规范与事实的桥梁，既然司法的功能在于用一般性的法律规范处理具体的社会生活问题，并且还要在法律的普遍价值与案件的具体妥当性之间保持合理的平衡，那么就必须承认法官裁量权存在的必要性与合理性。英国当代政治哲学大师欧克肖特曾指出："一个法律可能将一个强制处罚与一个证明是违法的活动联系在一起，但把它指定给一个特殊个案需要慎重，因为一个法院在这个问题上有些自由度，因为它慎重思考与法治并不冲突。"[②]在此，法院的"慎重思考"显然意指对案件特殊性的关注和对案件处理结

---

① 参见石经海《量刑个别化的基本原理》，法律出版社2010年版，第5—10页。
② 〔英〕迈克尔·欧克肖特：《政治中的理性主义》，张汝伦译，上海译文出版社2003年版，第179页。

果之具体妥当性的追求，而法官的裁量权，则为案件处理结果的具体妥当性提供了基础。

在刑事案件中，具体妥当性主要体现在量刑结果上。而法官量刑活动的内容不仅包括刑种的选择和刑量的确定，也包括法律上的任意减轻、从轻，是否缓刑、是否并科附加刑及其程度等内容。在这方面，法院享有广泛的自由裁量权。这些权力同检察机关在不起诉决定中的裁量权相并列，被称为法律上的处遇个别化。量刑，是将刑事司法的各种机能进行概括的体现，在刑事政策上具有极为重要的意义，因此，基于什么原理进行量刑便成为问题。①正是因为这个原因，我们才说，"同案"必然归于"同判"的主张是虚妄的。正如陈瑞华教授批评的那样，"仅仅根据犯罪事实来确定刑罚，其实蕴含着有罪必罚、有多大罪判处多大刑罚的国家主义理念，极端地坚持这一理念很容易使刑罚变成国家对犯罪人赤裸裸的报复，甚至最终回归与原始的同态复仇殊途同归的报复主义之路，以至于与正义的要求南辕北辙。为避免误入歧途，国家在强调刑罚的报应功能的同时，还必须兼顾其一般预防和特殊预防功能，并使量刑过程体现这种刑罚功能的实现"。②"定罪与量刑所依据的事实信息是不一致的"，量刑所要考虑的事实因素比定罪的事实因素要多得多，因而，对于仅根据犯罪事实所判定的"同案"，在量刑时仍然需要基于刑罚目的及刑事政策的考量，进行区别对待，而不能简单地"同判"了事。

---

① 参见〔日〕大谷实《刑事政策学》，黎宏译，法律出版社2000年版，第176页。
② 陈瑞华：《量刑程序中的理论问题》，北京大学出版社2011年版，第53页。

对相似案件的区别对待固然可以在"刑罚个别化"的理论语境中加以论证，但是，最根本的理由则在于，刑事案件的"同案同判"命题必须由一个严密的、封闭的刑法规范体系和刑法教义学体系来加以保证，然而，人们业已发现，不仅这样的刑法规范体系不可能存在，这样的教义学体系即使存在，也可能会"导致深奥的学理研究与实际收益之间产生脱节"。虽然不会有人主张刑事案件的判决可以脱离刑法体系而专门针对个案判决考虑问题，但是正如德国著名刑法学家罗克辛教授所承认的，我们必须从刑事政策上主动放弃那些过于僵硬的规则，因为"若刑事政策的课题不能够或不允许进入教义学的方法中，那么从体系中得出的正确结论虽然是明确和稳定的，但是却无法保证合乎事实的结果"。因此，刑事政策的目的考量应当在刑事案件的处理过程中起到"补充性的控制作用"。[1]就此而言，刑罚个别化不仅意指基于目的性考量相似案件的判决结果可以存在刑罚之量的差异，而且可以存在刑罚之有无的差异。根据罪、责、刑相当的责任原则，一般以行为具有规范责任为刑罚发动的条件，但是对于有规范责任的行为未必都须经过刑的宣告。从刑罚机能限制的观点而言，在一定的场合，容许刑事政策的考量，纵使产生责任，亦可免除刑的科处，亦即可以科处低于责任程度的刑罚。刑罚如此运用，是以"相对报应刑论"为基础的，这在绝对报应刑论那里是绝对不可能的。换言之，绝对报应刑论采取的是"有责任则必有刑罚"的"积极责任主义"，反之，相对报应刑论采取的乃是"无责任则无刑罚"的"消极

---

[1] 〔德〕克劳斯·罗克辛：《刑事政策与刑法体系》，蔡桂生译，中国人民大学出版社2011年版，第6—8页。

责任主义"。在消极责任主义的立场上,即使责任被确定,纵使刑罚不可超出行为责任之范围,亦不一定要求刑罚相当于行为责任之报应刑不可。若从预防的观点看,刑罚可以比行为责任更轻,亦即若无一般预防或特殊预防之必要时,纵使有行为责任,也没有必要处以实际的刑罚。[1]可见,即使在犯罪成立的情况下,法官仍然可以基于刑法自身的目的而决定不科处实际的刑罚。这显然与"同案同判"命题的理论想象相去甚远。

每一个案件的发生都有其具体的情境,因而可以说,个案的差异性才是司法必须面对的问题。也就是说,司法实践的真正难题不在于判定"同案",而在于对案件作出区分。基于此理由,笔者认为我们应当倾听一下来自司法实务界的如下呼声:即便对一个判决存在看法,即便是判决本身存在问题,即便是量刑存在差异,在表示反对、质疑甚至进行批驳时,我们也应该慎下"同案不同判"的评判。[2]既然法官所判断的"同案"已经是一种不完整比较的结果,外部的批评者根据有限的案件信息所做的"同案"是否"同判"的判断就更是建立在不牢靠的基础上。正是基于这个原因,我们对"同案不同判"或许存在着极大的误解,把很多"类似案件"当成了"同案",紧接着,又把很多具有合理性与正当性的差异化判决,钉在了"同案不同判"的十字架上,从而放大了"同案不同判"现象的严重性,也过高估计了"司法统一""法制统一"所面临的危险。

差异化判决并不构成对法律稳定性的破坏,因为它是在法

---

[1] 参见许福生《刑事政策学》,中国民主法制出版社2006年版,第312页。
[2] 余双彪:《慎下"同案不同判"的评判》,《检察日报》2011年5月10日,第3版。

律自身所提供的灵活性机制内进行的。法定构成要件的定型性、法定刑幅度的相对确定性，足以确保差异化判决的合法性与可靠性。同样案件的差异化判决仅在于实现案件中的个别正义，而不在于创新性地突破现行法律。在法律提供的"基准正义"的基础上稍微偏左或偏右，都仍在法律规则的规制范围内，在这个意义上，差异化判决在法律上仍具有一致性，只不过它并非"同案同判"所追求的绝对的一致性——那种绝对的一致性不能说无法达致，但即使达致，也不能说明判决本身具有实质的合理性。

司法的本质是行使判断力，而判断必然是涉价值的。个案公正的"公正性"，最终必须通过判决理由的说明来证立。"同案同判"固然除却了法官对眼前案件的论证负担，貌似是一种符合司法的经济性要求的做法；但是，这种站在司法者而不是社会、当事人角度的功利主义考量却存在如下问题：第一，法官虽然省却了对眼前案件进行论证的负担，但是却增加了另一种负担，那就是将眼前案件与海量的同类案件进行比较，以确定眼前案件与某个先前案件是否属于"同案"，而这个负担丝毫不比论证负担来得容易；第二，当法官省却了对眼前案件的论证负担后，所生成的判决的合法性与合理性都是建立在作为参照的先前判决的基础上的，由于对两个案件的"同"与"不同"的判断本身就充满了不确定性的风险，"同判"的根基也就是极不牢靠的。所以说，逻辑不能单独说明判决的正当性，只有对判决的论证过程，才能说明判决的正当性。因此，差异化判决反而会强化法官对个案判决的论证责任，使案件的判决建立在制度、方法、观念、目的所综合建构的理性基础之上。

本书为案件的差异化判决进行理论辩护，其目的并不是要拆毁"同案同判"命题背后的正义观念，而是要对其加以修正；所以，本书对差异化判决的支持，依然是在"类似案件类似处理"的命题之下所作的理论确证。这意味着，对那些大致相同的案件作出有重大差异的判决，就已经失去了合理性，绝不是本书所认可的"差异化判决"。

## 五　如何理性看待"同案不同判"

将"同案同判"命题回归到"类似案件类似处理"之后，让我们再来讨论这样一个问题：在相对主义的"类似案件类似判决"命题下，我们该如何理性地看待刑事案件的"同案不同判"现象？

近年来，在追求司法公正的大背景下，"同案同判"俨然成为判断司法是否公正的一个"标准"，[①]而被认为是司法实践的当然要求，"同案不同判"则被认为是司法不公正的表现，受到广泛而深入的批判。但是，在形式化的"同案同判"观念之下，人们对"同案不同判"现象的认知或许并不准确。从绝对理念上讲，同等情况不同等对待当然是违背基本的正义要求的；但是，具体到现实的"同案不同判"现象，我们却要慎下"不公正"的断言。因为当我们面对"同案不同判"现象时，这里的"同案"和"不同判"都只是问题的表象，在评判之前，我们首先必须追问：第一，我们所讨论的是真正的"同案"吗？第

---

① 张卫平：《〈中华人民共和国民事诉讼法〉修改之我见》，《法商研究》2006年第6期。

二,"不同判"的事实是否能够确定无疑地说明同样情况未受到同等对待?

个别化思考必然带来差异化的判决,所以,如果不对差异化判决的合理性加以论证,它就很容易被冠以"同案不同判"的污名,引来法治主义与道德主义的批判。因为在"正义"与"法治"的双冕光环下,"同案同判"被视为司法公正的象征,而"同案不同判"则被认为是"对司法统一造成破坏,进而对法制统一造成破坏,严重地影响着司法的权威和司法的公信力"的罪魁祸首。[1]这样的判断虽然有其理论上的根据,也有其现实针对性,但它同时也是建立在对"司法统一"、"法制统一"和"同案不同判"一定程度的误解之上的。因为得出这种判断的前提性理论预设——实践中有大量"同案"存在——本身就具有虚幻性。

正如波斯纳在讨论"形式正义"时所指出的那样,"同等人应当受到同等对待"这一命题在某种层面上是一种陈词滥调,而在另一层面上又是一种误解。一个理性的判决制度会避免在分类上有不合逻辑意义的专断;这是在形式层面上唯一可以予以谴责的"不平等"。而所谓形式层面,即是不深入探究具体实质问题的优劣短长。这种形式的平等会将某些结果排除掉,但它留下一个巨大的空白地带。更甚的是,没有任何现实世界的法律制度有可能(也不应当)避免一切专断的区分。因此,必须允许法官改变自己的观点,尽管这种改变的结果是对不同时期的相同案件作了"专断的"区分。波斯纳认为,即使存在不

---

[1] 刘作翔:《案例指导制度的定位及相关问题》,《苏州大学学报》(哲学社会科学版)2011年第4期。

犯错误的法律制度，其施行成本也会高得使其无法运行，所以现实世界中的最好制度都会出现大量法律结果的不平等。[1]当然，波斯纳的意思绝不是说，我们可以视这种不平等为正常现象。此处"法律结果的不平等"仅是一种形式的不平等，如果它是依法作出并得到合理论证的话，就可以在实质的正义原则下获得其正当性。

实际上，几乎所有支持"同案同判"命题的论者都承认，实践中不存在真正的"同案"。既然如此，我们就可以合理地认为，"同案同判"命题所讨论的真实问题其实是"类似案件类似处理"。立足于"不存在真正的同案"这一看法，本书认为"同案同判"其实是一个伪命题。论者不恰当地将"类似案件类似处理"置换成了"同案同判"，不仅使该命题无可避免地陷入自身的理论危机，而且造成了人们对"同案不同判"的极大误解。所以，如果要继续讨论此议题，我们就应当回归到"类似案件类似处理"这一初始命题。

在此，笔者想要阐明的基本观点是：鉴于"同判"并不等于"公正的判决"，因此，即使是"同案同判"命题所宣称的"同案"（其实更可能是"相似案件"），仍然需要进行个别化的思考，而不能简单地归于"同判"。因为"同案"一律归于"同判"，不仅否定了司法评价的作用，而且实际上也取消了法官对判决的论证责任。在"同案同判"的司法理念下，法官只对判决的一致性负责，而不再对判决的公正性、具体妥当性负责。而个别化的思考则意味着，法官必须对其所作的判

---

[1] 〔美〕理查德·A·波斯纳：《法理学问题》，苏力译，中国政法大学出版社2002年版，第417页。

决进行合法性与具体妥当性的论证，从而更有利于实现司法公正。

最高人民法院前副院长江必新曾经指出，"在人民群众认为处理不公的案件中，真正枉法裁判的并不多见，主要是自由裁量权的把握问题"；[①] 同样地，真正"同罪异判"式的"同案不同判"现象也很少见，大多数情况下，所谓"同案不同判"都表现为同类案件之间的量刑失衡。从这一点来说，陈瑞华教授关于"中国刑事审判的核心问题是量刑问题，而不是定罪问题"[②]的判断可谓是非常中肯的。对一般社会公众来说，通常也主要是通过案件的量刑结果来感受刑事司法公正的。因此，平等适用、刑罚均衡，始终都应是刑事司法追求的目标。当然，对于以量刑失衡为表现形式的"同案不同判"现象，也需要做具体分析，而不能简单地将其等同于司法不公。量刑本身是一项非常复杂的工作，这不仅是因为影响量刑的因素非常多，而且是因为各种量刑因素在客观上很难被精确评估。同时，在刑罚裁量过程中对刑罚目的的考虑，是个各案各殊的问题，哪怕是两个极为相似的案件，目的性考量也会带来量刑结果的不同。所以，要在不同的个案之间保持刑罚均衡，殊非易事。更何况，如前文所述，"同案"判定本身也面临诸多实践难题，它和量刑的复杂因素叠加在一起，就更容易产生差异化的判决，而不是更容易实现"同案同判"。并且，这种差异化的判决通常是由刑事司法程序和案件的各种复杂因素共同导出的合理结果，不能

---

[①] 江必新：《论司法自由裁量权》，《法律适用》2006年第11期。
[②] 陈瑞华：《论量刑程序的独立性——一种以量刑控制为中心的程序理论》，《中国法学》2009年第1期。

被认为是"同案不同判"的表现。

尽管法律本身可以为法律问题提供一个较为确定的判断标准,但是,司法活动本质上仍然是一个法官行使判断力的过程。其间不仅可能存在主观的价值衡量,而且合理的处理结果往往也不具有唯一性。比如同样是故意伤害致一人重伤的案件,根据《关于常见犯罪的量刑指导意见(试行)》,"可以在三年至五年有期徒刑幅度内确定量刑起点"。实际的量刑结果可以是三年半、四年,也可以是四年半、五年。只要是在此幅度内,我们就很难抽象地评判哪一个结果更加合理。正如我国台湾地区刑法学者林东茂教授所指出的那样,刑法问题显然是不能进行经济分析的。"自然科学惯于运用方法论上的唯名论(methodological nominalism),以化约的公式描述自然界的因果律,价值思考可以排除,本质的问题可以不理会。刑法知识则须谨守方法论上的本质论(methodological essentialism)或唯实论,需要层层深挖合理性的基础。化约的公式或数的观念,可以说明自然现象,却不能套用在人的世界。"[1] 法律的适用离不开法官的"判断"这一中介行为。而"判断"这个人类心智活动,最重要的一点就是预设了没有绝对必然的结果。据此,曾任南非宪法法院大法官的奥比·萨克斯坦陈:"身为法官,我不认为我们的功能就是提供唯一正解。事实上,我们每位法官的意见有那么大的不同,怎么可能每个都是对的呢?在我看来,法官在每个案件中的任务就是竭尽所能地做出正确判断。"[2] 所谓"正确

---

[1] 林东茂:《一个知识论上的刑法学思考》,中国人民大学出版社2009年版,第13页。
[2] 〔南非〕奥比·萨克斯:《断臂上的花朵:人生与法律的奇幻炼金术》,陈毓奇、陈礼工译,广西师范大学出版社2014年版,第130页。

判断",不是依靠理性强迫人们接受的唯一正确答案,而是通过强大的说服力来论证的具有合理性的判断。因此,实践当中即便是出现了"同案不同判"的情况,我们也只能在具体的判决理由中,根据"具体妥当性"的标准来评判个案判决的合理性,而不能只是因为"不同判"就断言其对法制的统一性构成威胁。

尽管量刑均衡是刑事司法公正的基本要求,但是,如何理解"均衡",仍然是一个需要讨论的问题。如果量刑均衡是指"对待相同的犯罪事实,不同的法官消除时空差异达致一致性的判决结果的理想化司法状态",[1]那么它是很难达到的。张明楷教授甚至认为,量刑上的一致性观念或者平衡观念尽管被冠以公正、公平之名,其实都是不合适的。因为法定刑已经考虑了相对的均衡,在具体量刑过程中,考虑的重点应该是不同案件的差异性。即便是两个看上去相似的案件,往往也只是在某一点上相同,在其他方面则不同。而量刑需要考虑方方面面的事实,不可能仅凭一个方面的事实或者部分事实,就使罪刑统一、量刑均衡。实际上,不仅量刑很难真正均衡,甚至在定罪上,对所谓相同案件也不可能做到相同定罪。因此,张明楷教授认为,与其期待对所谓相同案件作出相同的处理,不如重视个案处理的妥当性。[2]对此看法,笔者深以为然。从平等观念出发,同案同判的确是非常重要的司法要求,但是正如有学者指出的那样,

---

[1] 陈兴良主编《宽严相济刑事政策研究》,中国人民大学出版社2007年版,第200页。

[2] 参见张明楷《责任刑与预防刑》,北京大学出版社2015年版,第334—336页。

它并未达到"法律义务"的程度,只是可被凌驾的道德要求。①因此,从实践理性的角度,我们应当在相对意义上来理解刑罚均衡,而不是在"一致性"这一绝对意义上来期待。这样,量刑结果上的"同案不同判"就变得不那么可怕了,因为它不仅意味着不合理的量刑失衡,更多的情况下,它可能只是合理的差异化判决的表现。

当我们将绝对的"同案同判"还原为相对的"类似案件类似判决"之后,由于"类似"并非"相同","类似"实际上包含着有限的"不同",一定程度的差异化判决就完全能够在"类似案件类似判决"这一命题下得到合理的解释。更何况,在"判决的法律效果与社会效果相统一"已经成为司法实践之共识的情况下,更不宜用结果上的"一致性"来评判司法公正。由于判决的社会效果可以有多个维度的衡量标准,而且必须根据具体案件的具体情形来考虑最佳的社会效果,即便是"同样案件",因被告人个人特征(人格、人身危险性、一贯表现)、案件发生的时间、地域、社会环境不同,其所要求的社会效果可能都是有所不同的,简单化地"同判"显然难以彰显判决的社会效果。正如有学者指出的那样,理性存在的"同案异判",不仅不是"量刑不均",而且还是量刑实质公正以及量刑法律效果和社会效果相统一的现实表现。②如果我们把判决的社会效果也作为衡量案件具体妥当性的一个指标,那么以个案公正为旨归的刑事司法,也就必须承认差异化判决的合理性。

---

① 陈景辉:《同案同判:法律义务还是道德要求》,《中国法学》2013 年第 3 期。
② 石经海:《量刑个别化的基本原理》,法律出版社 2010 年版,第 8 页。

所以，对于刑罚的不均衡现象，我们必须一分为二来看待。就像德国刑法学家阿尔布莱希特所揭示的那样，"在一方面，刑量中的不均衡性指明了问题意识与发展历程或创新与灵活性，所以在多元社会中被认为具有稳定作用。但是，在另一方面，不均衡性显然也能被归入妨害刑罚目的与发挥反作用的类别，因为量刑中的不均衡性违背了刑法适用中关于正义的基本构想"。因此，"无论如何，在法上有理据的不均衡性与在法上无理据的不均衡性应当被区别开来，对后者，体系上的不均衡性与非体系上的不均衡性应当得到区分"。也就是说，并非所有的不均衡都不可容忍。"如果刑罚之间的差异符合法律规定，而且根据法律规定的标准，对这种差异能够进行正当说明的话，那么这种刑罚自然是正当的刑罚。与此相反，如果刑罚上的不均衡只是那些没有理据的差异，那么这种刑罚自然就不是正当的刑罚。"[1] 由于绝对的"同案同判"观念不承认合理的差异化判决，所以对"同案不同判"现象也存在极大的误解。一方面，它把很多"类似案件"当成了"同案"，紧接着，又将很多具有合理性的差异化判决打上了"同案不同判"的标签，从而放大了"同案不同判"现象的严重性，也过高估计了"司法统一""法制统一"所面临的危险。[2]张明楷教授就曾指出，认为各地量刑存在重大偏差的说法是很值得怀疑的，不足为信。[3]因此，当我们批判"同案不同判"现象时，首先要考虑这样几个问题：

---

[1] 〔德〕汉斯-约格·阿尔布莱希特：《重罪量刑：关于刑量确立与刑量阐释的比较性理论与实证研究》，熊琦等译校，法律出版社2017年版，第6—7、17页。

[2] 参见周少华《同案同判：一个虚构的法治神话》，《法学》2015年第11期。

[3] 参见张明楷《责任刑与预防刑》，北京大学出版社2015年版，第334页。

第一，我们对案件的信息是否全部掌握？如果仅仅根据有限的、不完整的案件信息就妄下"同案不同判"的结论，显然是一种草率的做法。

第二，"不同判"的案件是否为真正的"同案"？如前文所述，只有在对案件各种因素进行充分比较的情况下，才能作出案件是否具有类同性的判断。我们不能只是根据表面上的相似性，就认为两个案件属于"同案"，进而将差异化的判决斥为"同案不同判"。

第三，"不同判"的程度是否已经超出了合理的范围？合理的"类似判决"存在于一定的范围，而不是存在于一个点。因此，我们不能以绝对的"一致性"来衡量类似案件的量刑是否均衡，而应以相应犯罪行为的法定刑为基本判断标准，并根据案件的全部事实来判断量刑是否合理。

总之，无论是"同案同判"，还是"类似案件类似判决"，其核心实际上都在于法律上的平等对待，而不是结果上的一致性。案件的判决结果不仅取决于法律，更取决于案件当中一系列的复杂因素，因此每一个案件都有一个独一无二的"具体妥当性"。正因为如此，平等对待并不能保证结果上的一致性；那么，我们就不能再反过来以结果的不一致，去判定案件没有得到平等对待。

## 六 结语

司法实践当中普遍存在的乃是"相似案件"（实质上的"异案"），而非"同案"；因此，差异化判决不仅是正常的现象，而且无可避免。相应地，我们真正需要解决的现实问题其实是"类似案件不类似处理"，而非"同案不同判"。实践当中即便是出现了"同案不同判"的情况，我们也只能在具体的判决理由中，根据"具体妥当性"的标准来评判个案判决的合理性，而不能只是因为"不同判"就断言其对法制的统一性构成威胁。本书认为，"同案同判"命题不能解决刑事案件判决的公正性问题，因为面对"同案"，"同判"本身无法说明案件判决的实质合理性，它能够解决的仅仅是司法的统一性问题。因此，判决正当性的论证并不能建立在"同案同判"的基础上，而只能建立在个案性的理由阐释的基础上。

鉴于本章是针对一个近乎公理化的命题所作的批判，所以笔者不得不对可能会随之而来的误解作出预防性的说明：

第一，笔者为刑事案件的差异化判决进行理论辩护，其目的并不是要拆毁"同案同判"命题背后的正义观念，而是要对其加以修正；所以，本章对差异化判决的支持，依然是在"类似案件类似处理"的命题之下所作的理论确证。这意味着，对那些在事实、情节、社会危害性等都大致相同的案件之间出现的量刑上的重大差异，绝不是笔者所认可的"差异化判决"。

第二，本章所要强调的仅仅是，对于所谓的"同案"，若再无区分对待的事实因素存在，当然应该"同判"；但是，不应以"同案同判"这一并非严谨的命题来排斥对案件的个别化思考。立论的基础在于，一切所谓"同案"事实上不过都是"类似案件"，而由此导出的"类似判决"当然只求"类似"，而不必求"同"。"类似"存在程度问题，包含了"同"与"不同"，巨大的"不同"已非"类似"，故而差异化判决亦拒斥"不类似处理"。

第三，差异化判决合理性的论证中包含着一项重要的要求：法官需要对案件判决结果进行个别论证。因为"在法院里，'正义'必须显示它是一个论证的结论，这个论证设计来尽可能最好地表明这是法律就此事件而言的意义"；[1]所以，法院没有理由仅仅以逻辑推导的"同判"，来逃避自己对个案的具体妥当性加以论证的义务。

---

[1] 〔英〕迈克尔·欧克肖特：《政治中的理性主义》，张汝伦译，上海译文出版社2003年版，第179页。

# 法学的自主性与反思性[*]

人文社会科学在整个科学研究中的地位日渐式微，似乎是一个全球性的问题，与这一过程相伴随的，是人们发出的"社会科学有什么用"的诘问。由于社会对社会科学提出了"社会效益"的希望和要求，人文社会科学的研究不断走向"致用性"的探索，并因而呈现出越来越明显的技术性特征。而法学研究，似乎更突出地反映出这一趋向，"能够解决实际问题"是人们对法学理论的普遍期待。在此背景下，法学知识的形态问题、法律学术的品格问题、法学研究的方法问题，在法学界内部常常引起争论，并以立场之争、学派之争的面目出现。立场之争常有你死我活的意气，学派之争也常有我优你劣的暗示。但是，当我们从法学知识形态复杂性的根源角度来思考这种分歧时，却又觉得它们各自的理据并非十分周全。我们有必要思考：如果不同形态的法学知识可以保持一种开放、互融的态度，那么它们将会具有怎样的共同特征？面对"法学理论有什么用"的诘问，秉持不同立场、方法、逻辑的法学知识生产者，将会如何作出各自的回答？本书认为，这些问题关乎"法学的文化自主性"，[①]也就是，在西

---

[*] 本章内容曾发表于《法学》2019年第4期。
[①] 著名社会学者渠敬东教授在《开放时代》杂志社举办的"第二届开放时代论坛"主题演讲中，曾论述"社会科学中的文化自主性"，此处借用这一说法，并将其具体化到法学（参见渠敬东《社会科学中的文化自主性问题》，爱思想，http://www.aisixiang.com/data/88482.html，2019年2月10日访问）。该主题演讲被整理发表在主题为"中国学术的文化自主性"的会议综述中（参见《中国学术的文化自主性》，《开放时代》2006年第1期）。

方学术话语体系的强势压力下，如何能够形成我们自身的法学知识传统。而自主性法学的文化品格问题，则是其中的一个核心问题。

## 一　法学：面对"社会效益"之问的羞愧

在几年前的一个小型学术研讨会上，主会者布置给笔者一个发言题目，即"（法学）学术研究的规律与成果转化"，这引发了笔者对相关问题的一些思考。说实话，笔者并不认为自己有能力把握"学术研究的规律"。虽然笔者也曾多次在不同场合做过"法学论文写作方法"之类的报告，但严格地说，"法学论文写作"和"学术研究"之间还是存在某些差别的。论文发表和学术贡献之间没有必然联系。但我们面临的现实常常是，以倡导学术研究的名义，追求论文的发表。这个问题无须多说。

笔者之所以敢谈"法学论文的写作"而不敢谈"学术研究的规律"，是因为前一个问题完全是实用主义的话题，类似于关于美食的菜谱，不过是一种技术性的操作手册，即便纯属个人经验，说说也无妨；而后一个问题则是严肃的理论问题，类似于美食的营养学，未经科学分析随便表态，可能贻害无穷，所以必须谨慎对待。何况，学术研究——笔者指的是人文社会科学的学术研究——本来就是个性化的事业。知识生产固然有其基本逻辑，但是思想创造却是一个复杂的过程。因此，所有关于学术研究的方法性认识在本质上可能都只是经验性的，而不是规律性的。从这个观点出发，笔者认为任何人所宣称的学术研究规律，可能都是对某些个体研究经验的不适当的普遍化。

把这种不适当的普遍化称为"规律",只能产生一种学术霸权。尤其是在应当倡导学术自由、思想多元化的时代,我们更需要警惕以"规律"之名附加给学术研究的各种莫名其妙的束缚。

至于"成果转化",对于包括法学研究在内的整个社会科学而言,更是一个令人尴尬的问题。"成果转化",包含着整个学术体制对于学术研究成果之"社会效益"的希求。而在一个考评无所不在的社会管理机制中,这种社会效益的"希求"很快就变成了某种硬性的"要求",在很多情况下指挥乃至误导着人文社会科学的研究。这一要求,常常出现在各种科研项目、科研奖励的申报表格中,出现在学术职业的绩效考核中。在填写这些表格的时候,我们必须回答:你的学术成果能够产生哪些社会效益?已经产生了哪些社会效益?面对这样的盘问,我们常常会感到无地自容,因为我们很清楚地知道,自己的研究成果可能对 GDP 没有一毛钱的贡献。这种体制性的盘问,不同于学者们基于学术的社会责任感而发出的自我诘问,就像苏力所说的"什么是你的贡献"。[①] 对学术研究"社会效益"的索取,实际上暗含着这样一种制度性判断:学术研究的贡献必须以某种有形的方式表现出来,或者说,只有能解决某个实际问题的研究,才是有价值的。[②] 于是,在这样的判断面前,整个人文社会科学都会不由自主地陷入全面的羞愧当中。因为当我们回答,人文社会科学的价值在于"改造社会"、在于"塑造人的思想和

---

[①] 参见苏力《法治及其本土资源》,中国政法大学出版社 1996 年版,自序。
[②] 如今,这个评判标准似乎又加上了进入智库、获领导批示、被决策机关采纳、被内参等等。

心灵"时，这个答案是相当苍白无力的。

无论哪一个研究领域的学者，可能都会自觉不自觉地夸大自己所在学科的重要性。比如以法学研究为业的人，没有谁会低估法治对于社会的意义，无论是出于对法治的信仰，还是出于纯粹的职业自尊，我们都必须认为法治是这个社会极为重要的一项事业。但是，"法治的重要性"与"法学学科的重要性"毕竟不是同等的概念，虽然法治建设离不开法学理论研究所提供的智力支持，但是，它作为一项宏大而复杂的社会工程，法学理论研究在其中所起的作用仍然是一小部分。我们显然无法将法学理论研究的繁荣直接置换为法治之发达，法治还需要很多其他的支撑条件，尤其是制度条件、文化条件的支撑。明白地说就是，法治事业并不仅仅是法律人的事业，也是整个社会的事业。而且，由于人类社会生活的复杂性，各种各样伟大的事业都具有不可替代的重要性，比如政治、经济、教育、科学技术、文化、医疗等等，哪一项不是重要的呢？所以应该看到，我们所从事的法治事业，终究不过是人类众多事业当中的一个而已，其虽独特，却不至于独享尊荣。何况，"法律作为一种权威，其功能原本就有其极限。从而，遵守法制而能实现的成就，也一样有其极限。这并无什么不可思议"。[①] 我们的法学理论研究当然也是如此，法学学科与其他学科相比，并没有特别的重要性。不能因为在一个法治社会里"法律至上"，我们便可以理所当然地认为法学凌驾于其他学科之上。

在国内法学界，有一种值得深思的现象，就是狭隘的专业

---

[①] 〔日〕长谷部恭男：《法律是什么？法哲学的思辨旅程》，郭怡青译，中国政法大学出版社2015年版，第136页。

主义。它主要是指，对于复杂社会的法律问题，法律专业人士存在过度专业化的认识倾向，也就是将法律问题从其复杂的社会背景中剥离出来，只懂得在法律自身的角度来讨论法律问题，从而使产生的观点有些"不食人间烟火"味。特别明显的例子，一个是几年前对周永康案件为什么不公开审判的讨论，另一个是对孟晚舟被拘事件所涉法律问题的讨论。周永康案审判之时，法学界有不少人认为，周永康受贿罪部分不涉及国家秘密，此部分罪行应公开审理。其实，周永康虽然身犯三罪，但案件却是一个案件，三罪的行为也难免互有交织，认为应当部分公开审理的看法，是以专业思维割裂同一案件案情，显然是站不住脚的。而在孟晚舟被拘事件发生后，也有一些法律人因为相信"加拿大是一个司法独立的国家"，而忽视了孟晚舟被拘事件背后显而易见的政治因素，主张法律问题法律解决。这些貌似很专业的见解，不顾案件背后复杂的因素，给出了一些似是而非的判断，这种判断恰恰暴露出某些法律专业人士过度专业化思维所带来的认识不足。这实际上是学科本位主义带来的短视。在此想要表明的问题是，在解决复杂的社会问题时，法学知识所能提供的贡献其实是有限的。因此，当我们向法学研究索取"社会效益"时，必须知道什么是可欲的，什么是不可欲的，必须清楚法学知识功能的有限性。

对法学研究社会价值的上述认知，并非反讽，而是一种真实的看法。这种看法来源于笔者在两所著名工科大学工作的经历。在那里，那些能力卓著的工科教授们的研究成果，要么是国防尖端技术，要么是能够产生巨大经济效益的实用技术，要么是能够给人类的生活带来巨大改变的发明创造。听了他们对自己研究成果的介绍，作为一名文科教授，立刻就有了一种非常渺小的感觉。相比之下，我们所能给出的"社会效益"的证据，充其量就是自己论文发表的期刊层次，论文的被转载、被引用、被奖励等等情况，而这一切，又都基本上是整个学术体制框定的结果，建立在形式评价的基础上，不能证明相关研究的真实价值；所以，对于自己所从事的学术研究的重要性，我们只能保持一种内心确信，而无法给出有力的证明。

带着人文社会科学的这种羞愧，笔者开始怀疑自己所从事的研究领域的真实价值。它们是有用的吗？它们是社会所需要的吗？笔者的那些所谓成果不是在自说自话吧？而在此之前，笔者一直在一所专门的政法院校工作，眼界的狭窄让自己始终有一种盲目的学科自大，一度认为法学是天底下最重要的学科，对自己所关注的问题的重要性也是确信无疑。笔者发现，这样的学科自大也并非笔者一人独有。但是，当我们的目光从狭隘的专业主义的阴影中走出来之后，面对强大的理工科，面对纷繁复杂的社会生活问题，内心那种人文社会科学的羞愧感就会油然而生，它让我们不得不谦卑地反思自己所从事的事业。

如果对这里的问题进行一个提炼，那么这个问题就是：我们应该对法学研究的"社会效益"抱有怎样的预期，才是合理的呢？如果说法学理论必须具有"实用价值"，这个"实用价值"又指的是什么呢？据《中国社会科学报》的一篇文章介绍，鉴于"人文社会科学在澳大利亚已经被忽视很长时间了"，澳洲学者蕾切尔·安可尼（Rachel A. Ankeny）呼吁，应该"将人文社会科学与自然科学放在同等位置"。而其所给出的理由却是，"面对越来越复杂的社会问题，只有把自然科学与人文社会科学联系在一起，才能找到最佳的解决方案，才会对社会进步与变革产生积极作用"。①这个辩护逻辑发人深思,它恰恰无意中流露了人文社会科学不可言说的隐痛:人们只有通过强调人文社会科学的"社会效用",才有理由、有底气重申人文社会科学与自然科学具有同等的价值。而且,人文社会科学的"社会效用",还是依附于自然科学的,何来"同等位置"?

近些年,法学界对各种科技热点的追逐,或许就突出地反映了人文社会科学的上述境遇和焦虑。在这个"科技改变世界、创新引领未来"的时代,法学界也表现出对各种新概念、新技术、新观念的强烈兴趣,它们被迅速向法学领域植入。诸如互联网+、大数据、人工智能、基因技术等等,都很快成为法学界的一道风景,造就了无数吸引眼球的学术成果,或可以用"热点法学"来概括之。笔者的意思绝不是说,法学不应当关注这些东西,而是说,我们必须搞清楚,各种新概念、新技术、新观念是否真的有助于法学论题的拓展,它们是否真的涉及现实的法律问题。否则,法学会在"创新"的名义下,走向自我迷失之路。"热点法学"现象的产生,很大程度上是申报项目与发表论文压力下促成的求新、求奇心理导致的,虽有可理解的原因,但是"热点"往往热得快也冷得快,一阵风过去,全都化成了泡沫,能否给法学留下什么遗产,实在值得怀疑。不能不说,这些现象其实也是法学知识生产中自主性缺失的后果。为了证明自己研究的社会价值,而将法学论题嫁接到各种实用性学科的枝条上,能否结出果实、结出怎样的果实,都是大可考问的。虽然法律问题经常与其他社会问题交织在一起,法学

---

① 参见赵琪《澳洲学者建议:将人文社会科学与自然科学放在同等位置》,《中国社会科学报》2018年6月22日,"学术资讯"版。

的思考经常离不开其他学科知识的支持，但是，法学知识依然有其独立的社会价值。

显然，我们不可能期待法学以及其他社会科学能够具有自然科学那样的"实用性"。人类知识的不同形态，决定了它们具有不同的社会功能。如果我们期待法学以及其他社会科学也要具有自然科学那样的"社会效益"，不仅不切实际，也意味着对人文社会科学独立社会价值的否定。邓正来先生在谈到中国社会科学的自主性问题时曾指出："对于中国社会科学研究者而言，更具实践意义的则是将关注视角首先转换到其自身的社会科学研究这个问题上来，而其中最为重要的则是在其自身的社会科学研究中科学地建构研究对象。"① 这里的"自身"，当然指的是"中国"，同时笔者认为它也应该指每一个社会科学的学科"自身"。对法学而言，自主性意味着，法律领域真正的"中国问题"是什么，如何科学地建构中国法学的研究对象。因此，自主性法学需要处理这样三个问题：（1）相对于世界法学（主要是西方法学），中国法学如何建构自身的话语体系；（2）相对于现实期待和需求，中国法学如何保持学术的内省；（3）相对于其他学科，法学如何作出自己独特的贡献。只要很好地回答了这些问题，那么法学研究就必定能够担当其应负的社会责任，所谓"社会效益"问题，则是一个不必过于纠结的问题。因为这种功利主义的考虑，只能让学术研究走向异化，最终丧失自己的立场和独立的文化品格。

---

① 邓正来：《关于中国社会科学自主性的思考》，《中国社会科学季刊》（香港），1996年冬季卷。

## 二 法学家的社会角色与公众形象

与法学的社会功用问题相联系的另一个问题，也是更为学术化的一个问题是：法学的使命究竟是要作出人类知识上的贡献，还是要满足于充当解决各种社会问题的社会政策的宣传员？相应地，对于从事法学知识生产的法学家来说，其公众形象和社会角色究竟应该是"知识分子"还是"法律专家"？

窃以为这个问题非常重要，法学家对个人身份的自我认同，不仅关涉法学作为一种知识体系的社会功能问题，也关涉法学的自主性如何可能的问题。我们需要思考：法学应该作为一种智力文化对社会发挥作用，还是应该作为一种专业文化对社会发挥作用？对这个问题的不同回答，直接决定着法学家对自身社会角色的自我确认，也决定着法学知识生产的基本逻辑。笔者不是随便提出这个问题的。严格地说，不是笔者提出了这样一个问题，而是法学学术的现实境遇必然引发这样一个问题，而且，法学的现实境遇也不过是整个社会科学的现实境遇的一个折射。

回顾18、19世纪的西方启蒙运动，社会思想家是如何深刻地改变了世界；风光无限的近代社会科学作为人们对社会世界的认知体系在现代大学中实现了制度化。但是，到了20世纪中期以后，社会科学家却不无遗憾地发现，虽然社会科学从未像现在这样拥有如此多的院校和学生，但是他们实际的公众影响却比以前小得多。当人类从科学和技术的发展当中获得切实的好处之后，社会科学的命运似乎注定要变得衰微。美国学者斯科特（Scott）和绍尔（Shore）在其《为什么社会学不实用》

(*Why Sociology Dose Not Apply*) 一书中认为,社会科学所产生的知识已经不适用于当前社会,在他们看来,社会科学知识应该为社会发展作出贡献,否则,它就是一个奢侈社会的奢侈品。这种主张在西方学术界也不是个别现象。可能就是因为这种主张的存在,西方学术界逐渐"从批判和智力论辩退化到文化相对主义和碎片化知识、文化占据主流地位的这样一种混乱状态"。[①]从而,社会科学也从智力文化转变成了一种专业文化,带来的后果就是,在当代,整个社会科学都面临着这样的局面:越来越陷入琐碎的技术性细节当中,越来越成为一种实用主义的工具,成为替当局分忧解难、出谋划策的咨询师,成为解决各种社会问题的政策宣传员。西方世界社会科学的上述境遇,似乎也在中国的现代化转型过程中被不自觉地重复着。在五四新文化运动中,中国的人文知识分子曾经是改变历史的英雄;在新中国的大学里,文史哲等学科曾几何时也是风光无限。但这一切,都随着人们对于人文社会科学的致用性产生怀疑,而成明日黄花。

法学虽然不是纯粹的社会科学,它兼具人文学科和社会科学的双重特征,但是,法学所遭遇的命运也和整个社会科学是同样的。我们经常会面临"法学理论有什么用"这样的诘问。很多情况下,这种诘问的真实意思实际上是"法学理论对解决具体法律问题有什么用"。它可能还暗含着另外两层意思:第一是对法学理论的社会价值表示怀疑,第二是要求法学家充当起法官、检察官、律师的刀笔吏。这样,法学理论的社会功能就

---

[①] 参见〔英〕吉尔德·德兰逊《社会科学——超越建构论和实在论》,张茂元译,吉林人民出版社 2005 年版,第 4 页。

被定位在专业文化的实用主义上，人们希望法学理论成果关切现实问题，能够为法律实践出谋划策。但是，直接从事法学知识生产的法学家们，或许并不一定认可这一点，因此在法学理论与法律实践之间，总是存在巨大的疏离。

这几年，随着法学教育的不断扩张，法学专业已经沦落为不受社会欢迎的"红牌"专业。在这样的现实面前，法学界十多年前宣称的"法学教育是精英教育"的口号似乎很难再响亮地喊出来。尽管经过这么多年的努力，法官、检察官的职业化建设已经成效卓著，法律教育对此无疑功不可没；但是，这依然无法改变法律教育日渐不能满足现实需要的窘境。一方面，法律人才貌似已经过剩，法学专业毕业生就业率持续低下；另一方面，能够满足司法实践需要的人才似乎又比较匮乏，法学院校输送的法律人才似乎都是半成品，即便他们已经读了四年、七年乃至十年法律，仍然需要在实践中再学习，才能理解法律的运作和掌握处理案件的技能。为了把产品推销出去，法学院校无一例外地调整培养方案，把"应用型"人才作为法律人才的培养目标，把司法考试过关率作为日常教学的重要任务。这是现实所迫，当然也并没有什么不妥。毕竟，法学院从来都不应该以培养法学家为己任，而应该将培养合格的法官、律师、检察官作为法律教育的基本目标。但是，由此带来的一个问题却是我们不得不面对的：随着法学学科越来越成为一种纯粹的技术性的知识系统，法学学术和法律教育之间产生了巨大的分裂，对学生有用的知识可能不是法学学术上有价值的东西，而学术眼光里的重要问题，可能对培养学生的实践技能没有太大的帮助。

法学学术和法律教育之间的这种分裂，使偏重于学术研究的教师和以教学为主的教师都面临巨大的压力。为学生的职业前途计，我们必须把学术研究和课堂教学作一个清楚的区分，因为某些个人研究心得对学生而言可能是"不实用"的，将其投放到教学环节当中竟有一种"误人子弟"的负罪感。笔者曾经给研究生开设过一门"西方刑法思想史"课，虽然不知道学生对这样的课程是否真的感兴趣，但笔者清楚地知道，这样的课程显然既无助于学生通过司法考试，也无助于帮助他们在日后的工作中解决任何一个具体的案件。为了让学生接受笔者关于开设这门课的必要性的看法，也为了鼓励他们学习这种似乎无用的课程，在第一次上课的时候，笔者特意给他们朗读了爱尔兰学者约翰·凯利在他的《西方法律思想简史》前言当中写的一段话："一个学生欲成为有教养之士和一名国家公民，对于历史、根、世界之成长模式以及主导这一进程的观念的认识于他而言是重要的。……尤其是对于学习法律的学生来说，他所在的学科正日益专业化，日益为现代的以制定法为基础的机制所控制，这种机制的运行借助于一种只需学习一次的技术。因此，法理学[①]应为他们将从事一生的职业提供人文基础……"[②]读完这段话，笔者觉得心里还是没有底气，就又作了这样一番表白："如果从实用主义的角度看，应当认为'西方刑法思想史'这门课真的不太重要，你们就全当它是咱们学校食堂里的那份免费汤，没有它我们也饿不着，现在既然有了这份免费汤，大家不妨就端上一碗，反正喝了也没什么坏处。何况，即便是免费汤，里面偶尔也会有一点点令人欣喜的蛋花。"

---

[①] 这里的"法理学"，包含"法哲学"和"法律思想史"。
[②] 〔爱尔兰〕J·M·凯利：《西方法律思想简史》，王笑红译，汪庆华校，法律出版社 2002 年版，前言第 1—2 页。

之所以插播这样一段小花絮，是想说明这样一个问题：尽管我们可以给自己所从事的学术事业找到很多合适的、聊以自慰的理由，但是，当司法实践部门不断呼唤法学理论要"接地气"、要"能解决实际问题"，甚至法学界也开始宣称"面向司法的法学"的时候，笔者认为恰恰有另外一个相反的问题非常值得我们思考，即法学是否应当继续成为反思性的学问。

多年前笔者曾经发表过一篇文章，题目叫《书斋里的法学家》，里面谈到了这样一种令人深思的现象：中国法学界的很多人都倾向于把法学理论本身作为自己的研究对象，而不是把活生生的法律现象作为自己的研究对象，所以，即使完全坐在书斋里，也可以制造出大量的、可以登上重要法学期刊的理论文章。笔者认为，这才是法律学术存在"贫血症"的根本原因，而不是人们惯常所说的"法学理论不能解决实际问题"。所以在那篇文章的结尾，笔者说了这样一句话："法学家可以坐在书斋里，但是，书斋里的法学家需要时常看一看窗外，在聆听天籁的同时，也要品味一下街上喧闹的市声。"[①]这篇文章发表之后，还引出陈金钊教授的一篇半商榷、半评论的文章。在文章中，陈金钊教授认为："中国法学家所缺乏的可能不是参与实践不足的问题，更主要的是缺乏中国学者自主性的学术思想。"[②]对此看法，笔者是赞成的。但是，笔者对"书斋法学家"现象的反思，其意并不在于要法律学者们"参与实践"，而是强调法学家要"关切现实"，这两者应该是有所不同的。"参与实践"不仅在

---

[①] 参见周少华《书斋里的法学家》，《华东政法学院学报》2006年第4期。
[②] 参见陈金钊《通过法学发展思想——对〈书斋里的法学家〉的反思》，《华东政法学院学报》2006年第6期。

很多情况下难以做到，还容易发生社会角色的混同，让法学家去解决法官、检察官、律师、立法者应该解决的问题，显然也是不合适的。"关切现实"，则是希望法学家站在自己的立场上，来思考中国现实的法律问题，而不是把法律的学术研究当成一种"夜观天象"的工作。只有将目光投入世俗的人间，投入我们生存其间的现实生活中，才有可能产生"中国学者自主性的学术思想"。

我们强调法学家应该"关切现实"而不是"参与实践"或"服务实践"，意思是说：法学家应该有自己独立的社会职责，而不是沦为其他社会任务的工具。正如在世界范围内有着巨大影响的法国著名学者布迪厄所认为的，社会科学理应独立自主地确立自己的社会需求和作用。"社会科学只有拒绝迎合社会让它充当合法化或社会操纵工具的要求，才能构成其自身。社会科学家只能借助自己研究的逻辑来确立自身的地位，也许他们会为此伤感痛惜，但除了这种逻辑，他们并没有别的，没有他人委托的工作或赋予的使命。"[1] 因此，通过对其他学科的依附而追求社会效用，通过充当法律机器的操作手册而彰显自身的价值，还都不足以证明法学理论的自主性命题。由于法学研究的主要对象是法律，而法律是要被实践（适用、实施）的，法学也就天然地具有了一种与其他社会科学显著不同的特征，那就是为法律实践提供直接的知识供给。在这个意义上，说"法学理论应该服务于（或指导）法律实践"，并没有什么问题。但

---

[1] P. Bourdieu, *In Other Words: Essays Toward a Reflexive Sociology*, Cambridge: Polity Press, 1990, pp. 27–28. 转引自邓正来《关于中国社会科学自主性的思考》，《中国社会科学季刊》（香港），1996年冬季卷。

是，作为一种学术形态，法学理论又负有一种批判现实、对社会生活进行反思的任务，因此，一味从"服务"意识出发的理论研究，必定丧失掉这种反思能力。而在此过程中，法学家的社会角色，也就由"知识分子"变成了"法律专家"。为了避免误解，此处需要解释的是，笔者并不是认为法学家只能是"知识分子"而不能是"法律专家"，实际上，法学家通常首先是"法律专家"，更多的情况下，法学家应该兼具"知识分子"和"法律专家"两重身份。我们这里所担心的真正问题其实是，一旦法学家丧失了自身的独立立场，那么"服务"意识有可能导致法学知识滑向无节操的实用主义。① 就像贺建奎为其严重违背科学伦理的研究所做的辩护一样。②

尽管以实在法为主要研究对象的法律学科，其细分学科大部分都是实用性的学科，它们所提供的知识都是关于如何正确地适用现行法律的知识。但是，司法制度及其运作，法律施行的外部条件及效果，法律的历史、观念、原则、价值以及它与其他社会现象之间的关系，也是法学的研究对象。对这些问题的研究，就无法完全以"法律之内"的视角来进行，而必须具有宏观的视野，并常常需要一种向内的批判性。因此，法律学术很自然地有了不同层次的区分，我们暂且将其分别称为"技术性的法学"和"学术性的法学"。正是因为这个原因，笔者前

---

① 这里批判的是"无节操"，而非"实用主义"。哲学上、法律上的实用主义，也是有其合理内核的。

② 贺建奎私自将基因编辑技术用于人类生殖，这一严重违背科学伦理的行为引发轩然大波。他本人所做的辩护理由主要有："某些家庭需要这样的技术"，以及"全世界都在关注基因编辑领域，总会在某处有某个人做这件事，就算不是我，也会有别人"。

面才提出法学家的社会角色问题：法学家的公众形象究竟应该是"知识分子"还是"法律专家"？

在本书中，笔者抛开"书斋里的法学家"的命题，提出"法学是否应当继续成为反思性的学问"这样一个看似相反的问题，并不是笔者改变了当初的看法，也不是自相矛盾。因为笔者在《书斋里的法学家》那篇文章中，还说了这样一句话："注重法的现实基础并不意味着只能坚持实用主义的哲学路线，更不意味着庸俗的'服务于实践'；理论的抽象性程度，也绝不是判断这种理论与实践之间的距离的真理性尺度。"[1] 这句话当时虽然是很自然地写下来的，但是现在看来却很重要，它可以证明笔者并没有自相矛盾。它实际上表明了这样的态度：尽管我们需要致力于构建法律的方法论，注重技术性法律知识的供给，但是却应该拒绝让法学理论成为司法实践的附庸。法学需要解决司法实践中的法律难题，但不能止于为司法实践"献计献策"，法学家不应该将自己的社会角色混同于法官或者律师。因此，尽管笔者并不反对法律学者为某些案件出具"专家法律意见"，但是，当我们如此"参与实践"时，仍然应该保持自己法学家的独立立场，而不应有明显的"服务"意识。当然，笔者也不反对法律学者兼职律师，但是，我们能否将学者与律师两种身份做很好的切割，则需要有一种清醒而自觉的意识。法学家如果一边以收费律师的身份代理各种案件，一边又以公共知识分子的身份发表对在审案件的看法，这种身份混乱就十分可疑了。因为当法律学者试图以专家的声音来影响当下的某个司法判决时，自己就已经陷入了一个关于法治信仰的悖论：我们

---

[1] 周少华：《书斋里的法学家》，《华东政法学院学报》2006 年第 4 期。

期望司法权不受其他权力因素的干预,而自己却已经在利用一种社会权力对司法施加影响。这显然是不利于法治的。而这也正是法学家自主性丧失的一个表现。作为法学知识的生产者,法学家不仅应当对法学知识的社会功能有清楚的认知,而且需要自觉地维护法学知识的独立品格。尽管法学知识必然要解决社会问题,但是,我们却需要避免使其陷入被工具化的命运。

## 三 反思性:法学知识的内在品格

法学知识的不同形态,塑造了法学家的不同社会形象,也提出了法学作为知识体系的社会功能问题。在法学已经成为一种专业文化的背景下,这个问题的关键可能就是如何"协调好专业文化与文化的公众使命之间的关系",用英国学者吉尔德·德兰逊的话说就是,社会科学所面临的问题不再是纯粹的认识论和方法论问题——这些都是老掉牙的、过时的问题了。现在应该关注的是社会科学作为知识体系和作为社会制度两者之间的关系。因为社会科学已经像其他科学一样,不仅是一种知识体系,也是一种社会制度;而且,作为社会制度的社会科学已经和现代国家的兴起密切相关,现代国家为社会科学提供了其存在的条件。[①]这样,我们面临的一个问题就是,国家要求社会科学承担的社会职责可能会与社会科学自身的公众使命之间发生冲突。由于所研究对象的特殊性,这种冲突在法学领域可能

---

① 参见〔英〕吉尔德·德兰逊《社会科学——超越建构论和实在论》,张茂元译,吉林人民出版社 2005 年版,第 4 页。

会表现得更加明显。因为法律及法律制度,具有国家所赋予的权威性,当我们以这些现象为自己的研究对象时,"自主性"必须是受限的。法学的创造性、反思性,也必须建立在对自身政治、法律现实与文化传统起码的尊重之上。

如荷兰法学家扬·斯密茨所观察到的:在世界范围内,一场围绕法学研究的目的和方法的讨论已经逐渐展开。这场讨论主要涉及这样两个方面的问题:其一,法律学者应该关注什么?是围绕立法和判例法的传统而展开研究,还是关注一些更为高深的问题?其二,在方法上,何种研究"更好"以及为何情况应是如此?这样的追问,使得法学成为一门"处于危机中的学科",正在遭遇一场"身份认同危机"。因为人们业已发现,以实在法为对象的研究越来越缺乏创造性,而且,这种秉持教义学式的研究方法,使得"不仅圈外人士指责法学的非学术性,而且法律学者自身似乎也不甚明白他们要实践的是何种学科"。[①]这可能就是法学研究所面临的尴尬之处:当法学理论满足于解释立法、为司法排忧解难时,它作为一门学科的"科学性"和"批判性"就会被人质疑;而当它重返古典法学的哲学性思考,或者用现代社会科学的方法思考法律问题时,它的"致用性"又乏善可陈。

法学研究对象的复杂性和多层次性,可能决定了法学研究必须支持一种方法论多元主义。也就是说,法学的知识生产和思想创造,需要在不同的层面展开。当"面向司法的法学"被我们充分重视之后,法学的反思性传统依然应该受到尊重。很

---

[①] 参见〔荷兰〕扬·斯密茨《法学的观念与方法》,魏磊杰、吴雅婷译,法律出版社2017年版,第1—6页。

早之前,梁治平先生就在他的一篇文章中,对"解释学法学"与"法律解释的方法论"作出区分,以说明法解释学的不同层面。他认为,"解释学法学"是哲学的和本体论的,而"法律解释方法论"则是技术的和方法论的。从教育角度看,前者属于人文训练,后者则纯为职业科目。后者的对象限于法律规范,前者则不满足于提供一套解释规则,而是一种立场和态度,一种关于理解事件本身的反思能力。梁治平先生指出,中国社会现实情境的多变与复杂,对于中国当代法律的发展尤其是法律实施活动构成了巨大挑战,而应对这种挑战,只考虑方法是不够的。方法或技术只是辅助性的手段,要提出有意义的问题,作出正确的判断和恰当的选择,需要的乃是反思、想象和创造。因此,他提出了一种将"解释学法学"和"法律解释的方法论"统一起来的法解释学概念,意在强调方法论的局限性和反思的不可或缺。[1]显然,我们不应该将梁治平先生的观点看成一种调和论,而应该认为,即便是实用性的法学学科,创造性和反思性仍然是必要的,而且也是可能的。当然,在法解释学问题上,将"解释学法学"和"法律解释的方法论"统一起来是可能的,但是在法学的其他很多论域,可能无法实现"技术性的法学"和"学术性的法学"的统一,它们只能在各自的轨道上运行。两者之间需要的是相互理解、相互促进,而不是无端生出此方法重要、彼方法不重要的鄙视链。这其实正是昭示了方法论多元主义的合法性。

---

[1] 参见梁治平《解释学法学与法律解释的方法论——当代中国法治图景中的法解释学》,载梁治平编《法律解释问题》,法律出版社 1998 年版,第 87—104 页。

论及此问题,我们可以从陈兴良教授和陈瑞华教授的学术历程中得到启示。陈兴良教授从早期致力于刑法哲学的研究,到近些年对刑法教义学的大力倡导,实际上反映了他对刑法学研究方法的不断反思和对刑法学知识形态多层次性的认知。正如他本人所论及的那样,法学的知识转型不仅意味着法学与其他人文社会科学知识相融合的问题,而且"首先需要打破的是法学知识形态内部的隔膜"。①而陈瑞华教授则由最初的以传统方法从事刑事诉讼法等部门法学的研究,走上了一条"从经验到理论的学术道路",开始大力提倡社会科学的研究方法,提出不仅要关注"书本中的法律",更要关注"社会生活中的法律",也就是法律在社会中的实施状况。②陈兴良教授和陈瑞华教授的学术转型似乎走的是两条相反的道路,这十分耐人寻味。这种学术转型或许在很多学者身上也有发生。笔者认为,这只是代表了法学家在个人学术研究上的不断突围,而并不构成一种法学知识形态对另一种法学知识形态的否定。

在所有的法学学科门类中,刑法学应该是实践性最强的;但是,刑法的问题又经常会涉及价值判断。因此,尽管刑法学科以其古老的实践逐渐发展出了强大的教义学体系,这一体系曾经绝对排斥政策性因素混入自己的判断,但是最终,人们还是发现,"若刑事政策的课题不能够或不允许进入教义学的方法中,那么从体系中得出的正确结论虽然是明确和稳定的,但是却无法保证合乎事实的结果";所以,我们必须从刑事政策上主

---

① 参见陈兴良《刑法的知识转型(方法论)》,中国人民大学出版社 2012 年版,第 28 页。
② 参见陈瑞华《论法学研究方法》,北京大学出版社 2009 年版,序言第 1—5 页。

动放弃那些过于僵硬的规则,在犯罪论体系中容纳刑事政策上的目的性考量。①这就无可避免地使得刑法学这一号称"最精密科学"的法学学科,也不得不带上某种反思性,才能处理它所面临的复杂的犯罪问题。尽管张明楷教授的那句"法律不是嘲笑的对象"一再被人引用,以说明法律不该受到批判的观点;然而,即使如张明楷教授所主张的,法律学者的使命就是将"不理想"的法律条文解释为理想的法律规定,② 这也并不意味着这种解释的努力就仅仅是纯技术性的。实际上,法律解释常常伴随着评价活动,并非纯粹的技术。既然解释的目的是善意理解法律,使其不明确处得以明确、不圆满处获得圆满,那么仅凭解释技术是很难达到这个目的的。对法律进行解释之时,必定也需要提供法律观念、规范目的、价值衡量乃至法律政策上的诸多理由。所以,尊重法律规范的研究,仍然可以是创造性、反思性的。

或许正是因为如此,荷兰法学家斯密茨说:"学生不仅应当学会将法律当成一种工具来使用,而且还应当以知识分子的角度对它进行思考。"③这让我们不由得想问一句:很多法律学者常常宣称的"法学研究应该接地气"的论断究竟是什么意思呢?它是指"面向司法的法学"吗?笔者觉得这个问题值得深究。法律问题可以在不同的层面讨论,技术性的法学未必就一定接地气,学术性的法学也并非就飘在天上。从这一点来说,所谓

---

① 〔德〕克劳斯·罗克辛:《刑事政策与刑法体系》,蔡桂生译,中国人民大学出版社2011年版,第6—7页。
② 参见张明楷《刑法格言的展开》,北京大学出版社2013年版,序言。
③ 〔荷兰〕扬·斯密茨:《法学的观念与方法》,魏磊杰、吴雅婷译,法律出版社2017年版,第166页。

"接地气"应该是指"中国问题""中国意识",而不是满足于解读现行法律和政策。"中国问题""中国意识"可大可小,可具体可抽象。我们不能将"中国问题""中国意识"等同于"面向司法";同时,做到了"面向司法",也未必就意味着接近了"中国问题",具有了"中国意识"。如果法学失掉了其作为知识所应该具有的批判性、反思性特征,它连"问题""意识"都没有了,何谈"中国问题""中国意识"?

近几年,我国法学界存在社科法学与法教义学之间的论争,这种论争影响非常大,甚至引得《光明日报》理论周刊以专版进行讨论,实属罕见。所谓"社科法学",顾名思义就是运用社会科学的方法和理论来研究法律问题的学术。但是,如果仅仅以研究方法来界定自身,那么社科法学究竟有何独特贡献还无法得到证明。所以,我们有必要了解其内在特征是什么。按照王启梁的概括,社科法学反对"法条主义"的法律观、反对法学研究在智识上的孤立,而是致力于增进法学领域认识、理解和处理法律问题的多样性。因而,社科法学被认为能够促进法律与社会差距的弥合,有利于培养素养全面的法律人才。[①]而法教义学则强调对法律规范文本的尊重,反对摆脱"法律约束"的要求,反对过度夸大法律的不确定性,反对轻视规范文义的倾向。雷磊认为,对法教义学的诸多误解,起因于有人将它等同于"法条主义",而法教义学的耕耘者并不认为尊重规范文本就是所谓的"法条主义"。作为一种典型的"法学内的法学",法教义学主张认真对待法律规范,强调法律是一种规范、法学应坚持规范性研究

---

[①] 参见王启梁《中国需要社科法学吗》,《光明日报》2014 年 8 月 13 日,第 16 版。

的立场。①尤陈俊认为，中国法学界社科法学与法教义学的立场之争，实际上根源于各自掌握的理论资源来源不同，②并且双方对对方赖以生存的理论资源也都有认识不全面的问题，因而这场论争实际沦为那些"不在场的在场"的外国法学理论通过其中国代理人的学术演练。他认为："中国法律人最需要关注的，首先应该是中国法律实践这一本土之'物'，而不是那些也可以与中国法律实践发生勾连的外来之'词'。"③鉴于上述讨论已经基本展示了社科法学与法教义学论争的真实图景，而且笔者基本上认可尤陈俊教授的结论性看法，所以不再更深地涉入此话题的讨论。

但是需要指出的是，社科法学与法教义学的分野，与本书所说的"技术性的法学"与"学术性的法学"之间并不存在并行对应的关系。在笔者看来，技术性法学有时也会带有某些反思性，这和法律问题的涉价值性有很大关系。虽然社科法学将法教义学假想为"法条主义"的化身，但是，如今的"法条主义"也早已经不是那种机械主义解释论的代名词，而是一种"多元法条主义"。"多元法条主义"意味着，对法律的理解需要新的社会谈判，需要知识理由上的深入探查。④因此，来自社科法学的批评或许只适用于某些类型的研究，而不能笼统地及

---

① 参见雷磊《什么是我们所认同的法教义学》，《光明日报》2014年8月13日，第16版。
② 笔者之前也已经注意到：大多数刑法学研究成果的知识来源混沌不明。德国、日本乃至英美刑法理论的各种观念和知识纷至沓来，使得我们的刑法学园地里呈现出一种"乱花渐欲迷人眼"的景象（参见周少华《中国刑法学的文化际遇和理论前景》，《法学研究》2013年第1期）。
③ 参见尤陈俊《不在场的在场：社科法学和法教义学之争的背后》，《光明日报》2014年8月13日，第16版。
④ 参见刘星《司法的逻辑：实践中的方法与公正》，中国法制出版社2015年版，第214页以下。

于整个法教义学。何况，法教义学毕竟是法学知识的主体构成部分，如果没有了这个部分，那么法学知识的其他部分也是不可能存在或没有意义的。社科法学与法教义学之间，并不存在你死我活的问题。

其实，社科法学也未必就天然地具有反思性特征，尤其是中国当下的社科法学，虽然很多确实遵循了社科法学的立场、方法、逻辑，但是，也有很多以社科法学面目出现的研究，不过是简单的科际整合，其多学科视野并不具有批判性、反思性，更不用说，还有些社科法学成果仅仅是在研究方法上向其他社会科学学科"草船借箭"，缺少内在的创新性，有些甚至还是对其他学科研究方法的误用与滥用。①我们需要思考的真正问题，应该是"中国的法律实践需要怎样的法学"，以及什么才是"中国问题""中国意识"，而不是意图太过明显的立场、学派。如果忽略了自主性这个前提，那么立场之争、学派之争很大程度上就蜕化成了"抢地盘"之争。这样的立场之争、学派之争是否真的能够推动中国自主性法学的生产与发展，是需要审慎怀疑的。

由于法学知识的层次不同、功能不同，其各自所要处理的问题也不在同一层面，所以隔空喊话、无倾听争论是没有太多意义的。无论是技术性的法学，还是学术性的法学，其实都可以在自己的场域进行自主性的知识建构，都可以致力于中国自身法律实践当中所遇到的问题的思考和解决。也就是说，不仅

---

① 比如实证研究方法的盛行，使得很多并未真正掌握和理解该研究方法的研究者，也加入到了所谓实证研究的行列。对于思辨性的研究，人们还可以凭借理性分析判断其是否存在谬误；但是由误用实证研究方法所导致的谬误却具有很强的隐蔽性，而它们却常常被提供给决策者参考，其误导性后果不言自明。

就整个法学来说，存在自主性问题，而且具体到每一个法学学科，也同样存在具体的自主性问题，因为不同的法学学科在研究对象上存在各自的特殊性，对这种特殊性的尊重和坚持，就是对其自主性的捍卫。自主性的法学不仅仅意味着"中国问题""中国立场"，还意味着法学向内反思的传统需要坚守。按照社会学家渠敬东教授的说法，所谓"中国学术的文化自主性"应有双重含义，即"学术自主"和"文化自觉"。学术自主是文化自觉的基本前提，而又必须以文化自觉为指针。[①]法学知识不能仅仅是用于解决法律实践当中具体问题的技术，它还应该继续承担社会启蒙的任务。而法学家的社会角色，也就不仅仅是法律专家，还应该是知识分子。当然，如果没有法学家思想的独立性、人格的独立性，知识的自主性也是无从谈起的。反思性、批判性是知识生产的基本特征，要保持法学的这一文化品格，离不开法学家阶层的社会担当。而且，法学的反思能力、批判能力对于法学的知识再生产，也具有非常重要的作用，只有不断反思和批判，才会有法学理论的发展和知识增量，中国法学自身的话语体系才能得以形成。

## 四 结语

美国学者萨义德在他的《知识分子论》一书中，对"知识分子"的特征作了如下描述：特立独行，甘于寂寞，秉持独立

---

[①] 参见渠敬东《社会科学中的文化自主性问题》，爱思想，http://www.aisixiang.com/data/88482.html，2019 年 2 月 10 日访问。另可参见《中国学术的文化自主性》，《开放时代》2006 年第 1 期。

判断及道德良知，不攀权附势，不热衷名利，勇于表达一己之见，充当弱势者的喉舌，保持批判意识和社会良知，反对双重标准及偶像崇拜等。他认为知识分子应该担当"为民族与传统设限""对权势说真话"的社会职责。[①]有人就根据这个界定，提出了这样一个问题：如今的大学教授们算得上知识分子吗？这好像又是一个令人羞愧的问题。因为在现实面前，我们很多情况下都不得不追求学术 GDP，都要把"学术"当"工程"来做。当然，这也是学术体制对学术活动进行规训的结果，因为各种基金更喜欢支持实用性的研究。把"学术"当"工程"，比较容易得到学术体制的认可，容易取得"社会效益"和个人利益的双丰收。但是，长此以往，社会科学就会失掉应有的反思能力。尤其是对于中国法学界来说，还必须经受复杂社会现实的考验。窃以为，法学的自主性，首先有赖于对知识生产的反思性传统的坚持。在处理法学作为认知体系和作为制度体系的关系时，法律学术在多大程度上还能保持自主性，还有没有能力担负起"指导法律适用"之外的社会责任，这是我们每一个决心"以学术为业"的法律人始终都应该思考的问题。

---

① 参见〔美〕爱德华·W. 萨义德《知识分子论》，单德兴译，陆建德校，生活·读书·新知三联书店 2016 年版。

# 后　记

　　回想起来，自己成为一名法律学者，纯属意外事件。大学毕业，原本是留校从事行政工作，若不是偶然的机会进入《法律科学》编辑部工作，我此生很可能与"学术"无缘。这并不是说，行政岗位与学界之间无路可通，而是说，我自己当时并没有"天堑变通途"的想法。是长达16年的学术编辑生涯，将我倒逼成了法律学者。

　　与很多在大学里从事教学而成长起来的法律学者不同，虽然我在《法律科学》编辑部从事的一直是刑事法学科的编辑工作，但是，因为用不着备课，用不着"科研服务于教学"，阅读与思考可以不受具体学科领域的限制，所以从一开始尝试撰写法学论文起，就不自觉地带上了一种鲜明的个人特征：关注的问题虽然常常是刑法的，探讨的路数却是法哲学的。这个特征至今未变，也体现在我的前两部个人专著《刑法理性与规范技术——刑法功能的发生机理》和《刑法之适应性：刑事法治的实践逻辑》当中。其间，也发表了数篇真正意义上的法哲学论文，经过重新整理编写，就形成了本书。

　　尽管本书各章的写作时间纵跨十余年，但依然有一个能够统领全书的核心概念，那就是"语言技术"。正是这样一个核心概念，使得那些文字有了组成一本书的基础。由于早年迷恋文学，曾经阅读过大量的文学理论书籍和文章，后来也扩展至语言学论著，当我开始探讨法律问题时，自然而然就找到了"语言"这个观察角度。

　　法律与语言的关系问题，原本就是一个独特而备受关注的领域，不仅法律学者在此领域多有耕耘，研究语言学的人对此议题也大有兴趣。这不难理解，因为法律实践是一种语言实践，一方面，立法活动需要借助于语言工具来进行规范表达；另一方面，司法过程也是一个语言操作的过程。无论是成文法的时代，还是习惯法的时代，规则都是由语言来陈述或表达的。只不过，当法典化时代到来之后，由语言所建构的法律及法律体系呈现出愈加鲜明的技术特征。自此，法律可以被视为人类为实现自我控制而创设的一种制度技术，这种技术就是要将社会的权力和权利进行必要的权威性分配。而权力与权利的边界是通过语言来界定的，在此意义上，语言即权力。或者说，在法律中，语言成为实现权力的分配和再分配的工具。法律通过语言的确定性与灵活性的运用，将权力（权利）在国家、社会与个人之间，以及立法者与司法者之间进行有效的分配，从而达到秩序的目的。法律是神圣的，建构法律的语言也是神圣的，认真地对待法律的语言，就是认真地对待权力（权利），就是认真地对待每一个言语着的、活生生的个人。

　　上述观察和思考，反映在本书全部内容当中。因而，即便各章文字之前都曾以单篇论文的形式发表过，将它们集中展示在一起，仍然能够产生一种可以整体认识的效果。上面那一段文字，已经很清楚地将各章内容关联起来，也表达了本书的核心命题：法律是一种语言权力。

　　在本书付梓之际，谨向曾经刊发书中相关内容的《法学》《中国法学》《法制与社会发展》《法律科学》《环球法律评论》《法商研究》《法学论坛》《东方法学》等刊物及相关编辑表示

# 后　记

诚挚的感谢！本书的出版，得到社会科学文献出版社刘骁军编审的鼎力支持，许文文编辑对书稿进行了极为细致、精准的编修校改，刘靖悦、姚敏两位工作人员以认真负责的态度多次联络对接。在此，对她们辛劳的付出一并表示感谢！最后，也要感谢我所供职的广州大学为本书提供的出版经费的支持！当然，书中存在的任何错谬，都应由我本人承担责任。

周少华

2021 年 12 月 21 日于广州大学城

图书在版编目(CIP)数据

法律中的语言游戏与权力分配/周少华著.--北京：社会科学文献出版社，2022.3（2024.7重印）
 ISBN 978-7-5201-9821-9

Ⅰ.①法… Ⅱ.①周… Ⅲ.①法律语言学 Ⅳ.①D90-055

中国版本图书馆 CIP 数据核字（2022）第 033864 号

## 法律中的语言游戏与权力分配

| 著　　者 | / 周少华 |
|---|---|
| 出 版 人 | / 冀祥德 |
| 组稿编辑 | / 刘骁军 |
| 责任编辑 | / 易　卉 |
| 文稿编辑 | / 许文文 |
| 责任印制 | / 王京美 |
| 出　　版 | / 社会科学文献出版社·法治分社（010）59367161<br>地址：北京市北三环中路甲29号院华龙大厦　邮编：100029<br>网址：www.ssap.com.cn |
| 发　　行 | / 社会科学文献出版社（010）59367028 |
| 印　　装 | / 北京联兴盛业印刷股份有限公司 |
| 规　　格 | / 开 本：880mm×1230mm　1/32<br>印 张：11.375　字 数：266千字 |
| 版　　次 | / 2022年3月第1版　2024年7月第3次印刷 |
| 书　　号 | / ISBN 978-7-5201-9821-9 |
| 定　　价 | / 128.00元 |

读者服务电话：4008918866

版权所有 翻印必究